KB133339

슈퍼 스페이스 실록

슈퍼 스페이스 실록

1판 1쇄 발행 2024년 2월 29일
1판 2쇄 발행 2024년 12월 1일

지은이 곽재식
그린이 김듀오

펴낸이 정중모
펴낸곳 파랑새

주간 서경진 | 책임편집 정혜연 | 편집 김보라 | 디자인 권순영
마케팅 홍보 김선규, 고다희 | 디지털콘텐츠 구지영
제작 윤준수 | 회계 홍수진

등록 1988년 1월 21일(제406-2000-000202호)
주소 경기도 파주시 회동길 152
전화 031-955-0670 | 팩스 031-955-0661
홈페이지 www.bbchild.co.kr | 전자우편 bbchild@yolimwon.com

© 곽재식, 2024
ISBN 978-89-6155-478-7 03300

너의 뇌에 별을 넣어줄게

슈퍼 스페이스 실록

천상열차분야지도

파랑새

한국이

원래부터

잘하던 일에 대한

이상한 K실록

바쁜 현대인의 두뇌에
잠시 별이 지나간다면

어릴 적, 밤하늘 별을 보는 것만큼 이런저런 상상을 해보기 좋은 시간이 없었다. 워낙 SF 영화와 소설을 좋아하던 터라, 한참 별을 보고 있으면 저절로 온갖 이야기가 다 떠올랐다. 지금 눈에 보이는 반짝이는 별 근처에 외계인들의 우주 함대가 치열한 전쟁을 벌이고 있다고 상상하거나, 그 옆의 별에서 쳐들어온 우주 해적들을 외계의 공주가 물리치고 있는 장면이 까만 우주 공간 사이에 펼쳐진다는 생각을 하면 한참 동안 밤하늘을 올려다볼 수 있었다.

그러다 보니 나중에는 이런저런 우주에 대한 책이나 별에 관한 글도 재미있게 읽었다. 황소자리, 오리온자리, 사자자리 같은 별자리의 이름을 익히기도 했고, 시리우스, 베텔기우스, 스피카 같은 유명한 별의 이름을 기억하게 되기도 했다. 어마어마하게 넓은 우주의 크기와 긴 세월 거대한 사건을 일으키는 별에 대한 이야기를 들으며 세상이 얼마나 큰 곳인지 생각에 잠겨보는 것도 멋진 경험이었다. 책을 읽고 이런 지식을 접하며 신기해하는 경험은 누구에게나 신선한 순간이 될 거라고 생각한다.

그런데 우주에 대한 기초 지식을 소개해 주는 여러 책들을 읽다 보니 아쉬운 점들도 있었다. 아무래도 현대 천문학에서 정리된 지식을 소개하는 것이 주목적이다 보니 책에 실린 이야기들이 현대 천문학의 뿌리와 직접 맞닿아 있는 유럽 천문학과 유럽 전통에 연결된 내용으로 가득 찬 경우가 많았다. 예를 들면, 사자자리라는 별자리는 그리스·로마 신화에 나오는 헤라클레스의 모험담을 소개하며 설명한다든가, 아리스토텔레스, 코페르니쿠스, 갈릴레이 같은 유럽 학자들의 계보를 따라가며 우주에 대한 지식을 풀이하는 것이 책의 핵심이었다는 이야기이다.

이런 글들을 읽고 있으면, 아무래도 우주나 별, 나아가 과학에 대한 이야기는 유럽에서 시작되어 유럽에서 발전한 것이라는 생각을 갖게 된다. 실제로 나는 막연히 과학 기술은 유럽, 미국, 서양의 것이고 외국에서 들어온 것일 뿐이라는 느낌을 갖는 사람들을 많이 보았다. 심지어 과학 기술은 유럽에서 들어온 외국 문화이고, 한국의 전통은 과학 기술과는 반대된다는 식의 생각을 하는 사람도 몇 차례 본 적이 있다.

그런데 그럴 리 없지 않은가? 옛날이라고 해서 사람이 어떻게 기술 없이 살 수가 있겠는가? 발전의 속도가 다를 뿐이지 한국인들도 오랜 역사에 걸쳐 끊임없이 기술을 발전시켜 왔고, 과학적인 생각을 했다. 과학 기술이 한국의 전통문화와 반대되기는커녕, 한국 문화 속에도 언제나 과학 기술은 중요한 한 부분이었다.

어쩌다 보니 나는 지난 십여 년 간 한국의 괴물 이야기를 정리하고, 그에 관한 글을 쓰거나 책을 펴내는 일에 빠져 지냈다. 그 와중에 다채로운 한국의 전설과 옛이야기들을 많이 접할 수 있었다. 당연히 그중에는 별에 관한 전설도 있고, 옛 한국인들이 하늘 바깥세상과 우주에 대해 상상한 신화도 있었다. 세월이 흐르는 사이에 나는 이런 한국의 이야기들도 정리해서 모아보면 그리스·로마 신화의 별자리 이야기 못지않게 재미있을 거라는 생각을 갖게 되었다. 막상 보면, 의외로 한국에서 옛날에 굉장히 유명했던 이야기를 지금의 한국인들이 그리스·로마 신화보다도 더 모르는 일도 많다. 그래서 오히려 한국 이야기가 더 신선한 느낌을 줄 때가 있다. 고려 태조 왕건의 운명을 토성의 신령이 예언해 주었다는 전설이나, 조선 태조 이성계가 금성을 향해 기도하는 제단을 만들어서 매년 거기서 의식을 치렀다는 이야기는 여러 역사책에 실려있는 내용인데, 요즘은 이런 이야기를 아는 사람들조차 결코 많지 않다.

그래서 나는 이 책에서 이런 한국의 이야기들을 기초적인 우주에 대한 과학 지식과 엮어서 정리해 보려고 했다. 내가 천문학이나 우주에 대한 대단한 전문가라고 할 수는 없으므로, 꼭 필요한 핵심 지식만 골라서 짚어서 알려준다거나 가장 심오한 지식을 전달한다기보다는 그저 상식으로 알아둘 만한 수준의 여러 이야기들을 두루두루 정리하는 수준을 첫 번째 목표로 삼았다. 그러면서 나는 그런 이야기들과 관련이 있는 한국의 전설, 신화, 옛이야기들을 같이 소개해 보려고 했다. 또한 가능하면 현대 한국의 과학자들이 별과 우주에 대해 연구하기 위해 노력하고 있는 이야기들도 같이 다루어보고자 했다.

나는 이런 이야기들을 통해 과학과 우주에 대한 연구가 멀리 있는 남의 것이 아니라, 우리가 사는 한국 땅에서 이루어지는 한국의 일이라는 가까운 느낌을 줄 수 있도록 노력했다. 나는 과학기술이 우리의 문화이며, 한국인이 원래부터 하던 일이고 지금도 열심히 하고 있다는 생각을 더 깊게 모두 갖게 되는 것이 한국의 미래를 위해 중요하다고 생각한다.

사실을 고백하자면, 이런 멋진 목표를 떠나서, 책을 읽는 동안 별과 우주에 대한 놀라운 이야기와 신비로운 전설을 즐기는 휴식을 독자들께 잠시 드릴 수 있다면 그것만으로도 책을 쓴 보람은 충분하리라고 생각한다. 바쁜 현대인의 두뇌에 잠시 별이 지나가는 시간을 마련해 드릴 수 있다는 것은 무척 즐거운 일이다.

　이 책의 내용 중 상당수는 2023년 국방일보에 실린 〈곽재식의 안드로메다 통신〉이라는 연재물을 바탕으로 한다. 매주 지면을 내어 주시고 좋은 글 쓸 수 있도록 오랜 기간 이끌어주신 박지숙 기자님께 감사의 인사 말씀을 올리고자 한다. 아울러 글을 쓰는 동안 많은 도움을 주신 김민정 기자님, 송시연 기자님께도 깊이 감사드린다.

2024년, 서초에서

여덟 행성

더 먼 곳

별과 별자리

블랙홀과 초신성, 이상한 별

우주와 세상의 끝

하늘과 땅, 해와 달

　　한국의 밤하늘과 별에 대해서 이야기하자면 첨성대부터 살펴보는 것이 좋겠다. 첨성대는 지금으로부터 약 1,400년 전인 선덕여왕 시절에 신라인들이 지은 돌 건물이다. 고대의 한국 건축물 중에 지금까지 남아있는 것은 드문데, 첨성대는 몇 안 되는 예외에 속한다. 그 덕분에 첨성대를 찾는 현대의 관광객들은 언제나 아주 가까이에서 그 모습을 볼 수 있다. 첨성대는 한국 건축 역사 연구를 위해서도 귀중한 자료다.

　　『동국여지승람』 같은 기록을 보면 조선 시대 사람들이 첨성대를 어떤 건물이라고 생각했는지 알 수 있다. 기록에 따르면 첨성대는 안으로 들어간 뒤 위로 올라가서 별을 관찰하는 곳이었다. 요즘으로 말하자면 첨성대가 천문대 역할을 한 건물이라는 말이다. 천문대 목적으로 건설한 건물이 이렇게 오랜 세월이 지나도록 잘 보존된 사례는 전 세계에서도 드물다. 그렇기 때문에 한동안 경주의 첨성대가 세계에서 가장 오래된 천문대 순위 상위권에 든다는 이야기가 널리 퍼져있었다.

그러나 지금은 첨성대의 정체에 의문을 품은 학자들이 여럿 있다. 일단 첨성대 안에 들어가서 별을 관찰했다는 것부터가 신라 시대 기록이 아니다. 한참 세월이 흐른 뒤 조선 시대 책에 나오는 내용일 뿐이다. 그렇다면 정확하지 않은 정보일 수 있다.

그러고 보면 첨성대에서 별을 관찰한다는 것은 조금 이상하게 생각될 만도 하다. 우선 긴 통 같은 모양의 건물 속에 기어서 들어가는 과정이 너무나 불편해 보인다. 그에 비해 그곳에 올라가서 별을 보면 무슨 특별한 장점이 있는지는 상대적으로 불분명하다.

그래서 요즘은 첨성대를 두고, 실제로 그 위에 올라가라고 지은 건물이 아니고 그냥 어떤 기념의 목적으로 지은 건물이라고 주장하는 사람들이 있다. 혹은 첨성대가 어떤 기준 지점과 높이를 나타내기 위한 표시로 만들어둔 건물이라고 주장하기도 한다. 또는 첨성대 근처에서 별을 보기는 했겠지만, 첨성대의 역할은 별점을 칠 때 좋은 기운을 받으라는 정도의 의미 내지는 다른 주술적인 의미로 지은 건물이라는 설도 있다. 물론 조선 시대의 기록대로 사람이 첨성대 위에 올라가 별을 보았을 것이라고 주장하는 학자들도 여전히 많다.

정리하자면, 기록이 제대로 보관되지 않은 까닭에 어이없게도 한국인들에게 친숙한 전통 건물이자 신라 문화를 상징하는 첨성대가 정확히 무엇이고 어떻게 활용되었는지 우리는 잘 모른다.

조선 시대 사람들에게도 첨성대가 기이한 모습으로 보이기는 한 것 같다. 조선 시대 기록 중에는 첨성대 모습을 설명하며 상방하원(上方下圓)이라고 묘사된 것들이 있다. 이는 위쪽은 네모난 모양이고 아래쪽은 둥근 모양이라는 뜻이다. 첨성대는 아래쪽이 둥그스름한 원통 모양이니 그것을 두고 아래쪽이 둥글다고 묘사한 것이고, 첨성대 맨 위에 우물의 입구와 같은 모양으로 사각형 돌이 놓여있는 것을 두고 위쪽이 네모난 모양이라고 묘사한 것이다.

그런데 옛날 한국인들은 대개 정반대로 믿었다. 위쪽인 하늘이 둥글고 아래쪽인 땅이 네모난 모습이라고 생각한 것이다. 마침 여러 중국 고전에는 하늘이 둥글고 땅이 네모난 모양이라는 뜻인 천원지방(天圓地方)이라는 설명이 자주 등장한다. 이런 내용은 한반도에도 진작부터 전해졌고 상당히 널리 퍼져있었다. 그도 그럴 것이, 해나 달이 동쪽에서 떠서 서쪽으로 지는 모양을 보면 하늘은 꼭 밥그릇을 뒤엎어놓은 듯 둥근 모양인 것 같고 해와 달은 거기에 붙어서 움직이는 것 같다.

시간이 흐르고 시대가 변하면서 사람들은 종종 정말로 하늘이 둥글고 땅이 네모난 모양인가 하는 의심을 품기도 했다. 그래도 땅이 네모 모양이라는 이야기는 조선 전기까지 상식처럼 널리 퍼져있었다. 예를 들어, 천 원권 지폐의 주인공 이황이 제자들을 가르치던 건물에 대해, 제자뻘의 학자 기대승은 시를 지어 표현하기를, '그 모습에 둥글고 네모남이 있다.'라고 했다. 이는 건물이 둥근 하늘과 네모난 땅의 모습을 가졌다는 뜻이다. 다시 말해, 온 세상 모든 모습이 한데 모인 신성한 건물 같다고 칭찬한 것이다.

그러나 이런 옛 생각은 실제 지구의 모습과는 전혀 다르다. 얼핏 보면 땅은 평평해 보이지만 우주에 나가 멀리서 보면 지구는 둥글다. 조금 어려운 이야기이기는 한데, 요즘 과학자들은 우주 공간의 휘어진 정도를 분석해서 강한 편평도를 가졌다고 말한다. 편평도라는 말의 의미는 좀 복잡해서 그저 네모난 모양이라는 말과는 다른 이야기이다. 그래도 정리해 보자면 옛 생각과는 반대로 땅은 둥글고 하늘, 즉 우주야말로 편평하다.

중국인들과 달리 유럽의 고대 그리스인들은 적어도 2,000년 전 이상부터 지구가 둥글다는 사실을 잘 알고 있었다. 항해를 하며 바다 이곳저곳을 누비는 데 익숙하던 그리스 사람들은 남쪽 지역에서 보이는 별자리와 북쪽 지역에서 보이는 별자리가 다르다는 사실을 알게 되었다. 어떻게 별자리가 달라지는지 치밀하게 관찰해 보면, 지구가 둥근 모양이라면 바로 그런 식으로 별자리가 달리 보일 거라는 결론을 얻게 된다. 지구가 둥글기 때문에 지구의 남쪽 지역과 북쪽 지역에서 하늘을 올려다볼 때의 방향과 각도가 각각 달라지기 때문이다.

그 외에도 몇 가지 다른 근거를 더 얻은 고대 그리스인들은 지구가 둥글다는 정확한 결론을 얻었다. 학자 에라토스테네스는 지구가 둥글다면 그 크기는 과연 얼마나 될지 그 둘레를 계산해 보았는데, 현재 우리가 아는 지구의 크기와 상당히 비슷한 결과를 얻기도 했다.

옛 유럽인 중에는 지구가 납작하고 그래서 지구 끝까지 가면 허공으로 추락한다는 이야기를 믿는 사람도 있었을 것이다. 하지만 적어도 지구와 별에 대해 연구하는 유럽 학자들은 고대 그리스인들의 지식을 이어받아 예로부터 지구

의 모양이 둥글다는 사실을 잘 알고 있었다. 유럽 학자들이 과학이 발달하기 전까지 잘 받아들이지 못한 것은 둥근 지구가 도는 것, 지구가 움직인다는 것뿐이다. 그들이 지구가 둥근 모양이라는 사실까지 몰랐던 것은 아니다.

그러고 보면 삼국 시대 사람들도, 북쪽으로는 지금의 몽골 계통 민족과 가까워 보이는 거란족과 교류하고 남쪽으로는 멀리 인도에 드나들기도 했다. 그리스인 못지않게 먼 거리를 탐험하고 다녔다고도 볼 수 있다. 권위가 높은 고전에 적힌 '하늘은 둥글고 땅은 네모나다.'라는 말을 당시의 한국인들이 그대로 믿지 않았다면 어떻게 되었을까? 삼국 시대 사람들이 실제로 정밀하게 관찰하고 측정한 내용을 바탕으로 지식을 개선하려는 마음을 치밀하게 갖추고 있었다면, 어쩌면 고대 한국인도 진작에 지구가 둥글다는 사실을 스스로 알아내는 데 성공했을지 모른다.

공교롭게도 아래가 둥글고 위가 네모난 첨성대의 모양은, 현대 과학에서 지구 쪽이 둥글고 우주 쪽이 편평하다고 하는 우주와 비슷해 보이는 점이 있다. 첨성대를 건설한 신라의 학자는 무언가 알고 있었을까? 냉정히 따져보면 함부로 넘겨짚을 문제는 아니다. 역시 첨성대에 대해서는 수수께끼가 많은지라 그 의미 또한 아직 잘 알 수 없다고 해야 할 듯싶다.

행성, 항성, 혹성, 위성_율곡 이이의 우주
모범 답안

대부분의 조선 시대 사람이 추구한 지식이란 결국 과거 시험을 잘 치기 위한 공부였다. 그렇다면 그 과거 시험에는 도대체 무슨 문제가 나왔을까? 케케묵은 옛 역사나 뜬구름 잡는 철학에 대해 묻는 것들이 전부였을까? 그런데 명종이 임금으로 있던 1558년, 과거 시험 문제 중에 다음과 같은 질문이 포함되어 있었다.

"해와 달이 반복해서 뜨고 지는 동안 시간이 흐르다 보면, 계절이 바뀌고 낮이 길어졌다 짧아지고 밤이 짧아졌다 길어진다. 이런 현상은 왜 일어나는가? 일식과 월식은 왜 생기는가? 갑자기 별이 새로 나타나는 현상이나 혜성은 도대체 왜 생기는가?"

　요즘 기준으로 보면 과학 퀴즈 대회 문제가 아닐까 싶은데 500여 년 전 조선 시대 선비들은 가끔 이런 문제도 풀어야 했다. 특히 이 문제는 조선 시대 내내 상당히 유명했다. 왜냐하면 뛰어난 학자로 이름이 높던 율곡 이이가 답변을 너무나 멋지게 써서 그 내용이 널리 알려졌기 때문이다.

　이 문제에 대한 율곡 이이의 답변을 『천도책』이라고 부른다. 이이의 후배나 제자뻘 되는 선비들은 오래도록 『천도책』이 뛰어난 글이라고 자랑스러워했다. 전설처럼 도는 이야기에 따르면, 이이의 답안을 확인한 시험관들은 "우리는 시험 문제를 내기 위해서 몇 날 며칠을 여럿이서 같이 고민했는데, 이 선비 혼자서 시험 시간 동안 단숨에 써낸 답변이 어찌 이리 훌륭한가?"라며 감탄했다고 한다. 학자들에 따라서는 이이가 『천도책』을 쓴 해를 1564년으로 보기도 한다.

　현대 과학의 눈으로 『천도책』을 찬찬히 살펴보면 그 내용이 진실과 잘 맞아떨어지지는 않는다. 치밀한 관찰과 계산에 근거를 두고 답을 알아낸 것이 아니라, 모든 것을 기의 조화와 세상의 도리를 통해 설명하려는 옛 시대의 관점으로 풀이했기 때문이다. 말하자면 『천도책』은 500년 전 사람이 가지던 지식의 한계 내에서, 최선을 다해 우주와 지구가 움직이는 원리에 대해 설명해 보려던 노력의 결과라고 할 수 있겠다.

『천도책』에 나온 질문 중에는 이런 것도 있다.

"중성이 날실이 되고 오성이 씨실이 되는 것을 설명해 보아라."

지금의 시각으로는 뭘 물어보는지 해석하기도 어려운 말이다. 이는 밤하늘에 별처럼 보이는 물체들을 종류별로 구분 지어 설명해 보라는 뜻이다. 그렇다면 중성은 무엇이고 오성은 무엇이며 그것들이 왜 씨실과 날실이 된다는 것일까?

우선 중성이라는 것은 밤하늘에 보이는 대부분의 별들을 말한다. 별자리를 이루는 많은 별들도 여기에 해당한다. 이런 별들은 동쪽에서 떠서 서쪽으로 지고, 다음 날에도 거의 같은 위치에서 동쪽에서 떠서 서쪽으로 진다. 다만 아주 조금씩 전체적으로 위치가 바뀌기 때문에, 계절이 바뀌면서 날짜가 많이 지나면 보이던 별자리가 보이지 않게 되기도 하고 새로운 별자리가 나타나기도 한다. 그래도 다시 1년이 꼬박 흐르면 거의 원래 자리에서 그대로 볼 수 있다. 현대 과학에서는 이런 별들을 항상 변함없는 별이라고 해서 항성이라고 부르며 붙박이별이라고도 한다. 현대에는 별다른 설명 없이 그냥 별이라고 하면 대부분 항성을 뜻한다.

항성은 스스로 강력한 열과 빛을 내뿜는 별이다. 사실

낮에 환하게 떠있는 태양 역시 다른 항성들과 다를 바 없는 별이다. 차이가 있다면 태양은 다른 별들에 비해 지구에 워낙 가까운 곳에 있기 때문에 별처럼 작게 보이지 않고 어마어마한 불덩이처럼 유독 크고 뜨겁게 보인다. 사실 밤하늘의 별들도 각각 하나하나가 태양 못지않게 엄청난 세기로 빛을 내뿜고 크기도 아주 큰 물체다. 하지만 너무나 멀어서 작은 별빛으로 보이는 것뿐이다. 태양 말고는 가장 가까이에 있는 항성조차도 지구에서 수십조 킬로미터는 떨어져 있다.

그렇다면 『천도책』에 나오는 오성이란 무엇일까? 오성은 보통의 다른 많은 별들과는 다른, 다섯 개의 특이한 별을 말한다. 현대 과학에서는 이것들을 행성이라고 한다.

행성은 한국에서는 오래전부터 써온 말이다. 조선 시대 사람들 역시 오성 대신 행성이라는 말을 쓰기도 했다. 과학자들이 밝힌 바에 따르면, 현재 태양 주위에는 여덟 개의 행성이 있다. 그런데 그중 두 개는 너무 멀리 떨어져 있어서 보기가 어렵다. 맨눈으로 쉽게 볼 수 있는 것은 우리가 사는 지구를 제외하면 나머지 다섯 개뿐이다. 그래서 기술이 부족하던 옛사람들은 행성이 다섯 개뿐이라고 생각했다. 바로 수성·금성·화성·목성·토성이고 이를 오성이라고도 부른 것이다.

행성은 스스로 빛을 내뿜지 못한다. 크기도 작다. 그냥 큰 돌덩어리거나 커다란 기체, 연기 덩어리일 뿐이며 대개 다른 별에 딸려있다. 우리가 사는 지구 역시 태양이라는 큰 별에 딸린 돌덩어리로 된 행성의 일종이다. 지구의 무게는 태양 무게의 30만 분의 1도 되지 않는다. 게다가 태양은 평범한 별이다. 지구상의 전 세계가 넓은 것 같지만, 그런 지구 한두 개도 아니고 30만 개를 모아야지만 평범한 항성 하나 정도의 무게가 되는 것이다. 그렇게 작은 행성이 밤하늘에 보이는 것은 그것이 직접 빛과 열을 내뿜기 때문이 아니라 그냥 지구 반대편에서 오는 햇빛을 받아 허공 속에 그 모습이 보이기 때문이다. 그런데도 행성은 워낙 지구 가까이에 있기 때문에 어지간한 보통 별보다 밝아 보인다.

항성과 지구의 거리는 수십조 킬로미터지만, 지구에 가까운 행성은 수천만 킬로미터 정도밖에 안 된다. 그렇기에 금성은 어떤 별과도 상대도 안 될 정도로 아주 밝게 보이고, 화성·목성·토성도 무척 밝은 별처럼 보인다.

행성의 또 다른 중요한 특징은 보통 항성처럼 일정하게 뜨고 지지 않는다는 점이다. 행성은 저마다 이상한 모양으로 천천히 움직인다. 1년이 지난다고 해서 제자리로 돌아오지도 않는다. 그것을 보고 고대 중국인들은 보통 별들은 거의 가만히 있는데 행성들은 이리저리 왔다 갔다 하는 것 같다고 여겼다. 그리고 마치 베틀로 옷감을 짤 때, 날실을 줄줄이 세워놓고 씨실이 왔다 갔다 하는 모양과 비슷하다고 비유했다. 즉 『천도책』의 질문은, 왜 별자리를 이루는 보통 별인 항성들은 복잡한 움직임이 없는 것 같아 보이는데 다섯 개의 행성들은 이리저리 왔다 갔다 하는 것처럼 보이냐는 뜻이다.

이것은 500년 전의 지식 수준으로는 세계 어느 나라에서도 명쾌하게 풀기 어려운 문제였다. 그나마 수성과 금성이 뜨고 지는 모습을 보면 어느 정도 규칙이 보이는 것 같기는 하다. 그러나 화성·목성·토성은 거의 제멋대로 움직이는 것 같아 보일 정도로 복잡하게 움직인다.

이 문제의 진짜 답은 다음과 같다. 보통 별들은 태양에서 아주 먼 곳에서 큰 움직임 없이 자리 잡고 있지만 행성들은 지구와 함께 태양을 중심으로 빙빙 돌고 있기 때문이다. 그렇게 지구도 움직이는 가운데 이리저리 도는 행성들이 보이니까 그 모습이 복잡해진다. 하나 덧붙여 설명하자면 행성이 태양 주변을 도는 작은 돌덩이인 것처럼, 우주에는 가끔 그 작은 행성 주변을 도는 더 작은 돌덩이들도 있다. 이런 더 작은 돌덩이들을 위성이라고 부른다.

고대 중국인들은 이런 사실을 몰랐다. 그저 다섯 행성이 세상에서 중요한 신비로운 다섯 가지 기운을 상징한다고 상상했을 뿐이다. 바로 물·쇠·불·나무·흙이다. 여기에서 한자로 물을 나타내는 행성은 수성, 쇠를 나타내는 행성은 금성, 불을 나타내는 행성은 화성이라는 식으로 이름을 붙인 것이다.

좀 더 살펴보자면, 유럽 사람들도 비슷한 발상에 빠져있었다. 영어에서 행성 이름으로 쓰이는 Mercury, Venus, Mars 같은 단어는 각각 지혜의 신, 아름다움의 신, 전쟁의 신을 의미한다. 돌아보면 별이나 행성같이 알 수 없는 것들을 그저 신비의 기운이나 신령이라고 막연히 짐작하던 한계를 넘어선 것이 과학의 중요한 성과다.

참고로 예전에 많이 쓰던 혹성이라는 말이 있다. 과거 일본어로 행성과 항성을 발음하면 너무 비슷해 잘 구분이 되지 않았기 때문에 일본에서 행성 대신 쓰던 단어가 혹성이다.

그러므로 한국인에게 익숙하고 편리한 용어를 한국인들이 직접 정해서 사용하는 요즘, 혹성은 쓸 필요가 없는 말이다. 지금은 예로부터 사용하던 행성이라는 말이 정착되었다. 이제 그냥 행성이라고 하면 현대 한국 과학자들은 뜻을 다 안다. 심지어 500여 년 전 율곡 이이가 돌아온다고 해도 충분히 이해할 것이다.

지구의 자전_지구를 돌린 갈릴레이와 김석문

고대 그리스인들은 배를 타고 이곳저곳을 돌아다니다가 지구가 둥글다는 과학적 사실을 진작 알아냈다. 거리를 재고 각도를 따지는 계산 방법도 개발했다. 나중에 신항로 개척 시대가 되어 유럽 뱃사람들이 아시아와 아메리카의 먼 나라로 배를 타고 다니는 시대가 되자 망원경으로 먼 곳을 보는 기술까지 발전시켰다. 그러다 보니 태평양 한가운데, 주변에 바닷물 말고는 아무것도 보이지 않는 곳에서도 밤하늘의 별을 정밀히 관찰해서 배의 위치를 계산하는 수학의 힘이 더욱 발전했다.

이처럼 탐험이란 그 과정에서 예상외로 얻는 수확이

큰 도전이다. 나는 고대인의 항해든 현대의 우주 탐사든 마찬가지라고 생각한다. 당장 우주 탐사에서 금덩어리나 보물을 얻지 못하더라도 그 과정에서 예상치 못한 과학 발전이 이뤄진다는 점이 중요하다고 본다.

과거 유럽인들이 항해를 하며 수학을 발전시킨 것과 같이 현대의 우리는 우주 탐사를 하며 강력한 엔진을 만드는 기술이나 아주 튼튼한 철판을 만드는 기술을 발전시킬 수 있을 거라는 이야기이다.

신항로 개척 시대 대표 과학자로는 갈릴레오 갈릴레이를 꼽아볼 수 있다. 그는 멀리 바다를 항해하지는 않았지만, 바다를 보기 위해 개발된 망원경 기술로 바다 대신 밤하늘을 올려다봤다. 그 결과 갈릴레이는 목성 주변에서 아주 작은 별처럼 보이는 조그마한 물체 몇 개를 발견했다. 그 물체들을 목성의 위성이라고 한다. 갈릴레이는 총 네 개의 위성이 목성 주변을 빙빙 도는 것을 확인했다.

갈릴레이보다 훨씬 앞서서, 지금으로부터 2,000년 전보다도 훨씬 더 오래된 시대에 고대 그리스 사람들은 지구가 둥글다는 것까지는 정확히 알아냈으면서도 지구가 돌고 있다든가 움직인다든가 하는 생각은 못 했다. 그 때문에 유럽인들은 오랜 세월 무심코 지구가 우주의 중심이고 우주의 모든 별들은 지구를 중심으로 움직인다고 생각했다.

이런 생각은 고대 로마와 그리스인들의 사상과도 잘 들어맞았다. 고대 그리스인들은 올림포스에 제우스, 포세이돈, 아프로디테, 아테나 같은 세상 모든 것을 지배하는 신들이 모여 산다고 믿었다. 올림포스는 그리스 중부에 있는 높은 산 이름이다. 그곳에 우주를 다스리는 신들이 옹기종기 모여 산다면 바로 그 산이 있는 지구가 우주의 중심이고, 중요한 장소로 고정돼 있다는 생각은 아주 당연해 보인다.

그러나 사실 지구는 우주의 중심이 아니다. 지구는 태양을 중심으로 빙빙 돌고 있다. 심지어 태양조차도 완전히 고정되어 있지 않다. 크게 보면 태양도 은하계 가운데의 블랙홀을 중심으로 어느 정도 돌고 있다. 그러다 보니 사실 지구가 움직이지 않는다며 별들의 움직임으로 규칙을 만들어 보려고 하면 계산이 들어맞지 않고 점점 더 복잡해진다.

그래도 그리스인·로마인들은 그 복잡한 기술을 계속 발전시켰다. 대략 지금으로부터 1,900년 전 무렵에는 아주 복잡하고 헷갈리는 방법이기는 해도 밤하늘의 행성들이 언제, 어디에 나타날지 꽤 정확하게 예측해낼 수 있는 계산 방법을 만들어 책으로 정리했다. 이 책이 나중에 이슬람권에 전해져 『알마게스트』라는 이름을 갖게 된다. 이 책 내용의 몇몇 부분은 몽골 제국으로, 중국과 고려에도 일부 전해졌다. 덕분에 조선 시대 초, 세종 시기의 학자들이 하늘의 별에 대해 연구할 때는 알게 모르게 『알마게스트』의 지식을 활용했다고 평가된다.

그러나 갈릴레오 갈릴레이가 활동할 무렵, 유럽에는 우주의 별들이 움직이는 모습을 잘 설명한 책으로 여겨온『알마게스트』를 의심하는 학자들이 등장했다. 대표적으로 폴란드 과학자 코페르니쿠스는 지구가 우주의 중심에 고정돼 있다고 보지 말고 지구가 빙빙 돌며 움직인다고 치면 훨씬 이해하기 쉽게 별들의 움직임을 설명할 수 있다는 생각에 깊이 빠져들었다.

계절에 따라 별자리가 바뀌는 것은 별들이 돌아다니기 때문이 아니라, 별자리는 거의 움직이지 않는데 지구가 움직이면서 지구에 사는 사람들이 볼 수 있는 부분이 바뀔 뿐이라는 이야기이다. 이런 생각을 지구가 운동하며 움직인다는 학설이라고 해서 지동설이라고 부른다. 특히 지동설을 이용하면 화성, 토성 같은 행성들이 언제, 어떻게 나타나는지 이전보다 훨씬 명쾌하고 쉽게 계산할 수 있다.

이런 상황에서 갈릴레이는 망원경을 통해 목성의 위성들이 목성을 중심으로 도는 모습을 똑똑히 보았다. 그 중심은 분명 지구가 아닌 목성이었다. 이는 지구가 세상 모든 별들이 도는 중심이 아니라는 뜻이다. 그동안 믿어온 지구가 우주의 중심이라는 말은 틀릴 수도 있으며,『알마게스트』의 내용도 다 맞는 것은 아니라는 뜻이다. 그렇다면 『알마게스트』가 아닌 지동설이 맞다고 볼 수도 있는 것 아닐까?

재판을 받던 갈릴레오가 작은 목소리로 "그래도 지구는 돈다."라고 말했다는 일화는 역사적 사실이라기보다 나중에 생겨난 이야기일 가능성이 높다고 한다. 그렇지만 갈릴레이의 노력 덕택에 지동설이 더 많은 관심을 받았고, 세월이 지나면서 결국 중요한 학설로 자리 잡은 것은 틀림없다. 지동설 덕택에 케플러는 밤하늘 행성의 움직임을 더욱 정밀하게 계산하는 방법을 알아냈고, 뉴턴은 미분과 적분을 개발했을 뿐만 아니라 만유인력의 원리까지 만들어 과학의 근대를 개척하는 엄청난 업적을 이뤄냈다.

뉴턴은 우선 중력의 법칙을 사용해서 높은 곳에서 사과가 떨어질 때 얼마나 빠르게 떨어지는지 계산하는 방법, 혹은 돌멩이를 던졌을 때 어느 정도 거리에 떨어지는지 계산하는 방법을 개발했다. 돌멩이가 떨어지는 위치 계산이라는, 어떻게 보면 보잘것없는 계산 방법을 하나 개발했다고 볼 수도 있겠다. 그런데 뉴턴은 그 방법을 밤하늘 행성에 그대로 적용하는 기막힌 도전에 나섰다. 그러곤 미분과 적분을 활용해 계산을 해낸 결과, 어느 학자보다 명확하게 행성의 움직임을 알아내는 데 성공했다.

옛사람들은 밤하늘에 보이는 행성들이 천상계의 신령

같은 것이고 사람의 운명을 좌지우지하는 신비로운 혼이라고 생각하지 않았는가? 그러나 뉴턴은, 행성이 그냥 떨어지는 돌멩이나 사과와 다를 바 없다고 치고 계산하면 훨씬 더 정확하게 행성의 움직임을 알아낼 수 있다는 사실을 보여주었다. 세상을 별자리의 마법이나 주술로 이해하지 말고, 보통 물체를 계산으로 따지는 과학으로 보는 것이 더 옳다는 점을 멋지게 보여준 것이다. 그렇게 해서 이후 사람들이 세상을 보는 관점이 완전히 바뀌기 시작했다.

오랜 세월 동안 한국인들은 중국 고전에 나오는 말이라면 모두 믿어야 하는 굳건한 지식으로 여겼다. 그 때문에 지구가 둥글다고는 생각지 못했다.

그러나 조선 시대 후기 무렵, 중국을 찾아간 유럽인들을 통해 지구가 둥글다는 생각이 전해지자 곧 적지 않은 조선 학자들 사이에도 지구가 둥글다는 생각이 퍼졌다. 일단 지구가 둥글다는 것을 알게 되자, 조선인들은 오히려 지구가 움직인다는 지동설을 수월히 받아들인 것 같다.

특히 갈릴레이에서 별로 멀지 않은 시기, 조선 숙종 시대에 활동한 정치인이자 학자 김석문은 지구가 둥글다는 학설을 연구한 결과 지구가 도는 것으로 보인다는 결론에 도달했다. 김석문이 활동하던 시대에는 유럽에서도 지동설이 상식으로 널리 뿌리내리지 못했다. 그때 김석문은 지구, 달,

태양 등은 모두 커다란 공 모양의 둥근 물체이며 우주에서 허공에 뜬 채로 이리저리 돌고 있다고 보았다. 조선 시대 작가 박지원은 『열하일기』에서 이러한 김석문의 학설을 삼대환공부설(三大丸空浮說)이라고 소개했다.

또한 당시 조선의 많은 사람은 땅의 모양이 네모나고 그 가운데 중국이 있어 중국이 세상의 중심이라고 믿었다. 그러나 김석문은 사실 세상의 중심 같은 것은 없다고 보았다. 김석문에 따르면 지구는 둥글고, 둥근 지구가 우주를 둥글게 돌고 있을 뿐이다. 그러니 지구나 우주에 중심은 없고 중국이나 황제가 다스리는 다른 어떤 나라가 영원히 세상의 중심일 이유도 없다. 그는 강대국이란 그저 시대와 조건에 따라 바뀔 뿐이라고 보았다. 이는 뉴턴의 학설 덕분에 별자리가 신령이라고 믿던 유럽인들의 고정관념이 깨진 것과도 비슷해 보인다.

안타깝게도 숙종 시대의 조선은 세계 각국과 활발히 교류하는 나라가 아니었다. 그러므로 김석문의 학설은 널리 퍼지지 못했고, 김석문이 그 시대 유럽의 과학을 활발히 배울 수도 없었다. 만약 조선 조정이 나서서 조선 학자들을 세계와 활발히 교류하게 해주었다면 어땠을까? 김석문 같은 사람이 갈릴레오 갈릴레이와 힘을 합쳐 세계의 과학을 더 빨리 발전시키지 않았을까? 그 덕택에 조선 사람들이 세상

을 보는 눈도 더 빨리 바뀌지 않았을까?

만약 그랬다면 지금 우리는 학교에서 과학 시간에 지동설 대신 삼대환공부설이라는 김석문의 용어를 쓰고 있을지도 모를 일이다.

별빛의 원리 _ 별을 먹은 신라의 왕비

하늘의 별은 왜 빛나는 것일까? 따지고 보면 상당히 중요한 질문이다. 우리의 태양도 아주 가까이 있기 때문에 굉장히 크고 밝고 뜨거워 보일 뿐 사실 별의 일종이기 때문이다. 그러므로 별이 빛나는 이유는 곧 태양이 빛을 뿜는 이유이기도 하다. 별이 빛나는 이유를 밝힌다는 것은 우리가 사는 지구를 밝혀주고 생물이 번성할 수 있도록 항상 따뜻한 온기를 주는 태양이 어떻게 빛나는지 아는 일이다. 혹시 태양이 갑자기 꺼지거나 반대로 너무 뜨거워져 폭발해버리지는 않을까? 그 답을 알아내려면 먼저 별이 빛을 내는 원리를 밝혀내야 한다.

『삼국사기』의 기록에 따르면 서기 298년에 신라의 임금이 된 유례 이사금의 어머니는 어느 날 별빛이 나타나더니 자기 입속으로 들어오는 일을 겪었다. 그 후 임신해서 태어난 인물이 바로 유례 이사금이다. 그래서인지 유례 이사금은 아주 신기한 사연을 남기기도 했다. 『동사강목』 등 조선 시대 책에 실린 이야기에 따르면, 유례 이사금 시대에 신라는 왜국 사람들의 노략질을 뿌리 뽑기 위해 왜국을 공격했고 지금의 일본 오사카 근처까지 진격했다는 전설이 있다. 그러자 왜국 사람들은 평화의 맹세를 하면서 백마를 제물로 바쳤는데, 이후 조선의 사신들이 일본에 가면 그때 백마를 묻어놓은 백마의 무덤을 둘러본다든가 했다는 이야기이다.

이런 신라 사람들의 사상에 따르면, 별은 고귀한 인물이나 위대한 사람의 운명을 정해주는 신령이나 신비로운 기운 같은 것이다. 그렇다면 그런 신성한 혼령이 알 수 없는 신비의 힘으로 하늘에서 별빛을 내뿜고 있다고 해도 그럴듯한 이야기가 된다.

당연히 사실과는 거리가 먼 이야기이다. 우리는 아무리 고귀한 인물이라고 해도, 그저 모든 다른 이들과 다를 바 없는 사람일 뿐이라는 사실을 잘 안다. 평범한 사람이건 영웅호걸이건 사람이라는 동물의 삶은 재능, 노력, 주변 환경에 따라 달라지는 것이지 별이 어떻게 빛나며 신비의 힘을 주는가 하는 문제와는 아무 상관이 없다.

그렇다면 도대체 별은 왜 빛나고, 태양은 왜 뜨거운 것일까? 아마도 사람이 하늘의 별을 처음 보기 시작한 수만 년 전부터 누군가는 고민했을 질문이다. 그러나 의외로 그 답이 확인된 것은 100년도 채 되지 않는다. 따지고 보면 수천 년 동안 별의 신비한 힘에 대해 이런저런 이야기를 풀어 놓았던 그 많은 학자, 예언가, 주술사들은 사실 별이 왜 빛나는지에 대해 잘 모른 것이다.

우선 별이 빛나는 원리를 밝혀내는 데 아주 중요한 단서를 찾아낸 인물로 영국 출신의 여성 과학자 세실리아 페인을 꼽을 수 있다. 당시 화학자들은 알 수 없는 어떤 물질이 높은 온도가 되었을 때 내뿜는 색깔을 여러 가지 도구로 정밀 분석해서 그 물질의 성분이 무엇인지 추측하는 기술을 발전시키는 중이었다. 이런 기술을 분광분석이라고 한다. 천문학계에서 활동하던 세실리아 페인은 이 기술을 활용해 햇빛의 색깔을 분석해 보았다. 페인은 분석 자료를 세밀하게 검토하고 정리한 결과 태양의 주성분이 수소라는 사실을 알아냈다.

그렇다면 태양과 별들이 빛나는 이유는 수소라는 물질이 어떤 반응을 일으키기 때문이라고 생각해 볼 수 있다. 말이 되는 생각이다. 수소는 우주에서 가장 흔한 물질이고 우주에서 가장 가벼운 원소다. 지구에서도 찾기 어렵지 않다. 요즘에는 수소를 주입하면 움직이는 수소차라는 자동차가 팔리는데, 거기 들어있는 수소와 태양의 성분은 별로 다르지 않다. 마침 수소는 불을 붙이면 잘 타는 물질이기도 하다. 그래서 가끔 연료로도 요긴하게 사용된다.

그러나 수소 덩어리인 태양이 불타고 있기 때문에 그렇게 강한 빛과 열을 내뿜는 것은 아니다. 수소를 태워보면 그 불꽃이 맹렬해 보이지만, 태양빛 같은 막강한 빛을 만들기에는 한참 부족하다. 더구나 무언가를 태우려면 산소가 필요한데 지구에는 산소가 흔하지만 태양에는 산소도 부족하다. 단순히 태우는 것이 아니라 전혀 다른 원리를 이용해서 훨씬 더 센 빛과 열을 만드는 방법이 있어야만 태양과 별은 그 정도의 빛을 낼 수 있다.

별이 빛나는 원리를 밝혀낸 학자로 널리 인정받은 한스 베테는 독일 출신의 미국 과학자다. 그는 그 공으로 노벨상을 받았다. 1930년대에 베테는, 수소 같은 가벼운 물질을 어마어마한 힘으로 꾹꾹 눌러주면 여러 개의 조각이 서로 뭉치면서 전혀 다른 물질로 바뀔 수 있는데, 이때 빛과 열이 함께 뿜어져 나오고 그 정도면 태양을 밝히기에 충분하다는 사실을 알아냈다. 이런 현상을 핵융합이라고 한다.

별빛의 원인이 핵융합이라는 사실을 밝힌 지 20~30년 지난 뒤, 사람들은 인공적으로 핵융합을 일으켜 어마어마한 열을 뿜게 하는 무기를 개발했다. 이것이 바로 수소폭탄이다. 간혹 수소폭탄과 수소에 불을 붙였을 때 폭발하는 것을 헷갈려 하는 사람이 있다. 그러나 두 가지 현상은 전혀 다르다. 수소에 불을 붙여 터뜨려도 부탄가스통이 터지는 수준의 폭발력밖에 나오지 않는다. 핵무기인 수소폭탄은 태양이나 별 속에서 수소가 뭉쳐 헬륨으로 바뀌는 현상을 이용하는 완전히 다른 장치다.

비행기를 타거나 엘리베이터를 타고 아주 빠른 속도로 초고층으로 올라가다 보면 귀가 먹먹해질 때가 있다. 지구에 쌓여있는 공기의 누르는 힘인 기압이 낮은 곳과 높은 곳에서 각각 다르기 때문이다. 그런데 태양의 무게는 지구의 30만 배가 넘기 때문에 태양의 가장 밑바닥, 그 중심에는 엄청난 세기로 누르는 힘이 있다. 그때 생기는 막대한 압력과 어마어마하게 뜨거운 온도라면, 수소들이 짓눌려서 헬륨으로 바뀌는 핵융합 현상이 저절로 일어난다. 태양이나 별 바깥에서 보통 때 이런 일이 일어나기란 아주 어렵다. 따라서 사람이 만든 수소폭탄에는 높은 압력과 온도를 인공적으로 만들어내기 위해 내부에 원자폭탄을 장착한다. 그래서 수소폭탄을 터뜨리면 일단 그 속에 있는 원자폭탄이 터지고, 그 원자폭탄의 힘으로 태양 중심부와 맞먹는 혹독한 상황을 만들어내 더욱 강력한 핵융합 폭발이 연달아 일어나는 방식으로 위력을 발휘한다.

태양이 빛나는 원리를 알아냈으므로 태양이 언제까지 빛날 것인지도 추측해 볼 수 있다. 과학자들은 태양 정도의 크기를 가진 별이 끝없이 핵융합을 일으켜 그 별을 이루는 수소를 모두 소모하려면 대략 100억 년 정도가 걸릴 것으로 본다. 태양이 생긴 후 지금까지 40억~50억 년 정도의 시간이 지났을 것으로 추정되므로, 앞으로 50억~60억 년 정도의 긴 세월이 지나고 나면 태양도 서서히 그 빛을 잃기 시작할 것이다.

혹시 핵융합을 무기로 사용하는 것 말고, 천천히 꾸준하게 핵융합 현상을 일으켜 그 강력한 빛과 열을 유용하게 쓸 수는 없을까? 예를 들어 그런 강한 열을 활용해 많은 전기를 만들 수 있다면 아주 좋을 것이다. 학자들은 그런 기술에도 도전하고 있다. 대표적인 실험 설비가 대전의 유성구에 있는 K스타라는 거대한 장비다. K스타라고 하면 언뜻 대한민국 국군의 장군을 말하는 것 아닌가 싶다. 그러나 그게 아니라 별빛이 빛나는 원리를 이용하는 실험을 한국, 코리아에서 해본다는 뜻으로 붙인 이름이다.

K스타는 무게가 1,000톤이나 되는 쇳덩어리이다. 그 속

에서 온도를 섭씨 1억 도에 가깝게 끌어올려서 태양이나 별
의 내부와 비슷한 환경을 만들어낸다. 아직까지는 몇십 초
정도 그 상태를 유지하는 수준이라서 전기를 만드는 용도로
쓸 수는 없다. 그러나 그것만으로도 K스타는 세계에서 몇 손
가락에 꼽을 정도로 훌륭한 실험 장비로 평가받고 있다. 대
전의 연구소에서는 온도를 1억 도까지 끌어올린 것을 기념
해 억도리라는 마스코트까지 만들었다.

돌아보면, 수소폭탄이나 K스타 장비와 맞먹을 정도로 뜨거운 별을 사람이 먹었다는 옛이야기는 그야말로 전설일 뿐이다. 그렇지만 만약 미래에 한국의 핵융합 실험 장치가 좋은 성과를 거두어 별빛을 뿜어내는 것과 같은 현상을 기계 속에서 손쉽게 만들어낼 수 있다면, 그 장치를 박 태후라고 불러도 재미있을 것 같다. 별을 먹었다는 유례 이사금 어머니의 일화에서 이름을 따오는 것이다.

태양_태양신의 마법 거울과 논산훈련소

지구에서 가장 가까운 별은 태양이다. 태양이 별이라니 좀 이상하게 들리는데, 별이라는 말을 항성이라는 뜻으로 쓸 때가 많다고 생각해 보면 틀린 말은 아니다. 태양에 관해 옛사람들은 어떻게 생각했을까? 역사의 초창기까지 거슬러 올라가보면, 태양에 대해 그때의 사람들이 무슨 생각을 했는지 알 수 있을 만한 자료가 남아있을까?

지금으로부터 2,200년 전이면 지금 우리가 고조선 말기라고 이르는 시대와 대략 겹친다. 이 시기에 만들어진 우리나라 유물 중 유명한 것으로 정문경이라는 거울이 있다. 청동으로 만든 거울인데 뒷면에 정교한 무늬가 있어서 정문

경이라는 이름이 붙었다. 다뉴세문경이나 잔무늬거울 또는
고운무늬거울이라는 이름으로도 알려져 있는데, 이 시기 유
물로는 꽤나 인기 있는 것이라서 가끔 게임이나 영화에 등
장했다. 영화 〈외계+인〉에서는 초능력을 쓰게 해주는 마법
거울로 나왔다.

여러 정문경 중 가장 잘 알려진 것은 아마도 숭실대학
교 박물관에 소장된 거울일 듯하다. 이 거울 뒷면에는 굵기
가 0.3밀리미터밖에 되지 않는 극히 가느다란 선을 한가득
새겨서 아주 오묘한 모양을 만들어놓았다. 더 이상한 것은
한눈에도 귀해 보이는 2,200년 전의 이 보물이 도대체 언제,
어디서 발견됐는지 정확한 사연을 알지 못한다는 점이다.
떠도는 이야기 중에는 논산에 있는 육군훈련소에서 참호를
파던 군인들이 흙 속에서 이상한 물건을 발견했는데, 그것
이 박물관까지 흘러들었다는 말도 있다.

정문경의 가장 이상한 점은 지나칠 정도로 정교한 무
늬가 새겨져 있다는 것이다. 현대의 기술로도 결코 만들기
쉽지 않은 가느다란 선이 정교한 형태로 많이도 새겨져 있
다. 대단히 공을 들여야 만들 수 있는 물건이니, 아침에 이
를 닦고 얼굴을 비춰 보는 일상생활 용도로 썼을 것 같지는
않다. 게다가 무덤에 거울을 넣을 때 하필 깨뜨려서 넣었다
는데, 이것도 무언가 깊은 의미가 있는 물건이라는 뜻으로

보인다.

현대의 고고학자들 사이에서는 정문경이 태양의 힘을 나타내는 신성한 장신구였을 것이라는 의견이 자주 나온다. 현대에도 구두나 쇠로 된 물건을 반짝반짝 광나게 닦으면 멋있다고 여기는 문화가 있는데, 바로 그런 용도로 아예 빛을 반사해서 번쩍거리는 거울을 이용했을 거라는 생각이다. 마침 정문경의 뒤에는 줄을 걸 수 있는 고리가 있다. 그렇다면 거울에 줄을 걸어서 어딘가에 장식용으로 매달았을 것이다. 어쩌면 높은 사람이 귀한 보석처럼 몸에 걸고 다녔을 수도 있다. 신분이나 지위가 높은 사람이 등장했는데, 그가 장신구로 달고 있는 거울에 태양빛이 반사돼 번쩍거리면 옛사람들은 그가 꼭 태양의 마력을 가졌다고 느꼈을지도 모른다.

아닌 게 아니라 옛사람들이 태양을 위대한 것으로 숭배했다는 기록은 어렵잖게 찾아볼 수 있다. 고구려 사람 모두루의 무덤에서 나온 유물을 보면, 고구려를 세운 주몽을 두고 해와 달의 아들이라고 높여 불렀다. 고구려에서는 태양을 위대함의 상징으로 보았다는 뜻이다. 『삼국사기』에 따르면 신라에는 일월제라는 특이한 풍습이 있었다. 문열림이라고 불리는 숲에서 해와 달에게 제사를 지내던 풍습이다. 이 역시 고대인들이 따로 제사를 지내면서 섬길 만큼 해를 높이 떠받들었다고 말해주는 기록이다.

옛사람들이 태양을 떠받든 것은 당연한 일이다. 사람은 대개 어둠을 두려워하고 낮에 많이 활동하는데, 그 낮 시간을 만들어주는 것이 바로 태양이다. 게다가 고대인에게는 어떤 산업보다도 농사가 가장 중요했을 텐데, 봄철 따뜻한 날씨를 가져오고 여름철 모든 생물을 번성시키는 것 역시 태양이다. 그러니 태양이야말로 세상에서 가장 큰 힘을 가졌다고 생각했을 것이다.

좀 더 재미난 기록으로 옛날 한반도에 있던 고구려, 동예 같은 나라에서 매년 열린 축제에 관한 것이 있다. 이러한 풍습을 태양과 연결해 볼 만하기 때문이다. 고구려에는 동맹, 동예에는 무천이라는 축제가 있었다고 한다. 또한 윤용구 선생은 『토원책부』라는 자료를 인용해 고조선에도 무천이 열렸다고 했다. 무천은 춤춘다는 뜻의 무(舞) 자에, 하늘이라는 뜻의 천(天) 자로 되어있으므로, 요즘 말로 '댄스 헤븐' 정도로 번역해 볼 수 있다. 나는 이 말이 요즘 젊은이들이 모여 춤추는 클럽 이름이나 겨울철 파티 행사의 이름으로 써도 좋은 말 아닌가 생각해 본다. 『삼국지』 같은 중국 역사 기록을 보면, 주야음주가무(晝夜飮酒歌舞)라고 해서 고대의 무천 축제 때에는 밤낮으로 술을 마시고 노래를 부르고 춤을 추었다고 되어있다.

중국 역사 기록에는 고조선, 동예, 고구려의 동맹이나 무천 축제가 매년 음력 10월에 열렸다고 되어있다. 다시 말해, 해와 달을 따져서 날짜를 정해두고 매년 같은 시기에 축제를 열었다는 이야기이다. 『삼국지』 시대에 중국에서 사용하던 음력 달력에는 매년 겨울철 음력 11월에 낮이 가장 짧고 밤이 가장 긴 날인 동지가 오도록 되어있었다. 즉 음력 11월, 동지는 해가 뜨는 낮이 가장 짧고 태양의 힘이 가장 약할 때이다.

추측일 뿐이지만, 고대 한국인들이 '음력 10월'에 축제를 열었다는 것은 그저 중국인들 시점의 기록이 아닐까? 고조선이나 고구려 사람들이 매년 동지 바로 전달에 축제를 열었다는 사실은, 그저 날짜를 정해둔 것 외에 다른 의미도 있지 않을까? 예를 들면 태양의 힘이 가장 약한 시점이자 동시에 다시 점점 세지기 시작하는 시점인 동지 바로 직전 달에, 한 해와 사계절을 마무리하는 의미로 모여서 밤새 춤추는 겨울 축제를 연 것인지도 모른다.

태양이 우리의 삶에 미치는 영향은 실로 막대하다. 모든 식물이 자라날 수 있는 것은, 햇빛을 받고 광합성을 일으켜 몸에서 영양분을 만들어 사용하기 때문이다. 그리고 초식동물은 그 식물을 먹고 살고, 육식동물은 그 초식동물들을 먹고 산다. 결국 모든 동물들이 먹고 힘을 내는 까닭도 거슬러 올라가면 햇빛의 힘으로 식물이 자라났기 때문이다. 즉, 세상의 모든 생물이 살 수 있는 힘은 태양이 지구로 보내주는 햇빛에서 흘러나온다.

햇빛이 지구에 내려올 때 그늘진 부분은 햇빛이 덜 들어서 공기가 시원해지고, 잘 달아오르는 모래가 많은 지역은 공기가 더 따뜻해진다. 이런 식으로 땅의 모양 차이에 따라 공기가 따뜻한 곳과 시원한 곳이 생기면 그런 차이 때문에 날씨가 변하게 된다. 공기는 대체로 차가운 쪽에서 뜨거운 쪽으로 이동하기 때문에 바람이 분다. 온도가 높은 공기와 낮은 공기가 맞닿는 곳에서는 안개나 구름이 생기며 비가 내리기도 한다. 폭풍이 몰아치고 천둥번개가 번쩍거리는 것은 자연의 어마어마한 위력을 보여주는 사건인데, 모든 기상 현상은 그 원리를 파헤쳐 보면 지구에 쏟아지는 많은 햇빛이 곁다리로 일으키는 약간의 흔들림일 뿐이다.

사람이 온갖 기술을 개발해 사용하는 다양한 도구도 따지고 보면 태양의 힘에 바탕을 둔 것이 많다. 나무 장작을 잘라 불을 지펴서 요리나 난방을 하는 일도, 그 나무가 자라나기 위해 광합성을 했으니 결국 태양이 준 힘을 써먹은 것이다. 석탄이나 석유조차도 그 정체를 살펴보면 먼 옛날 자라난 식물이나 작은 생물이 땅속에 묻힌 뒤 변해서 생긴 것이다. 그러니 역시 결국은 햇빛을 받아 생물이 자란 덕택에 생긴 셈이다. 한발 더 나아가 자동차, 배, 비행기와 온갖 기계도 석탄과 석유로 움직이니까 결국 태양이 준 힘이 변하고 또 변한 결과로 작동하는 것이다.

전기 역시 화력 발전소에서 석탄, 석유로 전기를 만든다면 그 힘은 태양에서 온 것이다. 수력 발전소도 태양과 관련이 깊다. 수력 발전소를 돌리는 물은 하늘에서 내리는 비에서부터 생긴다. 그런데 날씨가 태양 때문에 생기는 것이니 수력 발전소도 거슬러 올라가면 결국 태양 때문이다. 바람이 태양 때문에 생긴다고 했으니 풍력 발전도 태양 덕택에 이루어지는 것이고, 태양광 발전소는 말할 것도 없이 태양의 힘으로 전기를 만든다. 이렇게 보면 우리가 사용하는 전기 역시도 대부분 태양 덕택에 생긴다. 사람이 사용하는 여러 가지 힘 중 태양과 별 관련이 없는 것은 원자력 발전소 정도다. 원자력 발전은 지구에 원래부터 묻혀있던 우라늄이라는 물질의 특이한 성질을 이용한다.

계산해 보면 태양이 내뿜는 열 중 지구까지 오는 것은 극히 일부일 뿐이다. 지구는 태양에서 1억 5,000만 킬로미터나 떨어져 있고, 그에 비해 지구가 태양 빛을 받을 수 있는 면적은 좁다. 그래서 태양이 내뿜는 열은 대부분 그냥 아무것도 없는 우주 공간으로 흩어진다. 대충 계산해 봐도 태양이 내뿜는 열 중에 지구에 오는 것은 전체의 0.0001퍼센트보다도 훨씬 적다. 그런데도 그 힘으로 지구의 온갖 생명체가 살아가고, 사람이 만든 온갖 기계들을 작동시킬 수 있다.

그럴 만도 한 것이, 태양의 크기는 지구에 비해 매우 크다. 태양 주변에는 수성·금성·지구·화성·목성·토성·천왕성·해왕성이 딸려있다. 그리고 이 여덟 개 행성이 언제나 태양을 돌고 있다. 이것들 말고도 수많은 자잘한 소행성, 혜성 등 역시 태양 주변을 돌고 있기에, 그 모든 것을 다 합쳐서 보통 태양계라고 부른다. 그런데 태양계에서 태양을 제외한 다른 모든 것들을 다 합쳐봐야 태양 무게의 500분의 1도 되지 않는다. 지구를 포함한 모든 행성들, 모든 소행성들을 다 합쳐도 태양에 비하면 아주 조금밖에 되지 않는 것이다. 그에 비해 태양에서 가장 멀리 떨어진 행성인 해왕성은 태양에서 46억 킬로미터나 떨어져 있는데도 태양이 끌어당기는 중력의 힘을 받아 다른 곳으로 벗어나지 못하고 태양을 돌고 있다. 그렇게 먼 곳에서도 태양의 무게에 이끌려 항상 태양에 붙잡혀 있다.

그러니 지구에 사는 사람 입장에서 태양이 어마어마하게 느껴진다는 것은 어떻게 봐도 사실이다.

고대 한반도에서 그렇게 유행하던 정문경을 만드는 고대 문화는 이상하게도 삼국 시대가 시작될 때 즈음 갑자기

사라져버렸다. 왜 정문경 같은 거울을 더 이상 만들지 않았는지, 그 이유를 딱 잘라 말하기는 어렵다. 막연히 혼자 짐작하기로는 삼국 시대가 되어 문화가 발전하자 기술이 발달하고 지식이 많아졌기 때문이 아닐까 한다. 번쩍거리는 거울을 매달고 있다고 해서 태양의 마법을 가졌다고 여기는 시대가 끝난 것은 아닐까? 그 대신 전통 천문학과 같은 과학 기술로 그 막강한 태양을 연구해야겠다는 움직임이 조금씩 싹트기 시작한 것은 아닐까 하고 상상해 본다.

태양의 흑점과 오로라 _하늘의 붉은 괴물과 조선의 흑자

『조선왕조실록』 1701년 기록을 보면 그해 음력 10월 18일 지금의 부산 지역인 동래에서 이상한 것을 목격했다는 내용이 있다. 저녁 무렵 하늘에 붉은빛 한 덩어리가 보였다. 별도 아니고 구름도 아닌 것이, 커다란 밥그릇 비슷한 모양이었는데 잠깐 사이에 하얀 비단 같은 모양으로 변하더니 길이가 10~20미터 정도로 커졌다고 한다. 너울너울 하늘을 날아다니는 이상한 괴물 모습이 아닌가? 그 형체는 점차 서쪽 하늘로 가는 듯하더니 구불구불한 모습으로 변해서 일곱 개의 굴곡이 보였다는데, 살펴보니 머리와 발이 달린 것 같기도 하고 용처럼 생겼다는 느낌도 들었다고 한다. 그것은 방향을 바꾸어 동쪽으로 향하더니 얼마 후 사라졌다고 기록되어 있다.

도대체 이게 무엇일까? 언뜻 보기에는 해파리나 해삼과 닮은 물컹거리는 괴물이 나타났다. 그 괴물은 모양을 바꾸는 능력을 가졌는데, 하늘을 날아다니다가 사라졌다는 이야기 같다. 그런데 세상에 그런 것이 있는가? 혹시 해파리와 용을 반반씩 섞어놓은 것 같은 우주 괴물이 1701년 조선의 남해안에 찾아왔다가 한번 둘러보고 돌아간 이야기일까?

정확한 것은 알 수 없지만 나는 이 기록의 정체에 대한 해설을 한번 만들어보았는데, 바로 300년 전 조선 남부 지역 하늘에 나타난 붉은 오로라일 것으로 추측했다. 한반도에서는 오로라를 보는 일이 흔치 않았기 때문에 그런 형체가 나타나자 조선 시대 사람들은 다들 무엇인지 몰라 놀랐을 것이다. 오로라는 보통 북극권에서 자주 보이는 광경이다. 북극권의 오로라 관찰 영상을 보면 그 모습은 별빛같이 빛나지만 구름이나 안개처럼 펼쳐진 것이 너울거리며 하늘에 나타나는 형태다. 이런 모습은 별도 아니고 구름도 아니었다는 조선왕조실록의 묘사와 통한다.

마침 2003년 10월 30일 새벽 2~4시경에 한반도의 경상북도 영천에 있는 보현산 천문대에서 현대의 과학 장비로 오로라를 포착한 적이 있다. 즉 실제로도 아주 가끔이지만 한반도에 오로라가 나타나기도 한다는 것이다. 마침 당시 한반도에 나타난 오로라도 붉은색이었다. 이 소식을 보도한 기사들을 보면, 한반도 정도 위치에 오로라가 나타나면 붉은색인 경우가 많다고 한다. 역시 실록의 하늘 괴물 묘사와 맞아떨어진다.

오로라는 태양에서 날아오는 전기를 띤 아주 작은 부스러기들이 지구에 떨어졌을 때, 지구의 자기장과 반응하다가 빛을 내고 그 빛이 눈에 보이는 현상을 말한다. 태양은 수소폭탄과 유사한 핵융합의 원리로 항상 뜨겁게 핵반응을 일으키는 거대한 수소 덩어리이기 때문에 열과 빛뿐만 아니라 다른 물질 조각들도 주변에 어느 정도 내뿜게 된다. 태양이 마치 바람을 내뿜는 것 같아 이를 흔히 태양풍이라고 부르기도 한다. 물론 진짜 공기로 된 바람은 아니고 대부분 아주 희미한 수소가 전기를 띤 상태로 흩날리는 것들이다.

지상에서 나침반을 들고 있으면 항상 북쪽을 가리킨다. 이는 지구가 거대한 자석이기 때문이다. 즉 북극과 남극이 자석의 S극과 N극 역할을 해 나침반을 슬며시 끌어당기는 것이다. 지구의 이러한 성질 때문에 우주에서도 지구 근처에는 자력이 퍼져나간다. 지구의 S극과 N극 위치, 그러니까 북극과 남극에 가까운 쪽에 전기를 띤 태양풍이 도착하면 자력과 전기의 반응으로 빛을 잘 내뿜는 경향이 있다고 한다. 그렇기 때문에 주로 북극과 남극에 가까운 나라에서 오로라가 잘 보이는 것이다.

그런데 태양이 언제나 똑같이 활동하지는 않는다. 가끔은 태양이 내뿜는 태양풍이 좀 강해지기도 한다. 강한 태양풍이 지구에 몰아닥치면 평소에는 보이지 않던 지역에서까지 오로라가 보일 수 있다. 1701년 조선에서까지 오로라가 보였다면, 어쩌면 그때 갑자기 태양이 유독 강한 태양풍을 내뿜었을 수도 있지 않을까?

태양이 그처럼 요란하게 활동할 때, 태양 겉면이 보통 때와는 달리 울렁이게 된다. 그러다 보면 태양 겉면에서 어떤 곳은 평소보다 좀 더 뜨거워지기도 하고 어떤 곳은 좀 덜 뜨거워지기도 한다. 만약 특히 덜 뜨거운 곳이 생긴다면 그 부분은 다른 곳보다는 좀 어두워 보인다. 워낙 밝은 다른 곳에 비하면 검은 점이 생긴 것처럼 보이기 때문에, 이런 지점을 흑점이라고 부른다.

물론 흑점이 덜 뜨겁다고 해도 대략 섭씨 3,000~4,000도나 된다. 어지간한 쇳덩어리들을 다 녹일 만한 온도인 흑점을 태양의 차가운 지점이라고 부르는 것이 조금 이상하게 느껴지기는 한다. 그러나 태양의 다른 곳이 5,000도 이상이기 때문에 상대적으로 덜 뜨거운 이 부분이 어두워 보이는 것이므로 틀린 말은 아니다.

따라서 태양에 흑점이 많이 나타난다면 그것은 태양 표면이 요란하게 울렁이며 활발하게 활동하고 있다는 뜻이다. 지구에서 보면 흑점은 그야말로 하나의 점일 뿐이지만, 사실 흑점 하나는 어지간한 도시만 하거나 지구 크기와 비슷하게 커질 때도 있다고 한다. 그러니 흑점이라는 현상은 굉장한 규모를 가진다. 이런 상황에서는 태양 표면에 흔히 플레어라고 부르는 폭발 불꽃 현상이 크게 자주 일어나고, 태양풍 현상도 더 강해진다. 그래서 SF(Science Fiction) 소설이나 영화에서는 태양이 문득 너무 활발히 활동하는 바람에 거대한 플레어가 생기고 지구가 통째로 태양의 불길에 휩싸이는 장면이 나오기도 한다.

물론 그런 엄청난 사고는 지난 수십억 년 동안 한 번도 일어나지 않았다. 그래도 태양풍을 이루는 전기를 띤 부스러기가 우주에 흩뿌려지는 정도가 평소보다 강해져서 지구의 전기 장비가 오작동을 일으킨다든가, 통신 장비에 오류와 잡음이 심해지는 일은 자주 일어난다. 그래서 한국의 국립전파연구원 우주전파연구센터에서는 매일 흑점을 관찰한 결과를 마치 일기예보 기사처럼 공개한다.

요즘 과학자들은 태양이 얼마나 활발히 활동하느냐 잠잠한가에 따라 지구가 햇빛을 얼마나 많이 받느냐 적게 받느냐 하는 것이 달라지고 그에 따라 기후가 달라질 것으로 추측하기도 한다. 19세기 영국에서 활동한 경제학자 제번스는 흑점 등을 관찰해 태양이 활발할 때와 잠잠할 때의 변화를 살펴보면, 그에 따라 농사가 잘되는 시대와 잘되지 않는 시대를 알 수 있을 것이라고 했다. 나아가 그에 따라 경제를 예측하고 심지어 주가가 오를 때와 내릴 때 같은 경기 변동을 예상할 수 있다는 의견을 냈다.

과학적으로 흑점을 관찰한 오래된 사례로 손꼽히는 것은 이탈리아를 대표하는 과학자 갈릴레오 갈릴레이의 1611년 기록이다. 그렇지만 사실 그보다 훨씬 더 옛날부터 다른 나라에서도 나름의 방법으로 흑점을 관찰해왔다. 한국에서도 갈릴레이보다 훨씬 앞선 고려 시대나 조선 시대에 태양의 흑점을 관찰했다는 기록을 여럿 찾을 수 있다. 한국 기록에서는 흑점을 주로 흑자로 불렀다고 한다. 1742년 음력 5월 1일 『조선왕조실록』 기록 등을 보면, 조선 후기에는 일종의 색안경을 이용해서 태양을 관찰하려는 시도가 있던 것으로 보인다.

지구를 비롯한 태양계에 막대한 영향을 미치는 태양은 이 외에도 다양한 형태로 끊임없이 변화하며 활동하는 중이다. 예를 들어, 태양의 겉면에는 마치 안개나 구름처럼 아주 뜨거운 물질이 끼어있는 부분이 있다. 보통 때는 이 부분이 잘 보이지 않아서, 일식이 일어날 때 태양빛이 가려지

면 그제야 태양 표면을 감도는 이 오묘한 안개 같은 부분이 보인다. 그럴 때 그 모양이 마치 왕관 같다고 해서 왕관을 뜻하는 라틴어인 코로나라고 이름 붙여 부른다.

코로나의 한 가지 이상한 특징은 대단히 뜨겁다는 점 이다. 태양의 겉면 온도가 약 5,000~6,000도인데 코로나의 온도는 100만 도가 가볍게 넘는다. 어떻게 열기가 뿜어져 나오는 태양의 겉면보다 그 위에 안개 같이 낀 코로나가 훨 씬 더 뜨거울 수 있을까? 여기에 대해서는 아직까지도 정확 하게 밝혀지지 않은 점이 많다. 그래서 여러 나라의 우주 탐사선이 태양 코로나에 대해 조사하고 있다. 만약 앞으로 더 많은 조사가 이루어진다면, 조선 시대 우주 괴물 이야기를 오로라로 풀이해 볼 수 있는 것처럼 코로나를 비롯한 다른 태양의 수수께끼도 더 명쾌하게 설명해 볼 수 있을 것이다.

태양의 일식 _ 연오랑·세오녀와 상대성이론

　『삼국유사』에는 태양에 관한 한국의 신화로 빼놓으면 서운할 만큼 유명한 이야기 하나가 실려있다. 흔히 연오랑· 세오녀 이야기 또는 연오세오 이야기라고 부르는데 지금으로부터 1,800여 년 전인 서기 157년에 신라에서 있던 이야기라고 기록되어 있다. 동해안에서 해초를 따서 먹고살던 연오랑과 세오녀라는 부부가 저절로 떠다니던 바위 또는 커다란 물고기에 올라갔다가 그것이 저절로 움직이는 바람에 일본으로 건너갔다. 일본에 간 두 사람은 일이 잘 풀려 임금과 왕비가 되었다.

　그런데 이상하게도 그 후 신라의 해와 달이 빛을 잃었

다. 신라 임금은 당시 일관이라고 불리던 천문학자 내지는 점성술사에게 물어보았다. 그는 신라에 해와 달의 요정 역할을 하는 사람들이 있었는데 그들이 다른 나라로 가버렸기 때문에 이런 일이 벌어졌다고 답했다. 신라 조정에서는 일본에 있는 연오랑과 세오녀에게 돌아오라고 요청했지만, 이미 다른 나라의 임금이 된 그들 부부는 돌아갈 수 없다고 했다. 대신 세오녀가 짠 고운 비단을 받아 가면 해와 달의 빛이 돌아올 것이라고 했다. 이후 신라에서는 그 비단을 귀비고라는 보물창고에 고이 간직하게 됐다는 결말이다.

해와 달을 신으로 숭배하는 신화나 전설은 세계 여러 나라에 많다. 그러나 나는 그중에서도 연오랑·세오녀 이야기에 독특한 개성이 풍부하다고 생각한다. 해와 달의 신이 있는데 누구나 우러러보는 어마어마한 대상이 아니라 바닷가에서 해초를 따며 살아가는 평범한 부부이고 자기들도 모르는 사이에 해와 달의 요정 역할을 한다는 이야기가 무척 재미있다. 대단치 않은 지위의 보통 이웃이라고 하더라도 태양처럼 훌륭한 역할을 할 소중한 사람일지 모른다는 교훈을 주는 것 아닐까?

태양빛과 달빛을 품은 보물을 왕비가 직접 만들었고 그것이 보물창고에 간직되어 있다는 결말도 신비롭다. 지금의 경주, 포항 일대를 잘 찾아보면 어딘가에 그 보물이 묻혀

있는 것 아닐까 하는 상상을 해보기 딱 좋다.

그런데 이 전설에 대한 풀이 중에는 이 이야기가 일식과 월식에 대한 내용이 아닐까 하는 것도 있다. 일식과 월식은 해와 달이 잠시 가려져 그 빛이 보이지 않게 되는 현상을 말한다. 태양이 가려지면 일식, 달이 가려지면 월식이다. 일식을 기준으로 완전히 다 가려져서 대낮인데도 어둠컴컴할 정도가 되면 개기일식, 일부만 가려지면 부분일식이라고 한다. 일식 중에는 개기일식과 거의 비슷하지만 모든 부분이 다 가려지지는 않고 테두리가 약간 남아 보이는 경우도 있다. 이런 것을 금환일식이라고 부른다.

실제로 개기일식이 일어나면 갑자기 온 세상이 어두워지고, 문득 햇빛이 가려지는 바람에 약간 서늘한 기운이 느껴지기도 한다. 그 광경은 현대에도 대단히 강렬해서 겨우 몇 분간 그 모습을 보기 위해 일식이 일어나는 곳을 찾아 먼 나라로 여행을 떠나는 사람이 있을 정도다. 감수성이 예민한 사람은 개기일식을 보며 이대로 지구가 멸망해도 이상하지 않을 것 같다는 감상을 말하기도 한다. 그만큼 엄청난 사건이 벌어지는 느낌이라는 것이다. 눈물을 흘리는 사람도 어렵잖게 볼 수 있다.

태양 빛이 지구에 들어오는 방향을 우주에서 어떤 커다란 다른 물체가 막아서며 빛을 가리면 바로 이런 일식 현상이 일어날 수 있다. 마침 달은 지구 주변의 우주 공간을 계속 돌기 때문에, 가끔 달이 이렇게 햇빛을 막으면 일식을 일으킬 수 있다. 달은 지구에 비해 훨씬 작으므로 달이 빛을 가려서 그림자를 드리울 수 있는 곳은 지구의 일부이다. 그렇기에 일식이 일어난다고 해도 볼 수 있는 지역은 지구의 몇몇 도시뿐이다.

일식이 일어나는 원리를 잘 아는 현대인도 일식을 보면 큰 감흥을 느끼는데, 신라 시대 사람들은 어땠을까? 묘하게도 『삼국사기』에는 연오랑·세오녀 전설의 배경인 157년에서 멀지 않은 166년에, 신라에서 일식이 일어났다는 기록이 있다. 워낙 옛날 일이라 모든 기록을 곧이곧대로 믿을 수는 없을 것이다. 그러나 신라 시대 초기에 신라인들을 깜짝 놀라게 할 정도로 강렬한 일식이나 월식이 있었고, 그 때문에 어떤 신비의 힘이 갑자기 햇빛과 달빛을 없어지게 할 수도 있다는 전설이 사람들 사이에 돌기 시작했다고 추측해 보면 어떨까? 그러다 어느 누군가, 다른 나라로 이민을 가서 크게 성공했다는 연오랑과 세오녀 부부의 사연을 그 전설에 덧붙인 것은 아닐까?

일식을 신비롭고 이상한 현상으로 본 사례는 다른 나라에도 많다. 인도에 전해지는 신화 중 하나를 소개하고자 한다. 먼 옛날 영원한 젊음과 생명력을 주는 마법의 우유를 두고 신들과 괴물 종족인 아수라가 우주에서 큰 싸움을 벌였다.

그때 '라후'라는 괴물이 마법의 우유를 마시려고 돌진하자, 해와 달이 신들에게 이 사실을 알려줬다. 그러자 비슈누 신이 라후를 막기 위해 칼로 라후의 목을 쳤다. 그러나 그때 라후는 순간적으로 마법의 우유를 마시기 시작해 이미 아주 조금 마신 상태였다. 그 탓에 머리만 살아남은 라후는 그 모습으로 영원히 우주를 돌아다니게 되었다. 이후 라후는 자신의 움직임을 신에게 알린 해와 달에게 원한이 생겨서, 가끔 해와 달을 입으로 물어뜯는다. 그럴 때마다 일식과 월식이 일어난다는 것이 이 신화의 결말이다. 신화연구가 심재관 교수의 글에 따르면, 이런 이유로 인도의 옛 석상을 보면 라후의 조각상은 머리를 크게 만들며 항상 해와 달을 들고 있다고 한다.

이와 같은 인도 신화는 불교와 인도 문화가 퍼져나가면서 한국에도 진작에 전해졌다. 조선 시대 천문학 책에서도 라후에 대한 이야기를 빈번하게 찾을 수 있다. 한국에 전래동화처럼 퍼진 이야기 중에는, 어둠만 있는 나라에서 개를 보내 해와 달을 물어오라고 했는데 그 개가 해와 달을 물면 일식과 월식이 생긴다는 것도 있다. 개가 해를 물면 너무 뜨거워서 곧 뱉어내고, 달을 물어오면 너무 차가워서 곧 뱉어내기 때문에 일식, 월식은 얼마 후 끝난다는 것이다.

나는 해와 달을 물어오는 개 이야기 또한 인도의 라후 괴물 신화가 조선으로 건너 와서 변형돼 탄생한 이야기가 아닌가 싶다. 조선 말기에 나온 『암흑의 조선』이라는 책을 보면, 민간에도 이 이야기가 꽤 널리 알려져서 일식과 월식이 일어나면 사람들은 춤을 추면서 일식과 월식이 곧 끝나기를 기원했다고 한다. 그렇다면 우주를 돌아다니는 괴물개가 태양을 먹는다는 이야기는 한국에서도 상당히 뿌리 깊게 자리 잡은 듯하다.

일식과 월식을 위험하게 생각하는 분위기는 의외로 과학의 시대가 시작된 이후, 대한민국의 현대 역사와도 약간의 관련이 있다. 광복 후 대한민국은 1948년 5월 9일에 처음으로 전 국민이 참여하는 선거를 실시하기로 계획했다. 그러나 공교롭게도 이날 한국에서는 금환일식이 일어날 예정이었다. 혹시 투표를 하는 중에 갑자기 해가 보이지 않으면 이상한 풍문이 돌거나 혼란이 일어날 수도 있다고 해서, 결국 선거를 얼마 앞두고 투표 날짜를 다음 날인 5월 10일로 옮겼다고 한다. 그렇게 해서, 역사상 한국의 첫 번째 민주주의 총선거는 5월 10일에 치러졌다. 이것이 제헌 국회의원 선거라는 한국 민주주의의 진정한 출발이다. 그러고 보면 한국은 일식과 함께 출발한 나라라고도 할 수 있을 것이다.

막상 현실을 따져보면, 일식은 사실 불길한 일이라기보다는 중요한 과학 실험과 관찰의 기회다. 평소에 햇빛, 달빛이 너무 강해서 잘 보이지 않는 물체를 볼 수 있는 기회로 생각하면 일식은 대단히 유용하다.

예를 들어, 영국의 아서 에딩턴은 1919년 일식이 일어나는 아프리카 서부의 프린시페섬으로 탐험 여행을 떠났다. 그는 일식 순간 태양 바로 옆에서 보이는 별빛을 정밀 관찰했다. 그가 이런 관찰을 한 이유는 일반 상대성이론에 따라 태양이 시공간을 왜곡시키면 그 바로 옆에 있는 별빛이 아주 약간 다르게 보인다는 학설이 있는데, 정말로 그런지 어떤지 살펴보기 위해서였다.

세상에 시공간을 왜곡시킨다는 이상한 현상이 정말로 벌어질 수 있을까? 에딩턴은 일식 순간에만 잠깐 보이는 별빛을 정밀하게 확인했다. 그러고는 시공간이 왜곡된다는 일반 상대성이론은 맞는 것으로 관찰되었다고 발표했다. 그 덕택에 상대성이론이라는 신기한 이론이 옳다는 사실이 이때 아주 널리 알려지게 되었다. 그렇기에 이 실험은 과학의 역사에서 짜릿한 성공의 순간으로 무척 유명하다. 또한 이 관찰 결과가 놀라운 소식으로 워낙 널리 알려진 것이 결정적인 계기가 되어, 상대성이론의 주인공인 아인슈타인은 뛰어난 과학자의 대표로 전 세계인이 그 이름을 아는 유명인

사가 될 수 있었다.

　그러고 보면 과학의 세계에서 일식이란 불길한 일이긴
커녕 시간과 공간이 무엇인지 정확히 알게 해준 행운이었다
고 봐야 할 것이다.

때로는 가장 밝은 빛을 잃어보는 것도 좋아.
더 소중한 것을 발견할지도 모르거든.
개기일식의 짧은 순간, 과학의 역사를 새로 쓴 에딩턴처럼 말이야.

달 _ 신라는 달의 왕국

어지간한 날 밤이면 하늘을 올려다봤을 때 눈에 가장 잘 띄는 것이 하나 있다. 바로 달이다. 달은 그냥 보기에도 특별하다. 밤하늘 수많은 다른 별들이 그저 점 하나와 비슷한 모양으로 빛을 내는데 달은 전혀 다르게 생겼다. 보름달은 커다랗고 둥근 모습으로 떠올라 빛을 내뿜는다.

도대체 달은 왜 이런 모습일까? 생각해 보면 의외로 답이 간단치만은 않은 문제다. 달이 다른 별과 달라 보이는 것은 일단 달이 유독 지구에 가까이 있기 때문이고, 그에 더해서 실제로 달의 크기가 이상할 정도로 무척 크기 때문이다.

태양계 중심에 태양이 있고, 지구를 비롯한 여덟 개의

행성이 태양 주변을 빙빙 돌고 있다. 그리고 그 행성들보다 훨씬 작은 위성이 각각의 행성 주변을 돌기도 한다. 예를 들면 지구의 위성인 달이 지구 주변을 돌고, 지구와 닮은 화성 주변은 포보스와 다이모스라는 두 개의 위성이 돌고 있다. 그런데 이상하게도 달은 포보스·다이모스보다 훨씬 크다. 화성을 도는 포보스·다이모스는 그 넓이가 기껏해야 큰 도시 하나 정도다. 그러나 지구 주변을 도는 달은 한국·중국·일본을 합한 넓이보다 훨씬 크다.

화성과 지구가 비슷하다는데, 지구에만 유독 이렇게 커다란 위성이 딸려있다는 것은 조금 이상하다. 금성이나 수성에는 아예 위성이 없다. 목성이나 토성 주위를 도는 위성은 워낙 여럿이고 그중 달만큼 큰 위성도 있다. 그렇지만 목성, 토성은 그 정도 크기의 위성과 어울릴 만큼 큰 행성이다. 토성은 지구보다 거의 백 배쯤 무거운 행성이고, 목성은 지구의 300배보다도 더 무거운 행성이다. 지구는 그런 큰 행성에 비하면 대단히 작고 가벼운 곳이다. 그런데도 달이라는 큼직한 위성이 지구 주변을 돌고 있다. 이런 이상한 상황 덕분에 지구에서는 밝게 빛나는 큰 달을 볼 수 있는 것이다.

달이 크게 잘 보이기 때문에 옛사람들은 달에 대한 많은 이야기를 만들었다. 중국인들은 달에 음양오행설을 갖다 붙였다. 해는 하늘에 있는 아주 강력하고 큰 양기를 가진 물체라고 보아 태양이라고 불렀고, 달은 그만큼 강한 음기를 가졌다고 하여 달을 기준으로 하는 달력을 음력이라고 부르게 되었다. 그래서 음력 달력은 매달 15일이 보름달 뜨는 날짜가 되도록 맞춰져 있다.

중세 이후 유럽 사람들은 달이 신비로운 마력을 가졌으면서도 광기 어린 것이라는 생각을 퍼뜨렸다. 보름달을 보면 늑대 인간이 변신한다는 전설이라든가, 영어에 남아있는 루나틱(lunatic), 무니(moony) 등 달에 관한 단어가 '광기 어린'이라는 뜻을 가진 것도 그 때문일 것이다. 미국 영화에 아직도 가끔 나오는 장면이 있다. 보름달이 뜬 날, 경찰이나 응급실 당직 의사들이 이야기 나누며 운이 없는 날이라고 말하는 장면이다. 보름달의 마법으로 광기를 느낀 사람들이 늘어나 위험한 일을 벌이거나 범죄를 저지를 거라는 미신이 남아있기 때문이다.

한국에도 달에 관한 독특한 문화가 남아있다. 나는 그 중에서도 신라에 재미난 풍속이 많은 편이었다고 생각한다. 좀 과장하자면 신라를 달의 왕국이라고 불러도 될 정도가 아닌가 싶다.

우선 신라는 임금이 사는 궁궐의 이름부터 월성, 그러니까 달의 성이라고 이름 붙였다.

어떻게 저리도 밝고 환할까?

한 달에 한 번 차고 기우는 게 진짜 신기하지?

먼 옛날 신라의 달과 오늘 밤의 달이 같은 모습으로 뜬다는 사실. 그게 바로 지구의 신비고 이 세상의 신비야.

　지금까지 남아 유명한 관광지가 된 신라의 멋진 연못인 안압지의 정식 명칭은 월지라고 한다. 월지의 근처에는 임금의 후계자인 왕자가 사는 궁궐, 즉 동궁이 있었기 때문에 이곳을 동궁과 월지라고 부른다. 여기서 월지 역시 달의 연못이라는 뜻이다.

　달과 관련된 명절의 기록도 뚜렷하게 남아있다. 『삼국유사』에 실린 전설에 따르면, 신라에서는 서기 488년에 신비한 까마귀 한 마리가 임금에게 암살을 피할 방법을 써놓은 편지를 배달했다. 그래서 이 까마귀를 기념하기 위해 까마귀에게 주는 과자를 만들었는데 그것이 바로 약밥이다.

이후 매년 정월대보름, 그러니까 그 해의 첫 번째 보름달이 뜨는 날을 까마귀를 위한 약밥 만드는 날로 기념했다고 한다. 한국인들이 아직까지도 정월대보름을 중시하는 이유다.

한가위 이야기도 빼놓을 수 없다. 『삼국사기』에는 서기 32년 신라에서 여성들이 두 팀으로 나뉘어 옷감 짜기 대결을 한 것이 한가위의 시초라고 설명한다. 고대 일본인이 남긴 『입당구법순례행기』 같은 기록은 한가위를 신라의 중요한 명절이었다고 설명하며, 특히 다른 나라에는 없는 신라만의 명절이라는 이야기도 같이 실었다.

신라에서는 한가위 맞이 옷감 짜기 대결을 음력 7월 16일에 시작하고 그 결과를 8월 15일에 보았다는데, 그렇다면 7월 보름달이 뜬 다음 날부터 8월 보름달이 뜰 때까지 한 달 동안 보름달을 기준으로 옷감 짜기 대결을 했다는 뜻이다. 현대에 보름달 뜨는 날을 큰 명절로 삼는 선진국은 전 세계에서도 별로 많지 않다. 그러나 한국에서는 2,000년 가까운 세월이 흐른 지금도 한가위를 명절로 중시하는 풍습이 잘 이어져 내려오고 있다.

과연 달이 신라 사람들에게 이렇게 많은 생각을 불러일으킬 정도로 크고 눈에 잘 보이는 진짜 이유는 무엇일까? 이 수수께끼는 풀기 어려운 문제여서 한동안 과학자들 사이에도 많은 혼란이 있었다. 요즘 과학자들 사이에 가장 인기 있는 학설은 지금으로부터 40억 년 전 이상으로 거슬러 올라가는 아주 먼 옛날에 지구보다 좀 작은 행성 하나가 우연히 지구와 큰 충돌을 일으켰기 때문이라는 것이다.

그 충격은 대단히 강력했다. 그래서 지구에 충돌한 행성과 옛 지구는 거의 곤죽이 될 정도로 박살이 났고, 이후 그 부서진 물체들이 다시 뭉쳐서 지금의 지구가 되었다. 그리고 그때, 그중 일부는 따로 떨어져 나가 지구 근처를 맴돌게 됐는데 그것이 바로 달이라는 것이다. 이런 정도의 특별한 과정이 있어야 달 같은 큰 물체가 지구 주위를 돌 수 있다. 달이 생겨날 때 지구를 들이받은 그 행성에게는 테이아라는 별명도 붙었는데, 테이아는 그리스 신화에 나오는 달의 여신이다.

따라서 달에 관한 연구는 지구가 어떻게 생겨났고 무슨 일을 겪었는지 알기 위해서도 꼭 필요한 일이다. 지구가 언제 생겨나서 어떻게 변화했는지를 정확히 알면 알수록, 우리는 지구에서 일어나는 다양한 사건들을 제대로 알아낼 수 있다. 결국 지구에서 지진이나 화산 같은 재난이 일어나는 까닭을 깊이 이해하기 위해서는 달이 어떻게 생겨났고 달은 어떤 구조인지도 알아내야 한다. 그래야 지구의 과거와 내부 상태도 제대로 파악할 수 있다. 몇몇 우주 선진국 학자들은 지질학보다 오히려 천문학으로 달에 관해 연구하는 것이 중요할 때도 있다고 본다.

과거에는 화산이나 지진이 그냥 운명처럼 일어나는 사건일 뿐, 사람은 아무것도 알 수 없다고 생각했다. 그러나 과학의 시대인 현대에는 그렇지 않다. 기술이 발달한 세계의 선진국들은 지구에 대해 더 정확히 알아내기 위해 앞장서서 노력하고 있다. 그들이 지구를 연구하는 방법 중에는 달을 연구하는 다양한 기술도 포함되어 있다. 과거 신라가 달의 왕국이었다면, 이제 어느 나라 못지않게 과학 기술의 힘을 갖춘 대한민국이 좀 더 열심히 달을 탐사해 그 중요한 지식을 쌓아나가는 미래가 어울린다고 생각한다.

신라를 달의 왕국이라고 할 수 있다지만 백제의 역사도 달과 관련이 아주 없는 것은 아니다. 한 가지 예를 들자면, 서기 660년 멸망 직전에 백제는 예언 소동에 시달린 적이 있다.

『삼국사기』에 따르면 당시 백제 조정에서는 백제는 둥근달, 신라는 초승달이라는 예언이 적힌 거북을 발견했다고 한다. 살아있는 거북의 몸에 그런 말이 적혀 있다는 이야기는 너무 이상하게 들리니, 거북 모양의 장식품이나 거북의 껍질로 만든 물건에 그런 글자가 적힌 것이 발견된 듯하다.

백제 임금은 한 신하에게 그 예언을 해석해 보라고 시

켰다. 그러자 신하는 최선을 다해서 고민한 끝에 이렇게 설명했다.

"둥근 보름달은 이제 점점 줄어들어서 반달, 그믐달로 변해갈 테니 백제는 앞으로 점점 약해진다는 뜻일 것입니다. 초승달은 반대로 점점 차올라서 반달, 보름달로 변해갈 테니까 신라는 앞으로 점점 강해진다는 뜻이 아닐까 싶습니다."

백제가 약해진다는 말에 기분이 나빠진 임금은 신하를 처형했다. 그러고 나서 다른 신하에게 물어보자, 이번에는 비위를 맞추기 위해 백제가 보름달이니까 크고 좋다는 뜻이라고 둘러댔다. 얼마 지나지 않아 백제는 신라의 공격을 받아 멸망했다.

듣기 싫은 말을 한다고 벌주고 탄압하면 안 된다는 교훈이 담긴 이야기이다. 또는 어떤 조직이 쇠약해질 때가 되면 그 조직의 지도자 주위에 옳은 말을 하는 사람은 없고 듣기 좋은 말로 비위 맞추는 간신배 같은 사람들만 들끓는다는 이야기로 들리기도 한다.

사실을 따져보자면 보름달이든 초승달이든 달이 스스로 빛을 내뿜지는 않는다. 달은 그냥 우주에 가만히 떠있을 뿐인데, 워낙 아무것도 없는 캄캄한 우주에 큼지막한 달이 떠있다 보니 햇빛을 받는 것만으로도 무척 밝아 보이는 것뿐이다. 그리고 지구와 달은 모두 태양 주위를 돌아다니고 있으므로, 움직이던 달이 햇빛을 받는 각도에 따라 다르게 보이는 것이다. 햇빛을 정면으로 다 받는 위치에 있으면 보름달로 커다랗게 보이고, 옆에서 햇빛을 받는 위치에 있으면 달의 옆면 반쪽만 보여서 반달로 보이는 것뿐이다. 달이 우주를 빙빙 돌며 돌아다니는 이상, 달의 모양은 항상 변한다.

바로 이러한 이유로 옛사람들이 달을 기준으로 약속을 하고 날짜를 정하지 않았을까 싶다. 요즘은 "2주 후에 만나자."라든가 "다음 달에 한번 보자."라고 약속을 정하는데, 원시인들은 아마 "오늘은 보름달이 뜨는데, 반달이 될 때 또 만나자."라든가, "다음 번 보름달이 뜰 때 만나자."라는 식으로 약속을 정했을 것이다. 달력이라는 단어만 봐도, '력'이라는 말은 한자에서 온 것이지만 '달'은 그냥 우리말 '달'이라는 뜻으로 추정된다.

이 역시 애초에 달은 달력으로 날짜를 따지는 것과 관련이 깊다는 사실을 말해주는 듯하다.

달은 지구에서 38만 킬로미터 정도 떨어진 위치에 떠 있다. 38만 킬로미터라면 시속 1,000킬로미터의 비행기 속력으로도 꼬박 17일간 연속으로 날아가야 하는 먼 거리다. 그래도 현대의 로켓 기술로는 그보다도 훨씬 더 빨리 움직일 수 있기 때문에 대략 3일 정도면 달에 도착할 수 있다. 아폴로 계획 때 우주선을 타고 달에 다녀온 사람들도 그 정도 일정으로 움직였다.

다른 길을 택해 달에 갈 수도 있다. 대표적으로 한국의 달 탐사선 다누리가 갔던 길이 있다. 2022년 발사된 다누리는 달을 향해 직행하는 방식을 택하지 않았다. 다누리는 최대한 연료를 덜 쓰고 달까지 가기 위해 특이한 방향을 택했다. 지구, 태양, 달이 중력으로 당기는 힘을 교묘하게 최대한 이용하기 위해 느릿느릿 움직이며 빙 돌아가는 것이다. 그 때문에 다누리가 지구에서 달에 도착하는 데는 3일이 아니라 4개월이 넘는 시간이 걸렸고, 38만 킬로미터 정도 떨어진 달에 가기 위해 지구에서 150만 킬로미터가 넘게 떨어진 위치까지 돌아가야 했다. 한국 속담에 급할수록 돌아가라는 말이 있다. 연료를 많이 싣고 갈 수 있는 기술과 여건이 갖춰지지 않은 상황에서 급하게 달 탐사를 하기 위해, 다누리는 한국 역사상 가장 먼 길을 돌아간 셈이다.

다누리는 달에 착륙하지는 않는다. 대신 달 상공 100킬로미터 정도 높이에서 달을 관찰한다. 막상 달에 착륙을 해도, 딱히 풍요로운 풍경이 펼쳐져 있지는 않다. 일단 달에는 공기가 없고 아무 생물도 살고 있지 않다. 풀 한 포기 없이 먼지, 모래, 돌만 펼쳐져 있다. 공기가 없다 보니 시원한 바람이 불어 더운 곳을 식혀준다거나, 추운 지역에 따뜻한 바람이 불어오는 현상도 없다. 그래서 더우면 어마어마하게 덥고 추우면 또 극심히 춥다. 달의 땅이 햇빛을 많이 받는 낮에는 기온이 100도 이상 올라가기도 하고, 밤에 햇빛을 받지 못하면 영하 200도 이하로 내려가기도 한다.

게다가 지구에는 공기가 있기 때문에 우주에서 떨어지는 방사선이나 돌멩이 따위를 어느 정도 막아주지만, 달에는 공기가 없기 때문에 우주에서부터 날아오는 다양한 위험도 심각하다. 그 탓에 달 곳곳에는 우주에서 떨어진 돌멩이가 그대로 부딪히면서 만들어진 구덩이, 즉 크레이터가 많다.

달은 지구 무게의 80분의 1도 되지 않는다. 달이 자기 무게로 끌어당기는 중력 또한 지구에 비해 약하다. 그래서 달에서는 몸무게가 지구에서의 6분의 1 정도로밖에 느껴지지 않는다. 달에서 지구로 돌아오는 우주선을 띄우기에는 유리한 점이다. 반대로 지구에 살던 사람이 달에 가면 몸이 너무 가벼워 자기 몸에 힘을 주는 것이 이상하게 느껴진다. 그래서 잘 걷지 못하고 엉거주춤하게 되기 쉽다. 이 때문에 최고의 대원으로 훈련받은 우주비행사 중에도 달에서 걷다가 넘어지는 사람이 있다.

약한 중력이지만, 달의 중력이 지구에 미치는 영향은

적지 않다. 달이 지구 주위를 빙빙 돌면서 이리저리 서로 다른 방향으로 지구를 끌어당기기 때문에 지구의 바닷물은 이리 끌려가기도 하고 저리 밀려나기도 한다. 그 덕택에 우리는 바닷가에서 밀물과 썰물을 볼 수 있다. 만약 달이 없다고 하더라도 태양이 지구를 잡아당기는 힘이 있고 지구가 스스로 돌고 있으니, 태양 때문에 아주 약간의 밀물과 썰물이 생길 것이다. 그렇지만 달이 없다면 지금 정도로 강한 밀물, 썰물이 생기지는 못했을 것이다.

예를 들어 밀물과 썰물이 바다에서 거센 물살을 만들어 조류가 강한 지역인 명량도 없었을 것이다. 이순신 장군이 명량해전에서 일본군을 물리칠 때 이 강한 물살의 덕을 봤으니, 어찌 보면 이순신 장군과 함께 달이 싸워준 셈이다.

또한 예로부터 한강에서는 밀물 때, 바닷물이 한강으로 밀려드는 것을 이용해서 배를 띄우고 강물의 흐름을 거슬러 배를 움직였다고 한다. 달이 바다의 밀물을 만들어낼 때 배를 띄우면 밀물 물결을 따라 바다가 있는 인천에서 서울 쪽으로 즉 서쪽에서 동쪽으로 배가 떠가고, 썰물 때 배를 띄우면 반대로 배가 서울에서 인천 쪽으로 움직일 것이다. 그러니 밀물과 썰물의 때만 맞춰서 배를 띄우면 힘들여 노를 젓지 않아도 한강에서 동쪽, 서쪽 중 가고 싶은 방향대로 움직일 수 있다.

신에게는 전선 열두 척이
남아있사옵니다.

하늘의 기운으로 달이 우리를
돕고 있다는 걸······,
어떻게 설명할지 답답하다!

이순신.
거북선 설계에서부터 조류 이용까지!
두뇌로 싸운 진짜 무인.

　과거에는 서울 잠실 지역까지 어느 정도 밀물의 영향
을 받았을 것으로 보기도 한다. 삼국 시대 초기, 백제는 나
라를 세우면서 지금의 서울 잠실 즉 송파구 지역에 처음 수
도를 정했다. 나는 그 이유 중 하나가 바로 달이 만들어내는
밀물의 힘을 이용해서 배를 타고 쉽게 한강을 왔다 갔다 하

려는 것 아닐까 하는 상상을 해보았다. 만약 그렇다면, 달은 백제의 멸망도 예언했지만 백제의 건국에 공을 세웠다고도 볼 수 있지 않을까?

지구에서 달을 관찰할 때의 또 하나 재미있는 현상으로, 달이 항상 같은 방향만 보면서 지구를 돈다는 것을 빼놓을 수 없다. 인공위성에서 찍은 지구 사진을 보면 어떤 때는 한반도가 보이고 어떤 때는 그 반대편 아메리카 대륙이 보인다. 그러나 달은 항상 토끼 무늬가 있는 그 부분이 보인다. 그 이유는 바로 달이 항상 한 방향으로, 지구 쪽을 보면서 지구 주변을 돌기 때문이다. 우리가 보통 이야기하는 토끼 무늬가 있는 쪽을 달의 앞면이라고 한다. 반대편인 달의 뒷면은 지상에서는 결코 보이지 않기 때문에, 우주선을 보내 달 뒤로 돌아가서 보는 수밖에 없다. 인류 최초로 달 뒷면 사진을 찍은 것은 1960년대 소련의 무인 우주선이고, 한국에서는 2022년 발사된 다누리 탐사선이 달 뒷면 촬영에 성공했다.

달이 지구를 돈다고 하지만 언제나 정확하게 동그란 궤도를 그리며 도는 것은 아니다. 어떨 때는 지구와 좀 더 가까워지기도 하고 어떨 때는 지구와 조금 멀어지기도 한다. 타원형으로 돌고 있다는 뜻이다. 그 때문에 달이 가장 가까워졌을 때 보름달이 뜨면 보통 때 보름달보다 좀 더 커 보인다. 유독 커 보이는 보름달을 흔히 슈퍼문이라고도 한다. 보름달이 가장 클 때와 가장 작을 때를 비교하면 넓이가 10퍼센트 정도는 차이 나 보인다고 하니 사람이 눈으로 보고도 느낄 만하다.

미국 국립우주천문대의 자료에 따르면, 초정밀 관측을 해보면 달과 지구 사이의 평균 거리는 대략 매년 3~4센티미터씩 멀어지고 있다고 한다. 20세인 사람이라면 어릴 때 본 달에 비해 지금 어른이 되어 보는 달이 1미터 조금 못 되는 거리로 멀어진 셈이다.

어쩌면 오늘 저녁 보는 달이 평생 가장 가까이 있는 달의 모습일 수도 있다. 그리고 지금으로부터 6억 년 정도가 지나면 달은 너무 멀리 떨어져서 밤하늘에서 눈에 잘 보이지 않을 정도가 될 것이다. 그러므로 만약 6억 년 지난 머나먼 미래에 지구에 사람이 아닌 또 다른 종족이 살고 있다면, 그들은 달에 대한 아무런 전설도 신화도 예언도 만들지 않을 것이다. 그 정도가 달과 미래에 대해 과학적으로 예측해볼 수 있는 이야기이다.

여덟 행성

태양 주위에는 태양의 주변을 돌고 있는 행성이 여덟 개 있다. 지구도 그중 하나다.

여덟 개 행성 중 수성은 태양에 가장 가까운 곳에 있는 첫 번째 행성이다. 자연히 지구에 비하면 아주 뜨거운 곳이다. 그런가 하면, 조선 시대에는 사람들에게 유독 미움을 받은 행성이기도 하다.

한국어의 관용구 중 '직성이 풀린다.'라는 표현이 있다. 국립국어원 우리말샘에는 '제 성미대로 되어 마음이 흡족해지다.'의 의미로 어떤 일을 자기 뜻에 따라 굳이 그렇게 까지 하지 않아도 되는 심한 행동을 할 때 비판적으로 쓰는 말이다. 예를 들어, 글 쓰는 작가가 있다. 그런데 자신의 글이 마음에 들지 않자, 원고지 또는 인쇄된 글을 갈기갈기 찢어서 버렸다. 이를 본 친구는 작가에게 "굳이 그렇게 종이를 찢어버려야 직성이 풀리냐?"라고 말할 수 있겠다.

그런데 도대체 직성이 무엇일까? 그게 무엇이길래 하필이면 풀린다는 말로 설명하는 것일까? 그러고 보면 정확한 뜻을 모르고 무심코 자주 쓰는 말이다. 사실 그 말뜻 속에는 조선 후기 사람들 사이에 유행한 점성술과 관련된 사연이 숨어있다.

18세기 기록인 『경도잡지』를 보면 조선 사람들 사이에 유행하던 풍습에 관한 설명이 있다. 조선에는 매년 첫 번째 보름달이 뜨는 날, 그러니까 정월 대보름이 되면 그 해 운명에 영향을 미치는 행성이 무엇인지 따져보는 풍습이 있었다고 한다. 당시에는 태양계 행성이 다섯 개뿐이라고 생각했다. 그러므로 다섯 개의 행성에 해, 달 등을 더한 몇가지를 늘어놓고 그중에서 어느 것 하나가 신비로운 기운을 내뿜어 한 해 동안 어떤 사람에게는 행운을 주기도 하고, 어떤 사람은 재수 없게 만들기도 한다고 믿었다. 그리고 그렇게 자신의 한 해 운을 정해주는 것을 바로 직성이라고 불렀다.

19세기에 나온 『동국세시기』에도 이런 풍속이 상세히 기록되어 있다. 그러므로 직성을 따지는 관습은 아마도 조선에서 100년 정도는 유행했을 듯하다. 그럴 만도 한 것이 직성을 따지는 점성술은 굉장히 간단해서 자기 나이와 성별만 알면 그 해 내 직성이 무엇인지 바로 찾아볼 수 있다. 즉, 누구나 한 번 재미 삼아 해볼 만하다. 요즘 인터넷에 검색되는 내용만 봐도 쉽게 이해할 수 있다. 그러다 보니 워낙 많은 사람이 이런 일을 경험했고 지금도 직성이 풀린다라는 말이 남아있을 정도다.

『경도잡지』에 따르면 조선 사람들은 해·달·수성을 특히 재수 없는 직성으로 쳤다고 한다. 해와 달은 다른 행성들과 완전히 다른 특별한 것이니, 조금 다른 평가를 받았다고 해도 그럴 법하다. 그런데 다섯 행성 중 왜 하필 수성이 재수 없는 것으로 지목됐는지 이해하기는 힘들다.

수성이 다른 행성에 비해 눈에 잘 안 띄고 밤하늘에서 보기 힘들다는 이유로 그냥 안 좋은 취급을 받은 것 아닌가 하고 짐작할 수 있다. 수성은 무게가 지구의 약 20분의 1에 불과할 정도로 작은 데다가 태양에 워낙 가까운 행성이라, 지구에서 보면 태양 쪽에 거의 붙어있다. 그래서 태양이 뜰 때 수성도 같이 뜨고, 태양이 질 때 수성도 같이 지는 경우가 아주 많다. 태양 빛이 너무 밝기 때문에 수성이 있는지 없는지 알아볼 수 없는 날이 잦을 수밖에 없다. 눈에서 안 보이면 마음에서도 멀어진다고, 자기 눈으로 수성을 본 사람이

적기 때문에 수성을 향해 무언가를 기도하는 사람도 별로 없었을 것이다. 그러다가 수성은 저절로 인기 없는 행성, 재수 없는 행성 취급을 받은 것 아닐까?

『동국세시기』에 따르면 한 해의 직성으로 수성을 뽑은 사람이 불운을 예방하는 방법도 있다. 우물에 밥을 던지는 의식을 치르는 것이다. 조선 시대 사람들 사이에서는 이 믿음이 널리 퍼져있었다. 그러고 보면 직성이 풀린다라는 말의 원래 뜻은 '운명 때문에 어쩔 수 없이 그런 행동을 한다.' 또는 '불운을 없애기 위한 이유로 괴상한 행동을 한다.'라는 의미인 듯하다.

지금은 과학의 시대가 되어, 행성이 사람의 운수에 영향을 준다는 풍속을 기억하는 사람도 거의 없고 직성이 무엇인지 그 말뜻조차도 잘 모르는 세상이 되었다. 그런데 재미난 점은 과학의 세계에서도 한동안 수성의 움직임이 골치 아픈 문제였다는 것이다.

과학자들은 수성이 태양을 도는 모양이 항상 정확히 똑같지는 않다는 사실을 알아냈다. 수성은 약간씩 비틀거리면서 움직인다. 물론 그 비틀거리는 정도가 별로 크지는 않다. 100년, 1,000년 동안 수성을 살펴봐도 눈에 보이는 각도로 따져 0.1도 정도의 차이도 나지 않을 만큼 아주 미세하게 비틀거리는 것뿐이다. 그러나 극히 미세한 차이가 과학자들을 대단히 골치 아프게 만들었다. 미세하다고는 해도 19세기 과학 기술로도 그 정도의 차이는 알아볼 만했는데, 막상 갖가지 시나리오를 상상해 보아도 그 이유를 설명할 수 없었다.

몇몇 과학자들은 심지어 우리가 아직 발견하지 못한 정체 불명의 행성 하나가 태양계 어딘가에 숨어있는 것 아닐까 하는 생각도 했다. 이 행성이 주변 물체를 끌어당기는 중력으로 수성을 약간 끌어당기기 때문에, 수성이 태양을 돌다가 비틀거리는 현상이 생긴다고 상상한 것이다. 그 행성이 지구에서 잘 보이지 않을 만큼 교묘한 위치에 있기 때문에 긴 세월이 흐르도록 아직 사람들이 그 행성을 찾지 못한 것뿐, 우주에 뭔가가 더 있다는 것이다.

과거 과학자들은 그 알 수 없는 상상 속 행성에 벌컨이라는 이름을 붙이기도 했다. 나중에 SF 작가들은 그 벌컨 행성이 신비로운 세상이라는 이야기를 만들기도 했다. 혹시 발전된 문명과 기술을 가진 외계인들이, 그 첨단 기술로 지구인들에게서 자신을 숨기고 있기 때문에 우리가 그곳을 못 찾는 것은 아닐까? 인기 SF 시리즈인 〈스타트렉〉에는 벌컨인이라는 외계인 종족이 자주 나온다. 이 종족 이름을 벌컨으로 붙인 이유도 분명 수성 때문에 골치를 앓다가 떠올린 벌컨 행성과 간접적인 관련이 있을 것이다.

그러나 아직까지도 수성을 끌어당길 만한 벌컨 행성은 발견되지 않았다. 그렇다면 도대체 수성은 왜 비틀거리며 움직일까?

20세기 초 상대성이론이 발전하면서 그 해답이 나왔다. 일반 상대성이론이 나오기 전에는 행성들의 움직임을 계산하기 위해 뉴턴이 개발한 중력이론을 이용했다. 뉴턴의 중력이론은 간단하다. 무거운 물체끼리는 세게 끌어당기는데, 끌어당기는 힘은 물체 간 거리가 멀수록 약해진다. 간단한 곱셈과 나눗셈으로 그 힘의 정도를 계산할 수 있다.

그러나 뉴턴의 간단한 계산을 좀 더 세밀히 따져보면

아주 정확하지는 않다. 상대성이론에서는 시간과 공간이 연결되어 있고, 무거운 물체는 시공간을 왜곡시키므로 뉴턴의 방법처럼 힘의 작용을 단순한 곱하기와 나누기로 계산할 수는 없다고 말하기 때문이다. 따라서 태양과 같은 큰 물체가 시공간을 왜곡시켜서 그 주변에 있는 수성에 영향을 미치는 정도를 복잡하게 따져야만 수성의 움직임을 더 정확하게 계산해낼 수 있다는 것이 상대성이론의 결론이다. 뉴턴의 중력이론 대신 일반 상대성이론을 사용해서 복잡한 계산을 다 마쳐보면, 수성의 움직임은 딱히 벌컨 행성 같은 것이 주변에 없어도 조금씩 비틀거려야 한다는 결과가 나온다.

이렇게 본다면, 수성은 세상사 간단하게 따질 수 있는 문제는 아무것도 없다는 것을 알려주는 행성이라고 말할 수도 있을 것이다.

수성의 모습 – 윤선도의 돌판

    윤선도는 조선을 대표하는 시인으로, 아름다운 시조를 많이 남겼다. 그는 훌륭한 소질을 가진 선비였지만 당파에 연연하지 않고 활동했으며 자기 당파인 사람이라도 비판할 점이 있다면 비판했다. 그러다 보니 결국에는 아무도 편을 들어주는 사람이 없어 세상사에 성공하기는 포기했다. 그래서 복잡한 도회지를 떠나 자연 속에 지내며 조용히 사는 삶을 노래한 글을 많이 남겼다. 지금 우리가 윤선도의 훌륭한 시조를 읽을 수 있는 것은 그가 그런 인생을 살았기 때문이라고 할 수도 있겠다.

    자연 속 삶을 즐겼기 때문인지 조선 시대의 윤선도는

풍수지리에 뛰어난 것으로도 유명했다. 그런데 그런 풍수지리의 대가 윤선도의 이름이 붙은 땅이 있다. 그것도 넓이가 수천 제곱킬로미터나 되는 무척 넓은 땅이다. 혹시 그 땅을 풍수지리로 따져본다면 어떨까? 윤선도의 이름이 붙기에 어울릴 만큼 굉장한 명당자리일까?

그러나 윤선도의 이름이 붙은 그 땅덩어리는 도저히 풍수지리로 따지기 어려운 곳이다. 왜냐하면 그 땅은 지구가 아니라 수성에 있기 때문이다. 수성에는 우주에서 운석이 떨어질 때 땅을 강하게 때리며 생겨난 구덩이들이 여럿 있다. 그중 지름 70킬로미터가 넘는 구덩이 하나의 공식 명칭으로 조선 시대 작가인 윤선도의 이름이 붙었다. 과거에는 우주 여러 행성의 지형에 이름을 붙일 때, 과학 기술이 먼저 발전한 유럽 학자들이 적당히 이름을 정했다. 그러다 20세기 후반부터는 한국도 세계 과학계에서 활발히 활동하면서 한국인의 이름이 우주의 지형에 사용되는 사례가 늘어나게 된 것이다. 수성에는 조선 중기를 대표하는 작가이자 정치인인 정철의 이름을 딴 지형도 있다고 한다.

수성에 이런 구덩이들이 많은 까닭은 일단 수성에 공기가 없기 때문이다. 아주 약간의 기체가 수성 땅 위에 퍼져있지만 지구의 공기에 비하면 아무것도 없다고 할 정도로 너무 옅다. 그 때문에 우주에서 무언가가 수성의 땅에 떨어질 때 막아주는 것도 없고, 한번 땅 모양에 변화가 생기면 그것이 바람에 무너지거나 깎여나가는 일도 없다. 이런 점에서 수성은 달과 비슷하다. 지구라면 우주에서 어지간한 돌덩이가 떨어져도 공기를 뚫고 지나오다가 그 마찰을 견디지 못하고 대부분 타버릴 텐데, 수성에서는 그렇지 않다.

수성에 공기가 없는 까닭은 수성이 너무 작기 때문이다. 작고 가벼운 행성은 무언가를 끌어당기는 중력이 약하다. 그렇기 때문에 수성에 공기가 있다고 해도 그것을 계속 붙잡아둘 수 없어서, 우주로 다 날아가 흩어져버렸을 것이다. 그래서 수성은 대체로 황량한 돌덩어리만 있는 땅이다.

더군다나 수성은 태양에 가장 가까운 행성이다. 즉 태양의 열기를 가장 강하게 받는 곳이다. 그래서 수성의 땅은 대단히 뜨겁다. 더운 곳은 섭씨 400도가 넘으며, 햇빛을 받으면 섭씨 100도를 넘기는 곳이 흔하다. 한자 뜻을 보면 수성이라는 말은 물의 행성인데, 물로 되어있기는커녕 바싹 마른 땅이 널린 곳이다. 수성은 그 땅속에 특이할 정도로 굵직하게 금속 성분 덩어리가 뭉쳐져 있는 것으로 추정된다. 따져보자면 오히려 금속 행성, 즉 금성이라는 이름을 붙여야 더 어울릴 것 같은 곳이다. 수성의 금속 덩어리에는 자력을 띤 것도 있는 듯하다. 지구보다는 약하지만 수성 역시 상당한 정도의 자력을 가졌기 때문이다.

절절 끓는 수성에서 생명을 가진 것이 살아남기란 쉽지 않을 것이다. 윤선도는 시조 〈오우가〉에서 '내 벗이 몇인가 하니, 수석과 송죽이라.'라고 노래했다. 수석과 송죽, 그러니까 물·돌·소나무·대나무 중에서, 수성의 윤선도 구덩이에 있다고 확실하게 말할 수 있는 것은 돌뿐이다. 시조를 보면 윤선도는 달도 자신의 벗이라고 했지만, 마침 수성에는 위성도 딸려있지 않다. 그러니까 윤선도 구덩이에서 수성의 밤하늘을 올려다보아도 달 같은 게 보이지는 않는다.

이렇게 보면 윤선도의 구덩이가 명당이기는커녕 아무것도 살지 못하는 불덩어리 같은 곳이라고 생각된다. 그런데 21세기에 들어 과학자들의 탐사가 계속되면서 약간은 색다른 정보들이 보고되기 시작했다.

우선 수성에 물이 있을 가능성에 대한 이야기가 나왔다. 물을 보존하는 데에는 수성에 공기가 없다는 점이 오히려 도움된다. 수성에서 교묘하게 그늘진 곳, 또는 아예 동굴 같은 곳이라면 1년 내내 단 한 번도 햇빛이 들지 않는 곳도 생길 것이다. 이런 곳은 아주 추워진다. 지구라면 설령 동굴 속이나 그늘이라고 해도 주변에서 따뜻한 바람이 불어오면 어느 정도 따뜻해질 텐데, 공기가 없는 수성에는 훈훈한 바람이란 것이 없다. 그러므로 수성이 전체적으로는 뜨겁더라도 햇빛이 전혀 들지 않는 그늘이라면 그 지역은 굉장히 추워서 온도가 영하로 내려갈 수 있다. 만약 그런 곳에 물이 있다면 그 물은 꽁꽁 얼어붙었을 것이다. 2010년대 중반 수성에 간 메신저 탐사선은 얼음이 있을 가능성에 좀 더 힘을 싣는 증거들을 찾아내기도 했다.

그래서 과학자들은 언젠가 사람이 수성에 간다면 바로 그런 얼음덩어리가 있는 곳을 찾아내고, 얼음을 녹여 물로 활용할 수 있을 것이라고 상상한다. 어쩌면 물이 꽁꽁 얼어붙은 차가운 지역과 뜨겁디뜨거운 다른 지역 사이의 경계 어딘가에서 너무 덥거나 뜨겁지도 않고 너무 춥지도 않은, 살기에 괜찮은 곳을 발견할 수 있을지도 모른다. 그런 곳은 너무 좁을 것이기 때문에 거기서 저절로 생명체가 탄생하기는 어려울 듯하다. 하지만 지구에서 간 사람들이 적당한 설비를 갖춘다면 동식물을 기르고 사람이 버틸 수 있는 곳을 만드는 일에 도전해볼 수는 있을 것이다.

물론 쉽지 않은 일이다. 뜨거운 온도를 버텨야 하고 공기가 거의 없는 환경에서 살아갈 방법을 찾는다고 해도, 수성은 태양에서 너무 가깝다. 태양에서 쏟아지는 우주방사선이 굉장히 강할 것이다. 어쩌면 우주방사선을 피하기 위해 두터운 방어 설비를 친 시설 속에서 지내야 하거나, 굴을 파고 들어가 지하에서 살아야 할지도 모른다. 공기가 없는 수성에서는 우주에서 떨어지는 자갈돌 하나도 땅을 향해 사납

게 내리꽂히기 때문에, 그 위험을 피하기 위해서라도 아주 깊숙한 땅속에 살 곳을 마련하는 것이 상책일 수 있다.

그렇지만 나름대로 좋은 점도 있다. 예를 들어, 지구에서 그다지 멀지 않은 거리도 큰 장점이다. 금성이나 화성이 지구에 가깝다고는 하지만 행성들이 태양을 중심으로 빙글빙글 도는 모습을 생각해 보면, 금성이나 화성이 태양 반대편으로 넘어가는 경우 지구에서 아주 멀어질 때가 있다.

수성도 마찬가지긴 하나 태양계의 중심인 태양에 바짝 붙어있기 때문에 언제고 태양계의 중심에서 그렇게 멀어지

수성에 다섯 친구가 모두 있으니 더하여 무엇하겠는가?

윤선도 크레이터

하지만, 우리는 윤선도가 아니라서 다른 친구도 필요할 거야.

지는 않는다. 그러므로 평균적으로 따져보면 수성은 태양계의 어느 행성과도 가장 가까운 태양계 중심에 있는 행성이다. 만약 먼 미래에 사람들이 태양계 전체에 퍼져서 살게 된다면, 교통과 통신의 중심지는 수성이 될 가능성이 있다. 수성이 마치 한국의 세종시와 같은 위치가 된다는 뜻이다.

만약 그런 날이 온다면, 윤선도의 구덩이에 사람들이 살 수 있는 기지를 만들고 소나무와 대나무도 키우면 좋겠다는 상상도 해본다. 그러면 수성에서 윤선도의 시조에 나오는 벗들인 돌·물·소나무·대나무를 다 볼 수 있을 것이다. 밤하늘에 달은 없겠지만 통신 기지와 우주 정거장 역할을 할 거대한 인공위성이 떠있어서 달을 대신할 테니, 이 다섯 밖에 또 더하여 무엇하겠는가?

금성_태조 이성계의 수호신

조선의 첫 번째 임금 태조 이성계는 임금이 되기 전에 별을 향해 기도하는 습관이 있던 것 같다. 별을 보며 날마다 꼬박꼬박 기도했는지, 몇 시에 소원을 빌었는지, 무슨 주문이나 정해진 기도문을 외운 것인지는 확실치 않다. 그러나 그가 별을 향해 공들여 제사를 지내던 곳은 잘 알려져 있고, 그 의식의 규모를 짐작해 볼 만한 기록도 남아있다. 조선 후기 정치인 남구만이 남긴 『함흥 십경도기』에도 그에 관한 내용이 있고, 『조선왕조실록』을 보면 1732년 음력 4월 10일 기록이나 1795년 음력 4월 28일 기록에도 이성계가 별에게 제사를 지냈다는 언급이 나온다. 아마도 이성계의 후손들이 그 의식을 이어간 것 같다.

　도대체 이성계는 어떤 별을 향해 기도했을까? 현대 과학으로 정확히 따져보면 이성계가 제사를 지낸 별은 보통 별이 아니라 행성으로 분류하는 금성이다. 조선 시대에는 금성을 지금처럼 금성이라고 부르기도 했지만 주로 태백성이라고 불렀다. 그래서 금성을 향해 제사를 지내는 의식을 태백제라고 칭하고 태백제를 지내는 장소는 제성단이라고 불렀다. 이성계는 금성을 향해 "임금이 되게 해주십시오."라든가 "나라를 차지하게 해주십시오."라고 기도하지 않았을까? 그렇게 치면 금성은 이성계의 수호신이자 조선의 수호행성이었다고 볼 수도 있겠다.

　조선 후기의 기록을 보면 태백제는 음력 5월 5일 단오에 거행되었고 상당히 성대한 의식이었다고 한다. 음력 5월 5일이면 양력으로는 대체로 6월경이므로 이를 여름 맞이 행사라고 할 수도 있을 것이다. 조선 시대 여름밤에 별의 신전 같은 제성단에서 큰 축제가 벌어졌다는 것은 꽤 재미있는 일이다. 아쉽게도 제성단이 있던 곳이 지금은 북한 지역인 함흥이기 때문에 그런 사실이 널리 알려지지는 않았다. 그러나 만약 남한 지역에 제성단이 있었다면 분명 태백제가 지역 축제로 개발돼 매년 떠들썩하지 않았을까 싶다. 나는 지금이라도 이성계와 인연이 깊은 전주나 남원, 서울 종로

구 같은 곳에서 태백제를 현대 축제로 개발해 여름밤에 별을 보는 행사로 만들어도 좋을 것이라고 생각한다.

그런데 왜 하필 금성일까? 이성계는 금성에 자신을 도와주는 신령이라도 산다고 생각한 것일까?

그 이유로 가장 쉽게 생각해 볼 수 있는 것은 금성이 밝아서 눈에 아주 잘 띄는 행성이라는 사실이다. 금성은 밤하늘에서 달 다음으로 밝다. 달은 워낙 커서 별처럼 보이지도 않으니, 비슷하게 보이는 것 중에서는 단연 금성이 압도적으로 가장 밝다. 아닌 게 아니라 평소에 유심히 밤하늘을 올려다본 적 없는 사람들은 가끔 금성을 보고 놀라기도 한다. 들리는 이야기로는 사람들이 금성을 보고 비행접시나 UFO 등으로 착각하는 일도 자주 일어난다고 한다.

금성이 그렇게까지 밝아 보이는 까닭은 금성에 항상 구름이 끼어있어서 그 색깔이 밝기 때문이다. 게다가 금성은 크기도 지구와 비슷해서 수성이나 화성보다 훨씬 크다. 무엇보다도 지구와 가까운 곳에 있기 때문에 지구에 사는 사람 눈에는 크게 보일 수밖에 없다. 그러니 이성계가 밤하늘을 보며 기도할 별을 찾으려 할 때, 당연히 금성이 맨 먼저 보였을 것이다.

다른 이유도 생각해 볼 수 있다. 예를 들어 옛 중국인들이 금성을 음양오행 중 쇠의 기운을 가진 행성으로 보았다

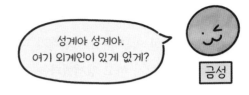

는 것도 그 이유가 될지 모른다. 그래서 쇠 금(金) 자를 써서 이름도 금성이 되었다. 장군 출신 이성계는 활을 그렇게 잘 쏘았다고 한다. 전투를 준비하며 쇠로 된 화살촉이나 칼을 다듬다가 전투의 결과가 불안해지면 쇠의 기운을 가진 금성 을 향해 기도했을지도 모른다.

이성계가 사람들에게 큰 인기를 얻으며 뛰어난 장군이 라는 명성을 얻은 결정적인 계기는 남원 지역에서 왜구와 싸워 승리한 황산대첩이다. 『고려사절요』의 기록을 보면 이 전투를 앞두고 이른 아침 이성계가 다른 장군들과 함께 힘을 합쳐 잘해보자 하고 맹세했다는 기록이 있다. 혹시 이성계에게 유독 아침 일찍 일어나는 습관이 있던 걸까? 건강하고 무예가 뛰어난 사람이었다고 하니, 이성계는 일찍 자고 일찍 일어나는 자신과의 약속을 잘 지켰는지도 모른다.

그렇다면 금성이 이른 아침에 자주 보인다는 것도 이성계가 금성을 좋아한 이유일 수 있다.

지구에 비해 금성은 태양과 가까운 쪽에 있다. 그렇기 때문에 지구에서 보면 어느 정도 금성이 태양을 따라다니는 것처럼 보인다. 즉, 금성은 태양 근처에서 보인다. 그러므로 금성은 해가 뜨기 얼마 전인 새벽이나 해가 지고 얼마 지나지 않은 저녁에 나타난다. 밤마다 늦게까지 놀기를 즐기는 사람이었다면 한밤중에 뜨는 목성, 토성 같은 행성이 눈에 잘 보였을 것이다. 그러나 이성계가 아침 운동을 빼먹지 않는 성실한 장군이었다면 과연 오늘 전투는 어떻게 될까? 하는 걱정스러운 마음으로 이른 아침 잠자리에서 일어나 하늘을 올려다보았을 때 금성이 보였을 것이다.

혹시 정말 금성에 이성계의 수호신 역할을 해줄 만한 무언가 살고 있을 가능성은 없을까? 재미있게도 2021년에 금성의 전파를 분석한 결과, 금성에 인화수소 성분이 약간 있는 것 같다는 연구 결과가 나와서 과학자들 사이에 큰 화제가 되었다. 지구에서 인화수소는 미생물이 내뿜는 물질로 취급될 때가 많다. 그러니 혹시 금성에도 외계 생명체가 살고 있어 인화수소를 내뿜은 것 아니냐는 추측이 주목받은 것이다.

20세기 중반까지만 해도 금성에 이상한 외계 생명체가 살고 있을 거라는 이야기가 꽤 그럴듯하게 들렸다. 금성은 지구에 비해 태양에 가깝기 때문에 행성 전체가 열대우림 같은 따뜻한 날씨일 테고, 그렇다면 정글처럼 생긴 지역에서 온갖 생물들이 풍부하게 살 수도 있지 않겠냐는 것이다. 그렇기 때문에 20세기 중반 SF 영화에는 사람들이 금성에 가서 외계인들과 함께 모험하는 내용도 곧잘 나왔다.

그러나 이후 좀 더 조사해 보니 금성은 온실효과가 아주 심한 곳으로 밝혀졌다. 단순히 태양과 가까운 정도만 따져서 금성의 온도를 예상할 때는 금성에 열대 지방이 많다는 정도였다. 그러나 거기에 극심한 온실효과가 더해지는 바람에 실제 금성은 400도가 넘는 매우 뜨거운 곳이라는 사실이 드러났다. 그러니 금성은 생명체가 살기는 어려운 곳이라는 쪽으로 과학자들의 의견이 바뀌었다. 20세기 후반 이후로는 금성 외계인 이야기는 인기가 확 줄었다. 금성이 아무것도 살 수 없는 불지옥 같은 곳이라는 인상이 어찌나 강했는지, 2014년 한국과학기술원(KAIST)의 김현탁 선생

은 누리호급 로켓에 핵폐기물을 실어서 금성으로 쏘아 내던
져버리면 어떻겠냐는 논문을 내기도 했다. 핵폐기물을 버릴
거대한 쓰레기장으로 금성을 활용하자는 계획이다. 논문에
따르면 누리호급 로켓을 이용하면 핵폐기물을 던지는 데 대
략 넉 달 정도의 시간이 걸린다고 한다. 분리배출하러 가는
것치고는 꽤나 먼 길이다.

그러던 중 2021년에 인화수소 발견 소식이 나왔다. 외
계인이 살 수야 없겠지만 구름 위, 덜 뜨거운 곳을 떠다니는
작은 먼지 같은 미생물이 아주 조금 살 수는 있지 않겠느냐
하는 추측이 다시금 관심을 얻게 됐다. SF를 지어내는 사람
들 사이에는 원래 옛날에는 금성에 아주 번성한 종족과 많
은 생물이 살고 있었는데, 그 종족이 온실기체를 너무 많이
내뿜는 기계를 작동하다보니 기후변화 문제를 일으켰고 그
것이 나중에 걷잡을 수 없이 심해져 지금처럼 너무 뜨거운
행성이 돼 멸망했다는 상상이 나올 정도였다. 온실효과 때
문에 대부분의 생물은 다 멸종되고 지금은 일부 미생물만
남아서 금성의 구름 위를 떠돌고 있다는 이야기이다.

현재 과학자들의 의견은 2021년에 분석된 전파는 인화
수소의 증거가 아니라 다른 물질이 만들어낸 전파를 착각한
실수였다는 쪽으로 모이고 있다. 즉 금성에는 역시 외계인
도 다른 외계 생명체도 없을 가능성이 높다는 뜻이다. 그렇

다면 이성계가 금성을 향해 제사를 지낸 것도, 금성의 외계인을 향해 자신을 도와달라고 부탁하기 위해서라기보다 그저 아침 일찍 일어나는 습관을 더 굳건하게 하기 위해서였을 가능성이 더 높다고 봐야겠다.

금성의 자전_해가 서쪽에서 뜨겠네

지금은 한글도 영어처럼 써나가는 방향이 왼쪽에서 오른쪽이다. 그런데 아랍어, 페르시아어, 히브리어 등의 글은 오른쪽에서 왼쪽으로 써나간다. 지금 우리에게 친숙한 한글 쓰는 방향과는 반대다. 따지고 보면 30~40년 전만 하더라도 상당수 신문에서는 한글을 세로로 써 내려가면서, 줄이 바뀌면 다음 줄은 오른쪽에서 왼쪽 방향으로 넘어가도록 인쇄했다. 지금도 일본에서는 대부분 신문이나 소설의 글씨를 이렇게 세로로 쓰면서 줄이 바뀌면 오른쪽에서 왼쪽으로 넘어간다.

나라마다 문화가 다르기 때문에 방향에 관한 규칙도

조금씩 다르다. 예를 들어, 한국에서는 자동차가 길의 오른편으로 붙어서 다니는 것이 기본이지만 영국, 일본 등의 나라에서는 반대로 자동차가 길의 왼쪽으로 붙어서 다닌다.

그러면 시계가 돌아가는 방향은 어떨까? 현대의 시계가 돌아가는 방향은 전 세계 어디서나 일정하다. 그래서 일상에서 시계 방향이나 반시계 방향이라는 표현을 자주 사용한다. 지금 우리가 쓰는 시계는 대체로 유럽에서 개발되어 퍼져 내려오는 것들이다. 실제로 유럽 시계의 도는 방향은 옛날부터 우리에게 친숙한, 지금의 시계 방향이었다. 그렇다면 과거 한국에서는 어땠을까? 조선 세종 시대에 여러 가지 좋은 시계를 개발했다는 이야기는 잘 알려져 있다. 그 시대 조선의 시계 도는 방향은 시계 방향이었을까, 반시계 방향이었을까?

조선 시대 시계도 대체로 지금 우리가 아는 시계 방향으로 돌았다. 그뿐만 아니라 중국, 중동, 유럽의 거의 대부분 나라도 먼 옛날부터 시계의 도는 방향은 모두 지금의 시계 방향과 같다. 왜 모든 나라 시계가 도는 방향은 한쪽으로 통일되었던 것일까? 나라마다 말도 다르고 풍습도 다르지만, 시간을 따질 때만은 먼 옛날 석기 시대부터 전 세계 사람들이 서로 협의해서 방향을 하나로 정하기라도 한 것일까?

그 답으로 유력한 설명은 전 세계 어느 나라든 가장 먼

저 개발하는 시계는 해시계이기 때문이라는 것이다.

해시계는 태양이 떴다가 질 때 그림자의 움직임을 보고 시간을 알아보는 도구다. 그런데 해는 어느 나라에서든 동쪽에서 떠서 남쪽 방향으로 치우쳐가다가 서쪽으로 진다. 그러므로 지구의 북반구에 있는 모든 나라에서 해시계의 그림자가 돌아가는 방향이 다 같다. 그렇게 해시계가 돌아가는 방향을 생각하며 여러 나라가 각자 시계를 만들다 보니, 저절로 시계는 항상 같은 방향으로 돌아가는 것으로 통일되었다. 그러니 어느 나라, 어느 시대의 시계든 모두 시계 방향으로 돈다는 것은 결국 세계 여러 나라 사람들이 항상 한 방향으로 도는 지구라는 행성에서 함께 살아왔다는 증거다.

그러면 지구와 반대 방향으로 도는 행성도 있을까? 드물지만 없는 것은 아니다. 희한하게도 지구와 비슷한 점이 많은 행성으로 유명한 금성은 도는 방향이 지구와는 반대다. 다시 말해, 금성에서는 해가 서쪽에서 뜰 수 있다.

금성의 크기는 지구와 비슷하다. 화성이 지구와 비슷하다는 말을 많이 하지만, 화성은 지구 무게의 10분의 1밖에 안 되는 작은 행성이다. 그에 비해 금성의 무게는 거의 지구의 80퍼센트 정도다. 금성의 크기는 지구와 더욱 비슷하다. 태양과의 거리도 금성과 지구가 비슷한 편이다. 지구에서 태양까지의 거리가 100이라면 금성에서 태양까지의 거리는

72 정도다. 지구보다 금성이 태양에 더 가깝기는 하지만, 거리만 놓고 보면 태양에 바싹 익어버릴 정도로 아주 가까이 다가서 있지는 않다. 이러니 옛날 SF 작가들이 금성에 정글이 펼쳐져 있고 온갖 외계 괴물들이 살 것이라고 상상했을 만하다.

막상 금성의 땅을 살펴보면 메마른 사막으로 되어있을 뿐이다. 시계를 가진 외계인이 살 가능성도 없어 보인다. 그 이유는 금성의 땅이 문제라기보다는 공기가 견디기 어려울 정도로 혹독하기 때문이다. 공기가 부족한 문제는 아니다. 오히려 공기가 너무 많아서 문제다. 금성의 공기는 엄청나게 짙다. 얼마나 짙은가 하면 금성의 맨땅 위에 서 있어도 지구의 수심 800미터 바닷속에 들어가 있는 정도로 짓눌리는 공기의 압력을 느낄 정도다. 이 정도의 압력이라면 군사 목적으로 쓰는 잠수함도 견디기 쉽지 않다.

게다가 공기의 성분도 지독하다. 금성의 공기는 90퍼센트 이상이 이산화탄소로 되어있다. 요즘 지구에 이산화탄소가 너무 많아져서 지구온난화 문제가 심각하다고 하는데, 그 심각하다는 현재 지구의 이산화탄소 농도는 0.04퍼센트 정도다. 그렇다면 90퍼센트가 이산화탄소로 이루어진 공기가 짙게 끼어있는 금성에서 기후 문제와 온실효과가 얼마나 심할지 상상해 볼 수 있을 것이다. 금성 땅의 온도는 이런 문제 때문에 섭씨 400도에 달하는 수준이므로, 지구상의 생명체가 살기 어려운 것은 물론이고 납이나 아연 같은 금속도 지글지글 녹아내린다. 더군다나 그 뜨거운 열기는 금성의 짙은 공기가 휘몰아치는 바람을 타고 곳곳으로 구석구석 불어나간다.

그러다 보니, 금성에 착륙해서 사진을 찍는 데 성공한 탐사 장치는 매우 드물다. 금성에 기계를 내려보내면 강한 압력과 높은 온도를 견디지 못해서 족족 망가지곤 했기 때문이다. 금성과 화성의 상황을 비교해 보면, 금성이 얼마나 탐사하기 어려운 곳인지 쉽게 알 수 있다. 화성에 착륙한 로봇 형태의 탐사 장치는 여러 대가 있다. 그중에는 몇 년 동안 화성을 돌아다니며 이곳저곳 살펴보고 수백, 수천 장의 화성 풍경을 사진으로 찍어 보내온 것도 있다. 그러나 금성에는 착륙에 성공한 장치 자체가 몇 대 없고, 금성의 표면 사진이라고 알려진 사진 역시 고작해야 몇 장뿐이다. 1982년 소련이 금성에 착륙시킨 베네라 13호가 촬영한 것이 40년 지난 지금까지도 가장 훌륭한 금성 풍경으로 알려져 있을 정도다. 그나마 베네라 13호도 혹독한 금성 환경에서 고작 몇 시간 버티지 못하고 망가졌기 때문에, 도착하자마자 서둘러 사진을 찍어 전송한 것이 겨우 남아있을 뿐이다.

금성은 여러 가지로 이유로 특이한 곳이다. 금성의 도

는 방향은 지구와 반대라고 했는데, 그러면서도 그 도는 속도는 지구보다 훨씬 느리다. 지구는 하루에 한 바퀴씩 스스로 돌지만, 금성은 스스로 한 바퀴 도는 속도가 너무 느려서 지구 시간으로 수백 일이 지나야 겨우 한 바퀴 돈다. 다시 말해 해가 한 번 떠서 지기도 전에 계절이 바뀌고 1년이 지난다는 뜻이다. 태양계의 여덟 행성 중 이런 행성은 또 없다. 좀 더 자세히 살펴보면, 이것 때문에 금성에 가서 보면 그냥 지구처럼 해가 떠서 한 방향으로 곱게 움직이다가 지는 것이 아니라, 해가 뜨는 것 같다가 지기도 하고 지는 것 같다가 뜨기도 하면서 오락가락하는 모양으로 보인다.

금성은 지구에서 워낙 밝게 보이기에, 여러 가지 신화와 전설을 많이 탄생시킨 행성이다. 예를 들어 로마에서는 금성이 아름다움의 여신 베누스를 나타낸다고 했으며 그 영향으로 지금도 영어로 금성을 Venus(비너스)라고 부른다. 중국식 한문으로는 금성을 태백성과 계명성 두 가지 이름으로 불렀는데, 특히 이른 아침에 보이는 금성을 계명성이라고 부를 때가 많았다. 그 때문에 지금도 한국에서 계성, 계명 같은 말이 붙은 지명이나 단체의 이름은 금성이라는 의미를 따온 것이다.

과거 한국에서는 아침 일찍 보이는 금성을 샛별이라고 하고, 저녁에 보이는 금성을 개밥바라기라고 부르곤 했다. 추측하기로, 개가 저녁밥 먹기를 바라는 시간이 되면 보이는 행성이라고 해서 금성을 개밥바라기라고 부르게 된 듯하다.

유럽에서 금성을 아름다움의 여신에 비유해온 것에 비하면, 개밥바라기는 실용적이고 현실적인 것을 중요하게 생각하던 한국 문화의 특징이 잘 드러나는 재미난 이름이라는 생각이 든다. 언젠가 과학 기술이 더 발전해서 지구와 가장 닮은 행성인 금성에 사람이 살고 개를 키우는 시대가 온다면, 금성에 사는 강아지는 반대로 지구를 보고 짖을지도 모른다. 그런 미래에는 해가 서쪽에서 뜬다는 말조차 별로 이상할 것 없는 현실이 될 것이다.

한국 아파트의 화단이나 울타리에 줄줄이 쌓아 놓는 돌덩어리 중에는 대략 책가방 크기만 한 편마암이라는 돌이 상당히 많다. 검푸른색에 가까우며 흰색 줄무늬가 이리저리 많이 난 돌인데, 줄무늬가 독특한 것을 특별히 호상편마암이라고 부른다. 이렇게 말하면 그게 뭔가 싶지만, 막상 실물을 대하면 한국 사람 누구든 자주 본 기억이 있을 만큼 흔한 돌이다.

그런데 한국지질자원연구원 지질박물관의 이승배 관장은 자신의 저서에서 이렇게 흔한 한국 아파트의 편마암 중에는 의외로 굉장히 오래된 것들이 있다고 소개한다. 어떤 재료가 돌 모양으로 굳은 시점을 그 돌이 태어난 시기라고 한다면, 한국산 편마암이 많은 지역에서는 돌이 태어난 시기가 대략 19억 년 전으로 거슬러 올라가기도 한다. 그러니 만약 그런 지역에서 캐 온 편마암으로 아파트 화단을 꾸몄다면 19억 년 된 돌로 꾸민 화단이 된다.

일본의 후지산 같은 산은 높고 크기 때문에 주변 주민들에게는 위대한 신령이라는 듯 존경받지만, 막상 그런 산은 화산 폭발로 생겨났기 때문에 고작 생긴 지 몇만 년, 몇십만 년밖에 되지 않는 돌로 이루어진 곳도 많다. 몇만 년 전이라면 이미 한반도에는 구석기 시대 사람들이 살던 시기다. 그에 비하면 오히려 한국 아파트 화단의 흔한 편마암이 훨씬 더 오래된 돌이다. 둘 중에 산신령 같은 돌을 고른다면 오히려 화단의 편마암 덩어리라고 해야 할 것이다.

도대체 돌이 얼마나 오래전에 생겼는지 어떻게 알아내는 것일까? 가장 인기가 있는 방법은 돌 속에 들어있는 지르콘 또는 저어콘이라고도 하는 물질을 분석하는 방법이다. 액세서리 가게에서 다이아몬드 대신에 쓰는 훨씬 값싼 재료 중에 속칭 큐빅이라는 것이 있다. 그 큐빅의 주성분으로 잘 알려진 것이 지르코늄이다. 그리고 그 지르코늄 성분이 용암 속에 녹아있다가 굳으면서 돌이 될 때 다른 몇몇 성분들과 섞여 규칙적으로 모일 때 생기는 작은 덩어리가 지르콘이다.

지르콘이 생길 때 그 속에는 가끔 용암 속에 같이 들어 있던 우라늄 성분이 아주 조금 포함되기도 한다. 그런데 우라늄은 긴 세월이 지나면 천천히 납으로 변하는 특이한 성질을 가졌다. 지르콘이 생겨날 때 납이 붙어 들어가는 경우는 거의 없다. 그러므로 만약 지르콘 속에서 납이 발견된다면 그것은 지르콘 속에 원래부터 납이 있었다는 뜻이 아니라 그 안에 들어있던 우라늄이 세월이 변하면서 납으로 바뀌었다고 봐야 한다. 납이 아주 많이 들어있는 지르콘이 발견된다면, 맨 처음 용암에서 우라늄을 품은 지르콘이 굳어진 후 세월이 워낙 많이 지나서 안에 들어있던 우라늄이 전부 납으로 변했다는 뜻이다. 오래된 지르콘, 오래된 돌이라는 이야기이다. 이 원리를 이용해서 과학자들은 돌 속에 든 지르콘의 납 성분을 정밀 측정해서 언제 그 돌이 굳어져 돌 모양이 되었는지를 알아낸다.

과학자들은 아파트의 편마암에 앞서 이미 세계 곳곳의 돌 속 지르콘을 이런 식으로 측정해 보았다. 그뿐만 아니라 우주선을 타고 달에 다녀온 탐사 대원들이 달에서 가져온 돌 속에서도 지르콘을 찾아 살펴보았다. 운석과 같이 우주에서 지구로 떨어진 돌덩어리가 발견되었을 때에도 그 속에서 지르콘을 찾아 그 돌이 언제 굳어졌는지 알아냈다. 그 모든 연구의 결과, 학자들은 대략 지금으로부터 46억 년 전 정도에 태양계가 생겨났고 거기서 얼마 지나지 않아 지구도 생겨났다는 결론을 얻었다. 그리고 자료를 종합해서 지구가 어떻게 생겨나 지금처럼 변화했는지도 어느 정도 알게 되었다.

지구가 처음 생겨난 시대를 명왕누대라고 부른다. 명왕누대 시절, 우주에는 조그마한 모래 조각, 먼짓덩어리 등 수많은 것들이 태양 주변을 떠다니고 있었다. 그것들이 하나둘 뭉쳐 지구가 되었다. 그렇게 부딪히고 뭉치는 사이에 지구는 많은 충격을 받고 온도도 매우 높아졌을 것이다. 이 시기에 거대한 행성이 지구와 충돌해서 지구가 한 번 박살 났다가 다시 뭉치기도 했다. 그때 지구와 충돌한 행성 조각이 뒤섞이고 그 조각들이 따로 뭉쳐 생겨난 것이 바로 달이다.

바다가 생긴 것도 명왕누대 시기다. 어떤 학자들은 달이 생겨나기 전부터 어느 정도 바다가 있었다고 보고, 어떤 학자들은 얼음덩어리로 된 혜성들이 지구와 충돌하는 바람에 그 얼음이 녹으면서 지구에 물이 더 많아졌다는 학설을 주장했다. 어느 쪽이든 이 시기의 지구는 너무 뜨거웠고 따라서 많은 물이 증발한 상태로, 아마도 지구 전체가 수증기 가득한 찜통 같은 상황이었을 것이다.

공기 속에는 수증기와 함께 메테인, 이산화탄소가 가득

했을 뿐 산소 기체는 거의 없었다. 그래서 지금 우리에게 친숙한 동식물 대부분은 살아남기가 아주 힘든 환경이었다. 이것이 지구의 첫 모습이다. 이후 지구가 식으면서 수증기는 빗방울이 되기 시작했는데, 아마 족히 수백 년, 수천 년 단위로 헤아려야 할 아주 긴긴 시간 동안 끝도 없이 엄청난 양의 비가 내렸을 것이다. 그 후 바다는 지금과 좀 더 비슷해졌을 것이다.

이 시절 태양계는 지금보다 훨씬 불안정한 곳이어서 걸핏하면 다양한 물체들이 이곳저곳에 충돌했다. 약 30억~40억 년 전쯤 언젠가 지구의 어느 물속에서 최초의 생명체가 생겨났다. 아마도 우주 곳곳에서 지구에 충돌한 여러 혜성에 묻어 온 다양한 물질들이 생명체가 생겨나는 데 도움이 될 만한 갖가지 재료를 더해주었을 것이다. 이 시대를 시생누대라고 한다. 그리고 그렇게 탄생한, 눈에 보이지도 않을 정도로 작고 단순한 미생물이 우리 모두의 먼 조상이다. 현대의 과학자들은 지구상의 생명체라면 사람이든 하잘것없는 세균이든, 모두 다 시생누대에 생겨난 작은 미생물의 후손이 긴 세월 진화하고 또 진화하면서 생겨난 것이라고 본다.

그러다가 대략 25억 년 전부터 원생누대라는 새로운 시대가 시작되었다. 원생누대에는 광합성을 할 수 있는 남세균이라는 세균들이 퍼져나가면서 이산화탄소를 빨아들이고 산소 기체를 내뿜게 되었다.

　막대한 양의 남세균들이 바다 곳곳에 살게 되자 공기의 성분도 천천히 바뀌기 시작했다. 우리가 숨 쉴 수 있는 산소 기체가 생긴 것은 바로 전 세계의 남세균들이 몇억 년에 걸쳐 끝없이 산소 기체를 내뿜어주었기 때문이다. 이때까지만 하더라도 지구에는 나무 한 그루, 풀 한 포기가 없었다. 얼핏 봐서는 우리에게 친숙한 지구라기보다는 낯선 외계 행성처럼 느꼈을 것이다. 따져보면 한국 아파트 화단의 편마암이 생긴 것도 지구가 지금과는 완전히 다른 모습이던 바로 이 원생누대 초창기 무렵이다. 그 밖에 원생누대에는 눈덩이 지구라고 해서 지구 전체가 꽁꽁 얼어붙은 채 긴 세월을 보내야 하는 시대도 있던 것으로 추정된다.

　그리고 약 5억 4,000만 년 전에 고생대가 시작되면서 드디어 우리에게 친숙한 동식물이 하나둘 지상에 등장했다. 땅이 본격적으로 푸른 숲으로 뒤덮이기 시작한 것도 이 시기다. 이끼에서 풀까지, 물고기에서 곤충까지 고생대에 생겨난 많은 생물이 지금도 지상에 퍼져있다.

　그렇게 보면, 지구가 생겨나고 고생대가 되기 전까지 대략 90퍼센트 정도 되는 시간 동안 육지 지역은 우리에게 친숙한 자연의 모습과는 굉장히 달랐다. 사람이 무심코 자연스럽고 싱그럽다고 생각하는 풍경과 지구의 본래 모습은 굉장히 다른 셈이다.

고생대보다 앞선 시대는 우리의 상식과 너무나 다른 시대였기에 명왕누대, 시생누대, 원생누대를 한데 묶어서 선캄브리아 시대라고 부르기도 한다.

고생대의 생물들은 상상 이상으로 다양했지만 대략 2억 5,000만 년 전 지구의 엄청난 변화로 그중 많은 수가 멸종되었다. 아마도 초대형 화산 폭발이 주원인이 아닌가 싶다. 흔히 페름기 대멸종이라고 부르는 사건으로, 지금까지도 가장 심한 생물의 대멸종으로 평가 받는 변화다. 이후 공룡시대로 불리는 중생대가 시작되었다. 지구에 소행성이 충돌하는 재난이 생겨 공룡이 멸망하면서 그 후에 시작된 신생대가 6,600만 년 전부터 이어졌다.

사람이라는 동물은 멀게 보면 몇백만 년 전, 가깝게 보면 몇십만 년 전 정도에 탄생한 종족이다. 지구의 46억 년 역사에 비하면 극히 최근의 일이다. 지구가 만약 스무 살 정도의 젊은이라면 한국의 오래된 편마암이 생겨난 것은 초등학교 저학년 정도일 때 지구가 겪은 일이고, 동식물이 풍부해지는 고생대가 시작된 것은 고등학교 2학년 때쯤의 일이라고 봐야 한다. 사람이 나타난 시점은 고작 엊그제 벌어진 사건 정도에 지나지 않는다. 아파트 화단에 놓인 19억 년 묵은 편마암과 사람을 비교해 보면, 사람은 지구의 주인이라기보다는 아주 최근에 지구에 등장한 손님이다. 그러니 그 와중에 어떻게든 서로 도와가며 살아남아 보려고 애쓰는 생물이라고 평가하는 것이 좀 더 옳지 않나 생각해 본다.

지금으로부터 약 1,400년 전인 6세기 말, 신라의 한 장군 집안에 김서현이라는 남자가 있었다. 그는 만명이라는 여자를 만나고 사랑에 빠져 사귀게 됐다. 만명은 갈문왕 입종이라는 사람의 손녀였다. 갈문왕이라는 칭호가 붙었다는 것은 신라에서 대단히 높은 신분이라는 뜻이다. 당시 예법으로는 그 정도로 귀한 집안의 딸이라면 중매나 허락 없이 연애하는 일은 금지되었던 것 같다. 그래서 만명의 아버지는 만명이 김서현을 만나지 못하게 집 안 한쪽에 가뒀다.

마침 김서현은 군대에서 지금의 충청북도에 있는 한성을 지키라는 명령을 받아 떠나게 되었다. 굉장히 불같은 성격이었는지 아니면 도저히 만명을 잊지 못했는지, 김서현은 떠나기 전에 만명을 구해내 충북 지역으로 함께 떠났다고 한다. 그 후 김서현과 만명 사이에서 태어난 첫아이가 바로 삼국을 통일해 신라 최고의 영웅으로 칭송받는 김유신이다.

『삼국사기』에는 김유신 장군의 출생과 관련한 이상한 이야기가 실려있다. 만명은 김유신을 임신하기 전 황금 갑옷을 입은 아이가 구름을 타고 하늘에서 자신을 찾아오는 꿈을 꾸었다고 한다. 아버지 김서현도 비슷한 시기에 꿈을 꾸었는데, 꿈속에서 형혹과 진성이라는 두 행성이 하늘에서 자신에게 내려오는 장면을 보았다. 김서현은 그 꿈에 어지간히 강한 인상을 받았는지, 꿈을 꾼 날짜를 적당히 한자로 바꿔 '유신'이라는 말을 만들었다고 한다. 그리고 그 말을 태어난 아기의 이름으로 삼았다. 즉 유신이라는 이름은 행성이 내려오는 꿈을 꾼 날짜를 의미한다.

지금 우리는 행성의 정체가 지구처럼 거대한 돌덩어리라든가 혹은 거대한 연기 덩어리고, 그런 것이 우주를 떠다닌다는 사실을 잘 알고 있다. 정말로 행성 두 개가 김서현 곁으로 내려왔다면, 김서현이 제대로 서 있을 자리도 없이 지구와 충돌해 부서졌을 것이다. 행성이 너무나 크기 때문이다. 그렇지만 이런 사실을 전혀 모르던 1,400년 전 사람들에게 행성이란, 밤하늘에서 별빛을 내며 반짝거리는 작은 신령 같은 것이었다. 행성이 자신에게 내려오는 꿈은 밤하늘에 떠있는 어떤 마법적인 신령이 자신을 찾아왔다는 뜻이다. 그리고 김서현은 그 신령이 자기 아들 김유신이 됐다고 생각했을 것이다.

김서현이 꿈에서 본 형혹과 진성은 각각 화성과 토성을 가리키는 다른 이름으로 옛 중국 사람들이 만든 말이다. 토성을 뜻하는 진성이라는 말에는 한자어 진(鎭)이 들어있다. 여기에는 군사들이 머무는 곳이라는 뜻이 있다. 그 때문에 한국과 중국의 옛 기록에는 밤하늘에 나타난 토성의 위치를 보고 전투를 예상하거나 장군의 운명을 점치려는 내용이 있다. 그렇게 보면 장군이 된 아들에 대한 꿈이라면서 진성, 즉 토성 이야기를 하는 것은 그럴 만도 하다.

그에 비해 그 꿈에 형혹, 즉 화성이 같이 나타났다는 대목은 좀 특이하다. 왜 하필 화성일까? 그렇게 고민하다 보면 김유신을 나타내는 가장 특징적인 행성이 다름 아닌 화성이라는 생각도 든다. 화성의 신령이 황금 갑옷을 입은 아이로 변해 태어난 것이 김유신이라고 생각한 것일까? 마침 그리스 신화에서는 화성이 전쟁의 신 마르스(Mars)를 나타내며, 지금도 영어로는 화성을 마스(Mars)라고 부른다.

전쟁의 신 화성이 신라에 와서 김유신 장군이 된 듯한

느낌을 주는 묘한 우연이다. 막연한 상상일 뿐이지만 활발히 해외와 교류하던 신라 사람들 사이에 화성이 전쟁의 신을 나타낸다는 먼 나라의 전설이 전해졌고, 그 때문에 김유신 장군이 태어날 때 아버지가 화성 꿈을 꾸었다는 이야기가 생긴 것은 아닐까? 그리고 보면 『삼국사기』와 『삼국유사』에는 전투가 어려울 때면 김유신이 별을 향해 기도했다는 이야기가 여러 편 실려있다. 혹시 김유신은 전투가 어려울 때마다 화성을 향해 기도한 것일까?

아닌 게 아니라 영미권에는 예로부터 전쟁과 화성을 연결하는 이야기가 많았다. 특히 SF 문학의 시대가 시작되면서부터는 화성인과 지구인이 전투를 벌이는 이야기도 많이 나왔다. SF의 고전인 『우주전쟁』부터가 화성인들이 지구를 침공하는 이야기를 다루었고, 이후에도 레이 브래드버리의 『화성 연대기』를 비롯한 수많은 SF에서 지구인과 화성인의 싸움은 인기 있는 소재였다. 옛날 신라 사람들이 화성을 신령으로 생각한 것과 SF 문학 작가들이 화성의 외계인을 발전된 과학 기술을 가진 종족으로 상상하는 것에는 어떤 관련이 있는 것만 같다.

화성인과 관련된 SF가 이렇게 많이 나온 까닭은 아마도 지구를 제외한 다른 행성 중 그나마 화성에 생명체가 살만하기 때문은 아닐까? 또 화성은 금성 못지않게 지구에 가까운 행성이다. 그런데 금성은 표면 온도가 섭씨 400도에 달하는 어마어마하게 뜨거운 행성이지만, 화성은 온도가 그렇게까지 높지 않다. 화성의 평균 표면 온도는 영하 80도 정도로 지구와 비교하면 추운 편이기는 하다. 그러나 이 정도라면 지구에서 가장 추운 곳 수준과 비슷하다. 나아가 화성 땅 중에서 가장 따뜻한 곳은 영상 20도여서 인간이 살 만하다.

게다가 화성에 어느 정도 공기가 있다는 것도 큰 장점이다. 물론 그 양은 매우 적어서 기압이 지구 100분의 1도 채 되지 않는다. 그러나 공기가 전혀 없는 수준인 수성이나 달보다는 훨씬 낫다.

화성 공기의 주성분은 이산화탄소다. 만약 화성에 이산화탄소를 빨아들여 광합성하는 생물이 있다면 그 이산화탄소로 영양분을 만들 수 있고, 산소 기체를 뿜어낼 수도 있을 것이다. 비록 화성에서 사람이 맨몸으로 살기는 어려울지라도 지구 생명체 중에 지독한 환경에서 특히 잘 견디는 것을 골라 화성에 보내놓으면 꽤 살아남을 수 있을지도 모른다. 심지어 화성에는 추운 극지방을 중심으로 얼음이 풍부한 지역도 있다. 화성에는 물도 있다는 뜻이다.

화성이 얼마나 지구와 비슷한가 하면, 지구의 세균들 중에 추운 곳, 압력이 약한 곳, 아주 척박한 곳에서도 잘 버려내는 특수한 것들을 골라 화성에 보낸다면 상당 기간 살아남을 가능성이 높다는 전망이 나올 정도다. 때문에 미국에서는 우주 탐사선을 보내서 무언가를 화성에 착륙시킬 때, 탐사 장치를 깨끗하게 살균해서 보낸다. 지구의 세균이 탐사선에 붙어 화성까지 건너갈 수도 있기 때문이다.

만약 지구의 세균 중에 단 몇 개라도 화성에 적응해서 퍼져버리면 무척 곤란해진다. 화성의 상황이 어떠한지 정밀하게 연구해야 할 것이 앞으로도 많은데, 지구 세균이 우리

가 모르는 사이에 화성에 퍼져서 이것 저것을 오염시키고 갉아 먹는다면 화성의 원래 모습을 알 길이 없어진다.

만에 하나, 원래부터 화성에 생명체가 살고 있었다면? 지구에서 건너간 세균이 온통 퍼지는 사이에 화성의 생명체가 지구 세균에 감염되거나 경쟁에 밀려 전멸할지도 모른다. 그런 일이 벌어진다면 본의 아니게 지구인들이 화성 생명체를 말살시키는 전쟁을 일으킨 셈이 된다. 그런 잔혹한 전쟁을 막기 위해서라도 화성에 보내는 장비를 살균하는 작업이 필요하다.

단, 지금까지 지구에서 보낸 많은 탐사선은 아직 화성에서 외계 생명체의 흔적을 찾지는 못했다. 너무 이른 결론이지만, 이 정도로 찾아봐도 작은 미생물조차 못 찾았다면 화성에 생명체가 있을 가능성보다는 생명체가 전혀 없거나 있다고 하더라도 예전에 모두 멸종됐을 가능성이 조금 더 크지 않을까 싶다. 앞으로 많은 화성 탐사선이 더 많은 것을 알아내겠지만, 아마도 화성인과 전쟁을 벌일 일은 영영 없을 것으로 보인다.

『삼국사기』에는 만명이 김유신을 임신한 지 20개월 만에 낳았다고 되어있다. 신비로운 사람이라 임신 기간도 비범하다는 뜻이다. 하지만 지금 보면 화성과 토성이 내려오는 꿈을 꾼 날짜와 김유신이 실제로 태어난 날짜가 너무 멀리 떨어져 연결하기 곤란하니까 괜히 임신 기간이 20개월이나 됐다고 꾸며댄 것 같다는 생각도 해봄 직하다. 화성에 정말로 전쟁에 뛰어난 신령 같은 외계인 종족이 산다기보다는, 그저 신라 사람들 사이에 붉게 빛나는 화성의 멋진 모습이 훌륭한 군인의 상징으로 김유신에게 어울려 보였다는 의미라고 해석해야 할 듯하다.

1992년 한국의 20대 젊은이 몇몇은 영국의 서리 대학교(University of Surrey)에 머물며 인공위성을 만들고 있었다. 네모 모양의 인공위성은 알루미늄 쓰레기통만 한 작은 크기로, 무게는 50킬로그램이 채 되지 않았다. 그래도 대단히 소중한 기계였다. 바로 한국 최초의 인공위성, 우리별 1호였기 때문이다.

우리별 1호는 서리 대학교에서 가르쳐준 방식대로, 외국에서 구한 부품으로, 영국에서 머물며 만든 인공위성이었다. 때문에 당시 일부에서는 우리별 1호가 비록 한국 소유의 인공위성이기는 하지만 우리 기술로 만든 것이라고 볼 수는 없는 수입 위성이라고 지적했다. 정부에서 그저 멋진 일을 했다고 선전하기 위해 돈을 쓴 것뿐, 과연 우리 기술이 맞는지 따진 것이다. 다행히 우리별 1호를 만든 기술진은 그때 익힌 기술로 한국과학기술원(KAIST)에서 우리별 2호 인공위성을 만들어 또 한 번 성공시켰다. 우리별 1호 사업이 그저 돈 주고 외국 인공위성을 사 오는 사업이 아니라, 기술을 배워온 좋은 기회였다는 점을 확실히 증명한 것이다. 이때 기술진 중 일부는 나중에 인공위성 제작 회사를 세워 국제적으로 큰 성공을 거두기도 했다.

시간이 흘러 2000년대 중반이 되자 중동의 아랍에미리트(UAE)에서 우주개발계획을 추진한다는 소식이 들려왔다. 석유를 판매해 부유한 나라가 된 중동 국가 중에는 미래에 석유값이 너무 낮아지는 시대가 오는 것을 대비해 부지런히 과학 기술을 개발해두자는 계획을 세운 곳이 많다. 아랍에미리트 정부는 자기 나라가 빠르게 발전 중이라는 사실을 세계에 보여주고, 국민들로부터 과학 기술에 대한 관심을 이끌어낼 좋은 방법으로 우주에 투자하는 길을 생각했다.

아랍에미리트는 우선 자신들만의 인공위성을 띄우고 싶어 했다. 인공위성은 많은 돈을 벌 수 있는 값비싼 제품이다. 그래서 세계의 우주 선진국들이 아랍에미리트에 위성을 팔고 싶어 했다. 그렇지만 아랍에미리트는 다른 선진국보다

뒤늦게 경쟁에 뛰어든 한국을 택했고, 단순히 인공위성을 한 대 만들어달라는 것보다 인공위성 만드는 기술을 배우고 싶어 했다. 한국인들은 마침 영국에서 기술을 배워 한국의 기술로 잘 받아들인 경험을 그대로 전해주겠다고 제안했다. 미래에 대한 그런 희망이 아랍에미리트 당국자들을 매혹시킨 듯하다.

계획은 기대 이상으로 잘 추진되었다. 아랍에미리트의 학생과 연구진들이 한국의 대전으로 건너와 인공위성 기술을 배웠고, 한국에서 만든 첫 아랍에미리트 위성은 무사히 발사되어 작동에 성공했다.

당시만 해도 인공위성을 우주로 보내는 로켓 기술이 한국에 없었기 때문에 일본 로켓을 빌려 발사했다. 당시 사업에 참여한 박성동 선생의 저서를 보면 그때 일본 기술인들이 한국을 무척 부러워했다고 한다. 일본은 한국보다 먼저 인공위성과 로켓 개발에 성공했지만, 다른 나라의 신뢰를 얻어 이와 같은 형태로 수출한 성과를 내본 적이 없었기 때문이다. 당시 아랍에미리트의 당국자들은 한국에서 기술을 배우던 아랍에미리트의 젊은 학생과 학자들을 무척 자랑스러워 했기에 한국에 찾아와서 "여러분들이 이 사업의 가장 큰 성과입니다."라고 말했다.

한국에서 공부를 마친 아랍에미리트의 과학자들은 이

우리의 희망 '아말'이 세계에서 다섯 번째로 화성 궤도 진입에 성공했습니다.

처음 공부하러 한국에 갈 땐 대전이 세상에서 제일 멀게 느껴졌었는데.

언젠간 화성에도 갈 수 있을까?

후 고국으로 돌아가 우주 개발의 요소요소에서 중요한 역할을 맡았다. 그리고 이들을 포함한 아랍에미리트의 우주 과학자들은 다시 10여 년이 흐른 2021년, 놀라운 성과를 이루었다. 화성 상공에 도착해 그 주위를 돌며 화성을 관찰하는 무인 탐사 우주선을 보낸 것이다. 이번에는 미국 기술진과의 협력으로 미국 대학의 기술을 들여와서 탐사선을 성공시켰다고 한다. 우주선을 달까지 보낸 경험조차 없던 아랍에미리트가 바로 화성 탐사에 도전해 성공했다는 점은 특히 대단해 보인다.

망망한 우주를 떠다니며 지구와 통신을 주고받는 인공위성을 만드는 것도 쉽지 않은 일이다. 하지만 화성 탐사는 더욱더 어렵다. 우선 화성은 거리가 무척 멀다. 아무리 가깝게 잡아도 5,000만 킬로미터는 되기에 지구에서 달까지 거리의 100배보다도 훨씬 멀다. 게다가 화성은 태양을 중심으로 빙빙 돌며 움직이기 때문에 어떤 때는 지구와 가까워지고 어떤 때에는 지구에서 멀어진다. 화성에 무언가를 보내려면 지구와 화성이 최대한 가까워지는 시기여야 한다. 이때를 놓치면 다시 몇 달을 기다려야 한다. 우주선 개발이 조금 늦어졌다고 해서 우주를 돌아다니는 화성이 기다려주지는 않기 때문에 일정을 맞추는 것부터가 쉽지 않다.

그뿐만 아니라 우주선을 조종하기도 쉽지가 않다. 우주선이 날아가는 데 걸리는 시간만 반 년 이상 걸리는 게 보통이다. 아랍에미리트의 화성 탐사선도 7개월 동안 계속 우주를 날아가야 했다. 농구공을 던져 고작 몇 미터 떨어진 골대에 넣는 것도 쉬운 일이 아닌데, 수천만 킬로미터 떨어진 화성의 어느 정확한 위치로 우주선을 보내 화성에 추락하지도 않고 화성을 지나치지도 않은 상태로 화성을 빙빙 돌게 하려면 놀라울 정도로 움직임이 정확해야 한다. 비유하자면 서울에서 면도날을 던져 태평양 건너 미국 로스앤젤레스(LA) 해변에서 낮잠 자는 남자의 수염을 매끈하게 깎아내면서도 상처는 조금도 내지 않는 것보다 더 정확해야 한다.

5,000만 킬로미터라면 지구에서 전파가 그 거리에 도달하는 데도 3분 가까이 걸린다. 그래서 우주선에 무슨 문제가 생겨도 눈으로 보며 바로 마우스를 클릭해 조종할 수 없다. 마우스를 클릭하면 3분이 지나야 그 전파가 우주선에 전달돼 움직이기 때문이다. 그렇기 때문에 지구에서 우주선을 직접 조종하는 대신 모든 것을 미리 계산해두어야 한다. 우주선에 달린 컴퓨터가 자동으로 모든 것을 파악해 스스로 움직이도록 하는 것이다. 지금까지 화성 탐사에 성공한 곳은 미국, 소련, 유럽, 인도, 아랍에미리트, 중국까지 총 여섯 곳밖에 없다. 아랍에미리트의 우주선은 몇십 시간 정도 먼저 화성에 도착해서 중국을 앞질렀다.

화성 탐사는 어려운 일이지만 가치가 매우 크다. 지구 바깥의 외계 생명체를 발견하기 매우 좋은 곳일 뿐만 아니라, 생명체가 살 만한 곳이니 사람이 건너가서 살기에도 우주에서는 그나마 괜찮은 곳이다.

화성은 너무 춥고 공기가 희박하며 산소도 없다. 산소가 없으니 오존층도 없다. 그래서 추운 곳 치고는 의외로 자외선이 강하다. 이런 곳에 사람이 가서 생활하려면 항상 우주복을 입거나 실내에서만 지내야 한다. 그래도 잘 버티는 식물을 골라 화성에 데려가서 적당한 온실을 지어 기르면 농사 정도는 지을 수 있을 것이다. 그러면 식량이 생긴다. 동시에 광합성 등의 방법으로 숨 쉴 산소 기체를 만들어낼 수도 있다.

지구 바깥의 우주에서 이 정도 조건이라도 갖춰진 곳은 결코 흔하지 않다. 따라서 많은 과학자들은 화성에 사람을 보내어 거주 가능한 마을 만드는 일이 바깥세상 개척을 위한 인류의 중대 목표라고 본다.

로켓과 우주선을 개발하는 사람들은 화성 개척을 목표로 오늘도 부지런히 도전한다. 동시에 미국의 애리조나대학교나 페루의 국제감자연구소를 비롯한 세계 곳곳의 연구진은 화성의 땅과 성분이 같은 흙을 지구의 연구실에 만들고 거기서 이미 여러 차례 식물 기르는 실험을 했다.

아랍에미리트가 성공시킨 화성 탐사선의 이름은 '아말'이다. 이는 아랍어로 희망이라는 뜻이다. 부디 그 이름처럼 앞으로 우주개발과 화성 탐사에 대한 많은 사람의 희망이 순조롭게 실현되기를 기대해 본다.

얼마 전까지만 해도 탑골공원에 가면 한쪽에 계단 모양으로 놓인 돌덩이가 몇 개 있었다. 계단을 딛고 어디로 갈 수 있는 것도 아니고 계단에 무슨 특별한 장식이 있는 것도 아니라서 얼핏 보면 도대체 공원 한쪽에 이런 게 왜 있나 싶은 이상한 돌덩이다. 도대체 이건 무엇이었을까?

지금 이 돌덩이는 종묘 인근으로 옮겨졌다. 조선 후기에도 이 돌덩이들은 종묘 인근에 있었다고 한다. 『조선왕조실록』 1758년 음력 5월 4일 기록을 보면 영조 임금이 신하들에게 이 돌덩이가 무엇인지 혹시 아느냐고 물어보는 대목이 있다. 분명 당시 조선에서 아는 것이 많은 사람들이 다

모여있었을 텐데, 1758년에도 그 계단 모양 돌덩이의 정체를 아는 이는 아무도 없었다. 그러자 영조 임금은 신하들에게 전설 하나를 이야기해 준다.

옛날 먼 선대 임금님 한 분이 어느 날 밤 백성들이 사는 있는 그대로의 모습을 보기 위해 평범한 사람으로 변장하고 서울 거리로 나섰다. 그런데 문득 길거리 한쪽에서 할머니 한 명과 마주쳤다. 갑작스럽게 백성과 마주친 임금님은 당황해서 급히 버드나무 아래쪽으로 숨었다.

그때 그 할머니는 이상한 표정을 지으며 밤하늘을 올려다보았다. 그러더니 별을 향해 중얼거렸다.

"세성(歲星)이 적성(賊星)에 쫓겨 유성(柳星)에 들어간 형국이로구나."

적성을 글자 그대로 옮기면 적의 별이라는 뜻이고, 유성은 버드나무의 별이라는 의미다. 또한 세성은 임금님을 상징한다. 그러니 이 할머니는 밤하늘의 별 모양만 보고도, 임금님이 피하고자 하는 사람을 만나 버드나무 아래로 간 모습을 알아낸 것이다.

임금님은 할머니의 실력에 감탄했다. 조선 시대 사람들은 이처럼 밤하늘의 별을 보고 점을 쳐서 미래를 알 수 있다고 생각했기 때문이다. 임금님은 곧 신하들에게 명령을 내려 할머니를 운관이라는 기관에 배속시켰다. 운관은 별과

하늘을 관찰하는 기관이니, 할머니를 천문학 담당 관청의 연구원으로 특별 채용한 셈이다. 그리고 그 할머니를 위해서 돌로 해시계 올려놓는 장소를 만들었다.

이후 긴 세월이 지나면서 해시계는 어디론가 사라지고 그 밑의 쌓아둔 돌 일부만 남게 되었다. 영조 임금은 탑골 공원에 남은 돌덩이들을 가리켜 해시계 두는 곳 즉, 해 그림자를 보는 곳이라는 뜻으로 일영대라고 불렀다. 요즘은 앙부일구 대석이라고 부르기도 한다.

아마도 나라를 다스리는 사람이라면 백성의 생활에 항상 관심을 가져야 하며, 평범해 보이는 사람들 중에도 귀한 인재가 있으니 항상 열심히 찾아보고 잘 대우해 주라는 뜻으로 임금이 왕자들에게 들려주던 전설이 아니었을까 싶다. 그런데 이 전설을 다시 살펴보면 조선 시대 사람들 사이에 대단히 실력이 뛰어난 할머니 천문학 고수의 이야기가 돌았다는 점도 신기하다. 할머니를 위해 일부러 돌을 쌓아 해시계 보는 곳을 만들었다니, 아마도 할머니의 키가 무척 작았다는 걸까 하는 상상도 해본다.

전설 속의 할머니 천문학자가 임금님을 나타내는 별이라고 생각한 세성은 목성의 옛말이다. 목성은 지구보다 한참 멀리서 느긋하게 태양 주변을 돌고 있다. 그래서 지구에서 보면 목성은 아주 천천히 밤하늘을 이리저리 오가는 것처럼 보인다. 대략 12년 정도가 지나면 이리저리 오가던 목성이 얼추 원래 자리로 되돌아오게 된다. 그래서 고대 중국인들은 목성의 움직임이 대략 열두 가지 띠와 맞아떨어진다고 보았다. 그리고 목성이 시대와 세월을 나타내는 행성이라고 생각해서 세성이라는 이름을 붙였다.

정확히 따져보면 목성의 움직임이 딱 12년에 맞아떨어지지는 않는다. 그래서 사실 목성과 띠 사이에 뚜렷한 관계는 없다. 오히려 목성이 임금님을 나타낸다고 생각한 조선의 전설이 단순하지만 잘 맞아떨어진다. 목성은 보통 별이 아니라 행성이지만, 그래도 깊은 밤에 별처럼 보이는 물체중에는 가장 밝고 굵게 빛나기 때문이다.

물론 지구에 아주 가까운 위치에 있는 금성이 목성보다도 훨씬 밝게 보인다. 그렇지만 금성은 주로 새벽이나 저녁에 잠깐씩 보이는 행성이다. 한밤중에는 금성이 없다. 깊은 밤, 수많은 별들이 제 모습을 드러내는 시간이 되었을 때 밤하늘에서 가장 밝게 빛나는 물체는 보통 목성이다.

목성이 이렇게나 밝은 이유는 굉장히 크기 때문이다. 목성의 무게는 지구의 300배보다도 더 무겁다. 목성을 제외한 나머지 일곱 행성들의 무게를 모두 다 합쳐도 목성보다 작다. 재미난 점은 목성이 무겁기는 하지만 오히려 주성분은 가벼운 기체 종류라는 것이다. 가벼운 기체이지만 어마어마하게 많은 양이 뭉쳐있으니 전체 무게는 대단히 무거워진 것이다. 말하자면 가장 무거운 행성이 사실은 연기처럼 움직이는 셈이다.

행성 중에 기체가 주성분인 커다란 행성을 흔히 목성형 행성이라고 부른다. 반대로 지구처럼 무거운 돌덩어리로 되어있어도 그 크기가 작은 행성을 지구형 행성이라고 부른다. 이렇게 분류하면 태양계에서 수성·금성·화성은 지구형 행성이고, 토성·천왕성·해왕성은 목성형 행성이다.

목성은 무거운 만큼 그 무게로 다른 물체들을 당기는 힘인 중력도 무척 세다. 목성이 태양 주위를 돌면 태양이 흔들흔들할 정도라고 말할 수도 있다. 그 흔들리는 정도가 심하지는 않지만 분명히 흔들린다고 할 수 있다. 그 정도의 힘이 있으니 목성은 우주를 떠다니는 비교적 자잘한 다른 물체들을 자기 쪽으로 끌어당기기도 한다. 산만 한 크기 정도의 돌덩이들이 우주를 떠다니면 그것을 소행성이라고 부르는데, 소행성 같은 물체들 중에는 종종 목성에 이끌리는 바람에 움직임이 휘어지는 것들도 있다.

그러다 보니 일부 학자들은 목성 때문에 소행성들의 움직임이 바뀌고 그 덕택에 소행성들이 지구와 충돌하지 않는다고 생각한다. 그런 생각에서 목성을 '착한 목성'이라고 부른다. 착한 목성은 마치 우주의 돌덩이들을 빨아들이는 진공청소기 같은 역할을 하는 것이다. 즉, 착한 목성이 우주의 돌덩이들을 제거해 주는 덕분에 지구 하늘에 갑자기 돌덩이들이 떨어지는 일이 예방된다는 이야기이다.

실제로 1994년 슈메이커-레비9 혜성이 목성에 충돌해서 거대한 폭발을 일으킨 적이 있다. 착한 목성 학설이 맞다면, 목성 진공청소기가 1994년에 우주를 떠돌던 혜성 하나를 제대로 빨아들인 셈이다. 그 폭발은 한국의 보현산 천문대에서도 생생히 관찰되었다. 그래서인지 몇몇 한국 학생들 사이에 돌았던 이상한 헛소문이 기억난다. 혜성이 목성에 충돌할 때 목성에서 이상한 전파 신호가 많이 관찰되었는데, 그것이 목성에 살던 외계 종족이 마지막으로 보낸 구조 신호라던가, 뭐라던가.

그런가 하면 정반대로 '나쁜 목성'이라고 고려해야 한다는 학자들도 있다. 목성이 거대한 덩치의 중력으로 자잘한 우주의 물체들을 이리저리 뒤흔들기 때문에 그 물체들의 움직임이 꼬이고, 그 바람에 오히려 지구 쪽으로 뭔가가 떨어지게 될 수 있다는 생각이다. 학자 스티븐 웹은 저서를 통해, 나쁜 목성이라는 생각이 사실일 수도 있겠지만 좀 더 멀리 다르게 볼 수도 있다고 했다. 그 나쁜 목성이 우주의 돌덩어리들을 지구에 몰아준 덕분에, 물을 가진 혜성들이 지구에 많이 부딪혔고 그래서 지구에 물이 더 풍부해질 수 있었다는 것이다. 나아가서는 가끔 지구에 그런 재난이 닥쳐 왔기 때문에 지구 생물들이 혹독한 환경에 적응하면서 더 빠르게 진화할 수 있었다는 생각을 소개하기도 했다.

아직까지는 과연 목성이 착한 목성인지 나쁜 목성인 지 확실히 잘라 말할 시점은 아닌 듯하다. 그렇지만 목성을 임금님에 비유한 조선 시대 할머니 천문학 생각은 어느 쪽

이든 맞다고 본다. 한 조직의 대표로 목성처럼 힘이 센 사람은 자신이 어떤 일을 하느냐에 따라서 착한 목성이 되어 온 세상 사람들을 지켜줄 수도 있고 나쁜 목성이 되어 세상에 재난을 몰고올 수도 있기 때문이다.

한국해양과학 기술원의 연구진은 2016년 연말, 당시 최신 장비로 개발한 로봇 크랩스터6000을 바다에서 실험해 보기로 했다. 크랩스터6000은 사람 덩치만 한 로봇인데 양쪽에 셋씩 다리가 달려있다. 그래서 그 여섯 개의 다리로 마치 꽃게처럼 기어다니며 움직일 수 있다. 게다가 이 로봇은 바닷속 6,000미터까지 잠수하는 기능을 가졌다. 6,000미터면 대한민국 해군의 최신형 잠수함이 활동하는 것보다 몇십 배는 더 깊다. 연구진은 이 로봇이 바퀴로 굴러다니는 것이 아니라 꽃게 같은 다리로 기어다니기 때문에 흙먼지를 일으키지 않고, 따라서 카메라로 주변을 관찰하기 좋다는 장점을 내세우기도 했다. 세찬 물살에 강한 점도 이 로봇의 특징이다.

연구진은 필리핀 근처 태평양에서 4,000미터보다 깊은 바다 밑으로 크랩스터6000을 보내 작동시키는 데 성공했다. 그 깊은 바닷속에는 빛이 들지 않으므로 언뜻 아무것도 없는 황량한 풍경만 보이는 듯했다. 그런데 얼마 후 로봇 앞에 눈이 퇴화된 기이한 형체의 물고기 한 마리가 나타났다. 그 정도로 깊은 바다가 어떤 곳인지 상상하기 어려운 보통 사람 눈에는 마치 외계 생명체를 떠올리게 하는 신기한 모습이었다.

그런데 재미나게도, 연구진 중 한 명이던 전봉환 실장은 언론 인터뷰에서 다음과 같은 이야기를 했다. 멀리 보자면, 깊은 바다를 조사하던 크랩스터6000의 기술을 목성 지역 탐사에서도 활용할 수 있다는 것이다.

그렇다면 목성은 어떤 모습일까? 지구에서 목성을 보면 행성에 줄무늬가 있고 한편에는 흔히 대적반이라고 부르는 거대한 붉은 동그라미 모양이 보인다. 목성의 주성분이 주로 기체 성분이고 연기 같은 물질이기 때문에 이런 모양이 생긴다. 거대한 연기들이 휘감아 돌면서 안개나 구름처럼 되며 목성의 무늬를 만들어내는 것이다. 거대한 붉은 동그라미 모양은 소용돌이치는 폭풍이다. 그 크기가 몇만 킬로미터 수준이라 폭풍 하나가 지구보다도 더 큰데, 그렇게나 큰 폭풍이 한 번 생겨난 후 족히 수백 년 동안 사라지지 않고 지금도 휘몰아치는 중이다.

　만약 누군가 목성의 연기 속으로 들어가 본다면 점점 그 연기가 짙어질 것이고 그래서 짙은 안개에 싸인 것처럼 아무것도 보이지 않는 공간으로 접어들 것이다. 그리고 그런 연기가 점점 짙어지면서 계속해서 더 이어진다. 그러는 사이에 그 많은 연기들이 짓누르는 압력도 점점 더 높아진다. 지구에서도 깊은 바닷속에 들어가면 압력 때문에 잠수함도 견디지 못하고 찌그러진다. 그런데 목성은 워낙 크고 넓은 행성이기 때문에 목성으로 깊이 들어가면 그 연기 같은 물질의 압력만으로도 어지간한 사람이 만든 기계는 모두 박살 날 정도의 힘을 받게 될 것이다.

　그렇게 계속 내려가다 보면, 언젠가는 목성을 온통 뒤덮은 거대한 바다를 만나게 될 것이다. 바다라고 하지만 물이 출렁이는 바다는 아니다. 목성을 이루는 기체 성분들이 도저히 압력을 견디지 못하고 짓눌려 오그라드는 바람에 액체로 변해서 만들어진 바다다. 그렇기 때문에 목성 바다의 주성분은 아마도 수소일 것이다. 지구에서는 가장 가벼운 기체라서 조금 새어 나오기만 하면 하늘 높이 올라가 흩어져버리는 물질이 목성의 깊은 곳에서는 어마어마하게 넓은 바다를 이루고 끝도 없어 보일 정도로 가득 차 있다.

만약 목성의 수소 바닷속으로 잠수해서 더 깊이 들어가면 그때는 무엇이 나올까? 과학자들의 예상으로는 다시 한참 더 들어간 목성의 더 깊은 곳에는 액체 성분들이 더욱 강하게 짓눌려 마치 쇳덩어리처럼 변한 지역이 있을 것이라고 본다.

지구에서라면 연기였을 성분이 목성의 거대한 덩치가 가진 힘에 눌리고 또 눌려서 마치 금속 비슷하게 변해 있을 거라는 이야기이다. 완전히 딱딱한 금속이라기보다는 흐물흐물한 덩어리일 것으로 예상된다고 한다. 그런 식으로 전기가 통하는 금속 비슷한 성분이 목성의 바닷속에서 휘휘 돌아가고 있다면, 목성은 거대한 전기 장치가 돌아가는 효과를 낼지도 모른다. 그렇다면 목성은 전기를 띤 우주의 온갖 물질들과 반응하여 방사선을 만들어낼 것이다. 실제로 목성에서 강력한 방사선이 관찰되고 있는 것은 사실이다. 그런데 나아가 그 원인이 목성의 바닷속 쇳덩어리인지도 모른다는 뜻이다. 목성이 내뿜는 방사선은 너무나 세기 때문에 사람에게 해로운 것은 물론이고, 목성에 보낸 우주 탐사선들이 목성에 다가가 너무 오래 있을 경우 기계가 버티지 못해 고장 날 정도다.

그러므로 목성의 바다는 악마나 괴물이 등장하는 어떤

무서운 옛 전설의 배경보다 훨씬 더 무시무시한 곳이다. 온통 암흑천지라서 아무것도 보이지 않는 가운데 수소의 바다만이 끝없이 펼쳐져 있고, 가끔 번개가 번쩍일 때마다 잠깐씩 짙디짙은 연기구름과 격렬한 폭풍만 꽉 찬 풍경이 살짝 드러난다. 동시에 모든 것을 파괴하는 엄청난 압력이 사방을 짓누르고, 하늘 저편에는 막강한 방사선이 휘몰아친다.

이런 곳에서는 크랩스터6000 로봇이 아니라 그보다 더 튼튼한 장비도 견디지 못한다. 따라서 목성 쪽으로 크랩스터6000 같은 탐사 장비를 보낸다면, 목성 그 자체에 보낸다기보다 목성 주위의 우주를 돌고 있는 목성의 위성을 향해 보내는 것이 훨씬 적합하다. 전봉환 실장의 꿈도 아마 목성의 위성에 크랩스터6000을 보내본다는 상상이었을 것이다.

지구 주위를 달이 돌고 있는 것처럼 목성에도 그 위를 도는 물체들이 있다. 지구에는 달이 하나뿐이지만 목성에는 90개가 넘는 수많은 위성이 딸려있다. 목성은 덩치가 크기 때문에 그 위성들 중 큰 것은 지구의 달보다도 더 크다. 넓이로 따지면 지구의 어지간한 대륙보다도 큰 정도다.

목성의 많은 위성 중 크고 눈에 잘 띄는 네 개는 400년 전 갈릴레오 갈릴레이가 망원경으로 발견한 뒤 놀라서 주변에 널리 알린 것이기에, 흔히 갈릴레이 위성이라고 부른다. 그런데 갈릴레이 위성들의 성분을 관찰해 보면 얼음이 자주 발견되는 편이다. 얼음이 있다는 말은 곧 물이 있다는 뜻이다. 만약 온천 같은 곳이 있거나 화산이 폭발하는 지역이 있다면 그 근처에는 열기 때문에 얼음이 녹아서 정말로 물이 흘러 다닐지도 모른다. 적당히 따뜻한 곳이라면 생명체가 살기 좋을 수도 있다. 실제로 이오라는 목성의 위성에서는 예전부터 화산이 관찰되기도 했다.

이런 위성들은 목성이라는 거대한 행성 주위를 돌고 있으니, 이리저리 방향을 바꾸어가며 목성이 중력으로 끌어당기는 힘을 받게 된다. 이런 힘을 밀물과 썰물을 일으킬 수 있는 힘이라는 뜻으로 조석력이라고 한다. 목성 정도의 큰 행성으로부터 강한 조석력을 받는 위성들은 그 힘 때문에 이쪽저쪽으로 조금씩 우그러질 것이다. 그 때문에 더욱 강한 열이 생길 수 있다. 이런 일이 알맞게 벌어진다면 목성의 위성에는 온천 같은 지역이 상당히 많을지도 모른다.

학자들의 관심을 가장 많이 받은 목성의 위성은 유로파라는 곳이다. 유로파의 내부에는 비교적 춥지 않은 바다가 출렁거리고 있을 가능성이 있다. 태양에서 거리가 멀어서 춥다는 점도 오히려 유로파에는 장점이 될 수 있다. 겉면은 얼음 상태로 두껍게 꽁꽁 얼어있기 때문에, 그 빙판이 목성에서 나오는 강력한 방사선을 모두 막아주는 방어판이 되기 때문이다. 유로파의 빙판 밑에 물이 녹아서 출렁이고 있다면 그 크기는 지구의 바다보다도 더 클지 모른다. 때문에 사람들은 만약 우리가 외계 생명체가 사는 곳을 발견한다면 화성 아니면 목성의 유로파에서 가장 먼저 찾게 되지 않을까 짐작하곤 한다. SF 작가들은 그동안 목성의 위성에 있는 깊은 바다에 해삼, 새우, 문어 등을 닮은 외계 생명체들이 사는 다양한 이야기를 만들어왔다.

만약 크랩스터6000과 비슷한 로봇이 목성을 향해 간다면 바로 유로파의 바닷속 같은 지역을 탐사하게 될 것이다.

목성은 몇 년 동안이나 쉬지 않고 우주선이 날아가야 도달할 수 있는 먼 행성이다. 그렇기 때문에 무언가를 보내 탐사해 본다는 것이 쉽지는 않다. 그렇기에 아직까지는 그저 공상일 뿐이다. 하지만 이런 상상은 무척 재미있다.

그런 곳에 만약 생물이 있다면, 그 생물들은 항상 두꺼운 얼음으로 뒤덮인 물속에서만 살았기 때문에 수십억 년의 세월 동안 그 바깥에 하늘이나 우주가 있다는 생각은 꿈도 꾸지 못했을 것이다. 아마도 유로파의 생물들은 자신들의 세상 바깥에 다른 여러 행성이 있다거나 드넓은 우주에 수많은 별이 얼마든지 있다는 것도 상상할 수 없을 것이다. 두꺼운 얼음벽이 누구도 넘을 수 없는 하늘의 끝이라고 믿지 않을까? 만약 역사상 처음으로 얼음벽을 뚫고 사람이 만든 로봇이 등장해서 인사를 건넨다면 그들은 과연 어떤 느낌을 받을까?

토성_태조 왕건의 별

태양계 행성들에 대한 한국의 전설 중에 가장 멋진 것을 꼽아보라면 나는 바로 토성에 대한 전설을 이야기하고 싶다. 그 전설은 『삼국사기』에 실려있다. 기록에 따르면 그 전설 속 사건은 서기 918년 후삼국 시대에 지금의 강원도 철원 땅에서 벌어졌다.

후삼국 시대는 신라가 쇠약해지면서 한반도 방방곡곡이 각 지역 실력자들의 지배 지역으로 쪼개진 시기다. 그중 궁예는 철원을 수도로 삼고 인근을 지배하며 강한 세력을 떨치는 사람이었다. 당시 철원은 매우 발달한 도시였는데, 어느 날 철원의 시장통에 이상한 사람이 나타났다. 그는 한

손에 도자기 사발을 들고 다른 한 손에는 거울을 들고 있었다. 그러다가 누군가에게 그 거울을 팔았는데, 거울을 팔고 나서도 그 값을 자기가 가지지 않고 시장통의 거지 아이들에게 나눠주고 어디론가로 사라졌다고 한다.

거울을 산 사람은 그것이 보통 거울이 아니라는 느낌을 받았다. 그러고 나서 거울을 살펴보니 한쪽에 이상한 글자가 새겨져 있었다. 그는 이상한 거울을 궁예에게 바쳤다.

거울에 적힌 말은 다음과 같다.

"천상 세계의 임금이 그 아들을 별의 말에 내려가게 하니, 먼저 닭을 잡고 다음에는 오리를 잡을 것이다. 뱀의 해 중에 두 마리 용이 나타나는데 한 마리는 몸을 파란 나무에 숨기고 다른 한 마리는 몸을 검은 금의 동쪽에 드러낼 것이다."

궁예는 송함홍, 백탁, 허원 세 학자들에게 거울에 새겨진 말의 뜻을 풀이해 보라고 시킨다. 세 사람은 마치 게임이나 모험 영화에서 고대 유적의 비밀을 푸는 주인공처럼 그 알 수 없는 문장의 뜻을 알아내기 위해 노력한다. 그리고 세 사람은 마침내 암호 해독에 성공한다. "'별의 말'은 진마(辰馬)인데, 옛날 한반도에 진한과 마한이라는 나라가 있었으니 곧 이는 진한, 마한 같은 한반도의 나라들을 뜻한다. '먼저 닭을 잡고 다음에는 오리를 잡는다.'라는 말에서 닭은 한자로 계(鷄)인데, 신라를 다른 이름으로 계림이라고 한다. 또 오리는 한자로 압(鴨)인데 압록강이라는 강이 있다. 그러므로 닭과 오리를 잡는다는 말은 신라 땅을 차지하고 압록강 지역도 차지한다는 뜻이다."

세 학자는 이런 식으로 뜻을 풀이해나갔다.

마지막 부분의 '두 마리 용이 나타난다.'라는 말에서 용은 영웅을 의미한다. 그러므로 이 말은 두 라이벌 영웅이 세상에 나타난다는 뜻이다. '용 한 마리는 파란 나무에 있다.'라는 말에서 파란 나무는 항상 푸른 나무 소나무를 의미하므로, 한자 송(松)을 뜻한다. '용 한 마리는 검은 금에 있다.'라는 말에서 검은 금이란 바로 가마솥 같은 무쇠, 즉 철(鐵)을 의미한다. 그러므로 이 말은 송악을 근거지로 삼은 왕건과 철원을 근거지로 삼은 궁예가 서로 라이벌 영웅이 된다는 예언으로 해석해 볼 수 있다.

당시 왕건은 궁예의 부하였다. 그러므로 왕건이 궁예의 라이벌이 된다는 말은 왕건이 반란을 일으킨다는 뜻이다. 세 학자는 고민에 빠졌다. 무서운 사람으로 악명 높은 궁예에게 과연 이런 말을 곧이곧대로 해도 될까? 괜히 큰 사건이 벌어져 위험해지는 것 아닐까? 그래서 학자들은 암호 해독 결과를 있는 그대로 보고하지 않고 궁예의 화를 부르지 않을 정도로 꾸며서 이야기한다. 신비로운 거울에 왕건이

'용 된다.'라는 예언이 실려있었는데도, 사람들이 얼마나 궁예를 싫어했으면 그 사실을 숨겨서 오히려 왕건을 보호해주었다는 것이다. 얼마 후, 실제로 왕건은 반란을 일으켜 궁예를 무너뜨리고 마침내 후삼국을 통일해 고려의 태조 임금으로 역사에 남는다.

이 이야기가 토성과 연결되는 점은 이야기에 딸린 곁가지 사연이다. 궁예는 한편으로 애초에 부하들에게 명령해 거울 판 사람을 추적했다. 추적대는 수사 끝에 발삽사라는 절에 닿았지만 거기에도 거울 판 사람은 없었다. 그 대신 그와 똑같이 생긴 인형이 있었다. 바로 그 인형이 진성(鎭星)의 신령을 표현한 것이었다고 한다. 이때 진성은 토성의 옛말이다.

다시 말해, 이 이야기는 토성의 신령이 철원에 내려와 거울을 주면서 왕건이 영웅이 되고 한반도를 통일할 것이라고 미리 알려주었다는 이야기이다. 그리고 보면 토성은 태조 왕건을 도운 수호신 행성이다. 조선의 태조 이성계가 금성에게 제사를 지냈고, 신라의 김유신이 화성의 기운을 받아 태어났다는 전설과 견주어본다면 토성은 고려를 상징하는 행성이라고도 볼 수 있겠다. 『삼국사기』에는 거울을 판 신비로운 사람의 모습도 묘사되어 있다. 이에 따르면 그 사람은 체격이 크고 건장하고 귀밑 털과 머리카락이 모두 희고 옷과 모자는 예스러워 보였다고 한다. 이것이 바로 신라 말, 고려 초 사람들이 생각한 토성 신령의 모습이다.

실제 토성은 머리카락이 흰 사람 모습이 전혀 아니다. 그 성분을 살펴봐도 토성은 목성과 비슷하게 기체가 주성분인 연기 덩어리 같은 행성이다. 그 속에 사람 비슷한 외계인이 살 가능성도 희박하다고 봐야 한다. 전설과 통하는 점이 있다면 토성이 매우 크다는 것 정도다. 토성의 무게는 지구 무게의 100배에 가까운 아주 커다란 행성이라고 볼 수 있다. 덩치가 크기 때문에 토성 주위를 도는 위성의 개수도 많다. 지구에는 오직 달 하나가 지구 주위를 돌 뿐이지만, 토성에는 100개 이상의 아주 많은 위성이 그 주변을 돌고 있다. 그중에 가장 큰 것은 지구의 달보다도 더 크다.

한 가지 공교로운 것은 그 토성 주위를 도는 위성 중에 엔셀라두스라는 곳이 얼음덩어리로 뒤덮여 있다는 점이다.

얼음으로 뒤덮인 곳은 목성 주변에도 많으니 그 자체로 아주 희귀한 것은 아니다. 엔셀라두스의 돋보이는 특징은 그 얼음이 아주 깨끗하고 밝은색이라는 점이다. 물체가 얼마나 빛을 잘 반사하는가 하는 정도를 알베도(albedo) 또는 반사율이라고 하는데, 엔셀라두스는 알베도가 매우 높다. 이는 엔셀라두스가 마치 얼음 거울처럼 아주 빛을 잘 반사하면서 반짝인다는 뜻이다. 태양계의 행성 주변을 도는 위

성 중, 이 정도로 빛을 잘 반사하는 것은 드물다. 지구 주위의 달 혹은 화성의 위성들은 그냥 시커먼 돌덩어리일 뿐이다. 그런데 토성은 이렇게 빛을 반사하는 얼음덩어리 위성을 가진 것이다. 마치 후삼국 시대 전설 속, 토성의 신령이 거울을 가지고 있던 것과 비슷한 모습 아닌가?

더 재미난 것은 2005년 지구에서 보낸 카시니 탐사선이 엔셀라두스에서 물이 튀어나오는 모습을 관찰하는데 성공했다는 점이다. 그 말은 마치 온천이나 화산 주변에서 갑자기 물이 솟아오르듯, 엔셀라두스의 얼음이 녹아서 튀어나올 수도 있다는 뜻이다. 엔셀라두스에 온천이 있다면, 얼음이 녹아 어느 정도 따뜻한 지역이 있을지 모른다. 지구의 바다처럼 드넓지는 않겠지만 생물이 살기 좋을 만큼 따뜻한 물웅덩이가 있을지도 모른다.

혹시 엔셀라두스의 온천에 외계인이 살고 있다가, 918년 우주선을 타고 한반도의 철원에 찾아가서 자신을 토성의 신령이라고 소개하고는 왕건에게 도움을 주고 떠난 것일까? 그런 일은 SF 영화 속 공상에 불과할 것이다. 그러나 적어도 지구에서 한참 멀리 떨어져 있어서 춥게만 보이는 토성에도 다양하게 연구해 볼 만한 재미난 지역이 있다는 이야기 정도는 충분히 해볼 수 있겠다.

토성에는 타이탄이라는 위성도 있다. 커다란 위성이라 땅이 넓은 곳이다. 타이탄에는 탄화수소 성분이 많다. 우리가 가스레인지나 보일러에서 사용하는 LNG(액화천연가스)나 휘발유와 비슷한 성분이 많다는 뜻이다.

타이탄이 있는 토성 지역은 너무 춥기 때문에 가스레인지에 들어가는 물질이 이곳에서는 기체로 날아다니지 않고 액체로 흘러 다닌다. 그 주성분은 흔히 메탄가스라고도 부르는 메테인인데, 과학자들이 예상하기로는 타이탄에는 메탄가스가 비가 되어 내리기도 하고 강물이 되어 흐르기도 한다. 지구에서 물로 된 강이 흐르고 수증기가 변해서 생긴 구름이 떠다니듯 타이탄에는 석유 성분의 호수가 넘실거리고 석유와 비슷한 성분의 소나기가 내릴지도 모른다는 뜻이다. 지구와는 굉장히 다른 세상이지만 지구 못지않게 생동감 넘치는 세상이기도 하다. 게다가 타이탄은 지구처럼 대기 중 질소 기체가 많은 듯 보이고 그 양도 적당하다. 공기가 전혀 없다시피한 수성이나 공기가 지독하게 많아서 문제인 금성보다 훨씬 낫다.

혹시 석유 성분이 강물과 같이 흐르는 타이탄에서도 어떤 생물이 살 가능성을 상상해 볼 수 있을까? 물론 석유 세상인 타이탄의 생물은 지구 생명체와는 무척 다를 것이다. 타이탄에서 하늘을 보면 여러 가지 성분의 차이 때문에 하늘이 노란색으로 보일 것이라고 한다. 가능성 높은 이야기는 아니기에 어디까지나 상상일 뿐이지만, 지구의 푸른 하늘이 아닌 타이탄의 노란 하늘 아래서 아주 기이한 외계 생명체가 석유 같은 성분의 샘물을 마시고 사는 풍경을 상상해 보면 어쩐지 근사하게 느껴진다.

토성 주위를 도는 위성들 중에는 반쪽은 흰색이고 반쪽은 검은색인 아주 특이한 모양의 이아페투스라는 곳도 있고, 엔켈라두스 외에도 디오네나 레아 같이 얼음이 많아서 물이 풍부한 곳이 더 있다. 토성에 대한 과학 탐사가 진행될수록, 후삼국 시대 거울에 적혀있던 암호 못지않게 재미있는 수수께끼가 더 많이 등장할 것이다.

토성의 고리_조선 시대 안경으로 하늘 보기

　　토성은 우주를 다루는 사진 자료나 영상에 무척 자주 등장하는 편이다. 그 모습이 멋있기 때문이다. 특히 행성 주위를 두른 고리가 무척 화려하다. 우주 저편에 저런 고리를 두른 행성도 떠다닌다고 생각해 보면 우주가 사뭇 아름다운 곳이라고 느껴진다.

　　무엇이든 고리를 두르고 허공에 둥둥 떠있는 모습은 지구에서는 결코 쉽게 볼 수 없기 때문에 더 신비로워 보인다.

　　과학이 발전되기 전에는 그런 특이한 모습을 가진 별이나 행성이 있을 것이라고는 아무도 상상할 수 없었다. 고대로부터 세계 곳곳에는 밤하늘 별을 보면서 그 신비로운 힘에 관한 전설과 신화를 만들거나, 신령과 요정들이 별로 변신해 벌이는 온갖 소동 이야기를 꾸며낸 사람들이 많았다. 그러나 망원경 기술이 개발될 때까지는 아무도 토성이 고리를 두른 모양이라고는 상상치 못했다.

토성의 고리는 맨눈으로는 보이지 않고 망원경을 이용해야만 볼 수 있기 때문이다. 이런 식으로 종종 과학은 사람이 가진 상상력의 한계를 넓혀주는 역할을 한다.

망원경을 만들기 위해서는 물체를 확대하거나 축소해서 볼 수 있는 렌즈를 적절히 연결해야 한다. 아마도 처음에는 시력이 좋지 못한 사람들을 돕고자 안경에 사용할 렌즈를 자주 만들었을 것이다. 렌즈를 만드는 기술은 유럽에서 먼저 발달했다. 그리고 그 기술은 16세기 신항로 개척 시대에 배를 타고 전 세계를 돌아다니던 유럽인들에 의해 조선에도 전해졌다. 조선의 선비 김성일은 실제로 16세기에 안경을 구해서 썼다고 한다. 또한 그 안경의 일부라고 하는 유물이 지금도 남아있다.

이후 안경은 조선에서 상당한 인기를 끌었다. 조선 시대 그림에는 안경을 쓰고 있거나 책상에 올려둔 선비의 모습을 그린 것이 여럿 있다. 김득신의 조선 풍속화에는 심지어 도박꾼 중에도 안경 쓴 사람이 보인다. 얼마 지나지 않아 조선은 외국의 렌즈를 수입해서 안경을 만들 뿐만 아니라 자체적으로 안경을 만드는 기술도 개발했다. 단, 유리 가공 기술은 조선에서 별로 발달하지 못했으므로 아쉬운 대로 산에서 수정을 캐서 그것을 가공해 렌즈를 만들었다. 조선 후기에는 경주 남석 안경이라고 하여, 경주 지역에서 나는 수정을 재료로 만든 안경이 유명했다. 현대에도 마침 경상북도 남부 지역과 대구에 안경 업체들이 많이 있는 편이라 묘하게도 맞아드는 느낌이다.

안경을 만드는 수정이 항상 완전히 투명하고 깨끗하지는 않다. 그렇기 때문에 수정으로 안경을 만들면 자연히 살짝 색깔이 들어가는 수가 많아서 저절로 색안경이 만들어졌다. 검은색 수정을 갈아서 안경을 만들면 아예 까만 선글라스 같은 안경을 만들 수도 있다. 조선 시대 선비가 검은색 선글라스를 쓰고 다닌다고 하면 황당하고 웃긴 모습 같지만, 의외로 조선 시대에 실제로 있었을 법한 일이다. 『승정원일기』 1735년 음력 9월 1일 기록을 보면, 태양을 정확하게 관찰하기 위해 궁중의 관리가 오석(烏石) 안경이라는 까만 색안경을 쓰고 해를 보았다는 내용이 남아있다. 궁전 안에서 조선의 임금과 신하들이 오손도손 선글라스를 끼고 있는 장면이 펼쳐진다고 해도 아주 이상한 모습은 아니다.

이렇게 생각해 보면 조선에서도 렌즈를 개선해서 안경

뿐만 아니라 여러 가지 도구를 만들고 나아가 망원경을 만들 수도 있지 않았을까? 그리고 거기서 더욱더 기술이 발전한다면 조선인들이 직접 개발한 망원경을 이용해 밤하늘을 관찰하고 조선 선비들도 토성을 두른 고리를 볼 수 있지 않았을까?

그러나 역사는 그렇게 흘러가지 않았다. 1745년 『조선왕조실록』 음력 5월 12일 기록을 보면 영조 임금이 규일영(窺日影)이라는 장치를 부수어버렸다는 내용이 나온다. 규일영이 정확히 무슨 도구였는지 확실하지는 않다. 하지만 이름이나 이야기의 내용을 보면 그것이 태양을 관찰하기 위한 장치였다는 것만은 확실하다. 아마도 검은 선글라스 유리판 같은 것을 달아둔 장치 아니었을까 싶다. 당시 궁중에서는 이 도구를 이용해서 상당히 정밀하게 태양을 관찰하는 데 성공했다. 그런데도 영조 임금은 그 도구의 성능이 좋다고 칭찬하기는커녕 오히려 쓰지 못하도록 파괴해버렸다. 도대체 왜 그런 짓을 했을까? 영조 임금은 그 이유를 다음과 같이 설명한다.

"규일영은 그전에는 함부로 엿볼 수 없던 태양을 자세히 엿보고 따져보는 장치다."

다시 말해 감히 함부로 볼 수 없던 태양이라는 위대하고 높은 것을 함부로 쳐다보고 따져보는 행동을 하게 만든다는 뜻이다. 그것은 너무 오만하고 불경스럽고 예의에 어긋난다. 그래서 영조 임금은 이런 장비를 사용하는 일에 문제가 있다고 지적했다. 영조 임금은 심지어 태양을 관찰한 기록조차 삭제하라고 지시했다.

영조 임금이 태양신을 숭배하는 사람이기 때문에 이런 일을 한 것일까? 그랬을 리는 없다. 영조 임금이 규일경을 부순 것은 바로 신하들에게 감히 높은 대상을 함부로 쳐다보고 따질 생각을 하지 말라고 경고하기 위해서였다. 즉 임금 스스로도 태양을 관찰하지 않으려고 관찰 도구조차 없애버릴 정도니, 신하로서 함부로 임금의 생활을 관찰하거나 임금의 행동을 따질 생각은 하지 말라고 겁을 주기 위한 행동이었다는 것이다. 그 모든 것이 정치적인 목적에 따른 행동이었다. 조선 시대에는 하늘의 물체를 관찰하는 도구조차 그것이 정치적으로 자기에게 유리한지 불리한지 따져가며 착한 도구인지 나쁜 도구인지 정한 셈이다.

이런 분위기에서는 궁전 바깥에서도 새로운 도구를 개발해 하늘을 관찰하는 여러 가지 다양한 연구를 하기란 쉽지 않을 것이다. 자칫 하늘의 별이나 달을 보는 장치를 만들다가도 나쁜 사람으로 몰릴 수 있었을 것이다. 이런 식으로 정부에서 나서서 모든 것을 한 가지 기준으로 몰아가는 분위기에서는 도무지 다양한 신기술이 발전하기 어려웠을 거라고 생각한다.

　그에 비하면 유럽에서는 다양한 사람들이 저마다 다른 이유로 다양한 기술을 자유롭게 시도하는 일이 보다 폭넓게 이루어졌던 것 같다. 예를 들어 영조 임금 시대보다 조금 앞선 시기에 네덜란드에 살던 안토니 판 레이우엔훅이 있다. 그는 원래 옷감 장수 출신인데 렌즈 다루는 일을 하다가 세계 최초로 현미경을 개발했다. 지금도 옷을 만들기 위해 원단을 살피는 상인들은 옷감의 질이 얼마나 좋은지 확인하기 위해 확대경으로 살펴보곤 하는데, 정확한 사연은 알 수 없지만 아마 레이우엔훅도 그렇게 옷감 장사를 하다가 확대경에 관심을 갖게 되었고, 스스로 그것을 점점 발전시켜 현미경을 개발하게 되지 않았을까 싶다.

　그 덕택에 레이우엔훅은 세상에 눈에 보이지 않는 작은 미생물들이 살고 있으며, 세균이라는 생물도 온통 널려 있다는 놀라운 사실을 알게 되었다. 이 발견은 생명과 의학에 대한 생각을 완전히 바꾸어놓았다. 만약 누군가 옷감 장수는 옷감 장수로서의 본분이 있으니 함부로 렌즈를 만들면 안 된다고 명령했거나, 렌즈로 생물을 관찰하는 일은 감히 해서는 안 된다는 법령이 있었다면 이런 발견을 해낼 수 없었을 것이다.

　게다가 유럽에서는 로마 시대 때부터 유리로 컵이나

물병을 만드는 기술이 발달했기 때문에 유리 가공 기술이 상당히 발달해 있었다. 덕분에 유럽에서는 유리를 이용한 렌즈로 가깝고 먼 곳을 보는 온갖 도구들이 빠르게 발전할 만한 배경 기술도 있었다. 그 와중에 신항로 개척 시대가 열려 배를 타고 다니면서 먼 곳을 보는 일이 중요해지다 보니 망원경은 더욱더 널리 퍼지게 되었다. 그 덕택에 유럽인들은 망원경을 활용해 더욱더 활발히 항해하며 큰 세력을 키울 수 있었다.

그러다 결국 갈릴레오 갈릴레이의 시대가 되자 갈릴레이는 그 망원경으로 밤하늘의 별들을 보면서 맨눈으로는 알아낼 수 없었던 우주의 온갖 새로운 모습들을 알아냈다. 그 새로운 별을 관찰한 결과는 우주에 대한 사람들의 생각을 바꾸었다. 곧 행성이란 신령이 아니라 수학으로 계산할 수 있는 대상이라고 생각하게 만든 것이다. 이런 생각은 얼마 후 뉴턴의 시대가 되자 더더욱 놀라운 근대 과학 발전으로 이어졌다.

이렇게 따져보면 렌즈 너머로만 볼 수 있었던 토성의 고리는 조선의 과학이 도달하기 어려운 새로운 과학의 시대를 상징하는 모습이라는 생각도 든다.

이후 한동안 세계의 과학자들은 저렇게 이상하게 생긴 토성의 고리가 도대체 무엇으로 만들어져 있을까 하는 고민에 빠졌다. 토성은 지구에서 짧게 잡아도 12억 킬로미터 이상 떨어져 있으므로 현대에도 그 비용 문제로 우주선을 보내기 어렵다. 우주선을 보낼 기술도 없던 옛사람들이 12억 킬로미터 떨어진 곳에서 고리의 재질이 무엇인지 알아낸다는 것은 결코 쉽지 않은 일이었다.

이에 대한 깔끔한 답을 낸 인물 중 가장 유명한 사람은 스코틀랜드 출신의 위대한 과학자 제임스 클러크 맥스웰이다. 맥스웰은 사실 19세기 중반에 전기와 자력에 대한 이론을 정리한 사람으로 지금도 과학 교과서에 대단히 자주 등장한다. 그런데 그가 초창기 과학계에 이름을 떨친 주제는 전기 문제가 아니라 토성 고리 문제의 풀이였다. 그는 직접 토성을 살펴보지 않고도, 중력 이론으로 종이에 계산해서 토성 고리를 추측하는 방법으로 해답을 제시했다. 갈릴레이가 토성의 고리를 처음 본 지 거의 200년 뒤의 일이었다.

맥스웰은 계산을 거쳐, 토성의 고리가 한 덩어리로 되어 그런 모양을 이루고 있다면 힘을 견디지 못해 깨질 것이라고 보았다. 토성의 고리가 강물이나 연기 같은 물체라도 그 모양을 유지하기 어렵다고도 생각했다. 결국 토성의 고리는 한 덩어리의 딱딱한 물체도 아니고 물같이 물렁한 물체도 아니라는 뜻이다. 그렇다면 아주 많은 숫자의 얼음이나 자잘한 돌덩어리 같은 물체들이 둥글게 모여있는 형태라는 상상을 해볼 수 있었다. 그렇게 많은 자잘한 물체들이 고리 같은 대형으로 모여있는 것이, 아주 멀리서는 고리처럼 보인다는 게 맥스웰의 결론이었다. 세월이 흘러 우주선을 보내서 토성을 관찰해 본 결과 맥스웰의 말은 사실로 밝혀졌다. 토성의 고리는 대략 수십 센티미터 에서 수 미터 정도 크기의 바위만 한 얼음덩어리들이 떼 지어 떠다니는 것이다.

그 위대하다는 갈릴레오 갈릴레이조차도 토성의 고리를 정확히 보지는 못했다고 한다. 그래서 갈릴레이는 토성

맥스웰은
정말 자신이 추측한 내용이
정답이라고 믿었을까?
눈에 보이지 않는 것을 밝혀내는 고집.
과학 발전을 이끌다!

에 고리가 있다고 하지 않고 꼭 토성 옆에 커다란 귀가 달린 것 같다는 식으로 묘사했다. 지금은 얼핏 우주를 배경으로 한 만화를 본 한국의 어린이들조차도 토성의 고리 모양이 대략 어떤지 안다. 게다가 과학자들은 토성의 고리처럼 크지 않을 뿐이지 목성·천왕성·해왕성 역시 희미하고 가느다란 고리를 가졌다는 사실까지 알아냈다. 과학의 발전은 참으로 끝이 없다.

천왕성_예언자들의 천적

고대 중국인들 사이에는 한때 음양오행설이 유행했다. 음양오행설이란 자연의 모든 것이 다섯 가지 기운의 어울림으로 인해 생겨난다는 생각이다. 다섯 가지 기운이란 화·수·목·금·토, 즉 불·물·나무·쇠·흙으로 세상의 기본이 되는 기운을 말한다.

그러면서 별의별 자연 현상을 이 다섯 가지 기운의 어울림으로 설명하고자 했다. 예를 들어 사람 몸속의 장기도 음양오행의 다섯 가지 기운과 관련이 깊다는 것이다. 이에 따르면 간은 나무의 기운을 가진 장기이고, 심장은 불의 기운을 가진 장기다. 만약 기운이 조화를 이루지 못하면 사람은 병에 걸린다. 그런 식으로 사람의 성격이나 기질은 물론이고 동물이나 식물의 습성, 날씨, 시간과 공간조차도 나름대로 다섯 가지 기운에 맞추어 설명하려 들었다. 예를 들어 봄은 나무의 기운이고, 여름은 불의 기운이며, 서쪽 방향은 쇠의 기운이고 북쪽 방향은 물의 기운에 해당한다.

이런 생각은 고대부터 한국에서도 인기를 끌었다. 그러다 보니 한국에서는 나름대로 음양오행설을 한국판으로 발전시켜 다양한 이야기들을 덧붙이기도 했다. 삼국 시대에는 특히 백제에서 음양오행설이 큰 인기를 끈 것 같다. 중국의 역사책 『주서』에는 백제인들이 음양오행설을 이해하고 있다고 콕 집어서 언급한 대목이 있고, 일본의 역사책 『일본서기』에는 백제에서 온 관륵이라는 인물이 일본에 『천문지리서』와 『둔갑방술서』를 전해주었다고 되어있다. 관륵이 전해준 책에 실린 천문, 지리, 둔갑, 방술에 관한 내용이 구체적으로 무엇이었는지에 대한 기록이 남아있지는 않지만 아마도 음양오행을 이용해 하늘과 땅의 온갖 물체에 대한 여러가지 신비로운 원리를 설명하는 내용으로 가득 찬 책이 아니었을까 싶다.

한국에서는 심지어 나라의 발전과 쇠퇴, 역사의 변화조차 음양오행과 관련지은 생각도 유행했다. 신라 임금은 김(金)씨였고 경주를 신라 시대에 흔히 금성(金城)이라고 불렀기에, 옛사람들은 신라라는 나라가 금, 곧 쇠의 기운에 해당하는 나라라고 생각했다.

음양오행설의 순서에 따르면 쇠의 기운 다음에는 물의 기운이 이어진다고 한다. 그렇다면 신라가 망하면 그 뒤를 이을 나라는 물의 기운을 가진 나라라고 생각할 만하다. 그렇기에 실제로 후삼국 시대에 한반도 중부지방을 차지했던 궁예는 나라의 연호를 수덕만세(水德萬歲)라고 정한 적이 있다. 지금 우리가 연도를 헤아릴 때 서기 2023년, 서기 2024년이라는 말을 쓰는 것처럼 수덕만세 3년, 수덕만세 4년이라는 식으로 연도를 헤아리라고 온 나라에 명령했다는 것이다. 그런 말을 사용하라고 한 이유는 수덕만세라는 말의 의미가 '물의 기운이 영원히 이어진다.'이기 때문이다. 궁예는 자신의 나라가, 음향오행설의 순서에 따른 물의 기운으로 신라의 뒤를 이어 한반도 지배하기를 꿈꾼 것이다.

도대체 이런 생각에 왜 그렇게 많은 사람이 매혹당한 것일까? 그 이유 중 결코 빼놓을 수 없는 것이 있다. 바로 밤하늘 행성이 마침 음양오행과 같이 다섯 개라고 생각했다는 점이다.

하늘을 보면 보통 별들보다 밝고 움직임이 특이한 것들이 하필 딱 다섯 개 있다. 그래서 그 행성의 이름을 음양오행에 맞추어 각각 물·쇠·불·나무·흙의 기운을 가진 별이라 수성·금성·화성·목성·토성이라고 보았다. 옛사람들의 생각 속에서 밤하늘의 별들은 대단한 힘을 가진 신령 같은 것이므로 그중에서도 크고 특별해 보이는 다섯 행성이 각각 딱 떨어지는 다섯 가지 기운을 대표하는 신비의 물체라는 생각은 너무나도 그럴싸해 보였다. 다섯 가지 신비로운 기운이 온 우주를 지배하고 모든 사람과 나라의 운명까지 결정한다는 이야기와 기가 막히게 맞아드는 느낌을 주었을 것이다.

이 비슷한 신비한 생각이 중국이나 한반도에서만 유행했던 것도 아니다. 유럽에서도 행성이 하필 다섯 개밖에 없는 것이 무언가와 맞아떨어져서 신비로운 우주의 근본 원리와 관련이 있을 거라는 생각을 한 사람들이 있었다. 그러므로 5라는 숫자가 세상의 신비와 연관되어 있다든가, 숫자 5를 이용한 어떤 이론이 세상의 근원을 이룬다는 식의 생각에 심취한 학자가 나타났다. 뛰어난 과학자이자 수학에 밝아 행성의 움직임에 대해서 무척 많은 사실을 밝혀낸 17세기의 요하네스 케플러 같은 사람조차도 행성이 다섯 개인 이유가 5라는 숫자에 관한 세상의 신비와 연결된다는 생각에 깊이 빠져있었다. 그는 정다면체 모양을 만들어보면 다섯 가지밖에 나올 수 없다는 사실과 행성이 다섯 개라는 사실이 관련되어 있다는 식으로 추측했다.

이런 신비로운 믿음의 밑바탕은 엉뚱하게도 독일 출신으로 영국에서 활동하던 오르간 연주자 때문에 1781년 와르르 무너지고 만다.

바로 윌리엄 허셜인데, 그는 본래 여동생 캐롤라인 허셜과 함께 음악가로 생활하던 사람이다. 그 시절 가장 유행하던 음악은 허셜 남매가 작곡하고 연주하던 고전 음악이었을 테니, 요즘으로 따지자면 허셜의 발견은 K팝 가수로 활동하던 사람들이 취미 삼아 연구하다가 과학과 우주에 대한 근본 원리 하나를 뒤집었다고 여길 만한 사건이다.

윌리엄 허셜은 음악가로 생계를 유지했으나 별을 관찰하기 좋아했다. 특히 성능이 뛰어난 망원경을 스스로 만들 줄 알았는데 그 실력은 전문가 수준이었다. 또 동생 캐롤라인 허셜에게도 별 관찰하는 일을 도와달라고 부탁했는데 막상 같이 일을 해보니 동생도 오빠 못지않게 별 관찰에 아주 뛰어난 인물이었다. 허셜 남매는 언제나 인기 있는 관찰 대상인 혜성을 찾아보려고 했다. 그러던 어느 날 밤하늘에서 희미한 물체를 하나 찾았다. 그것을 관찰해 보니 혜성치고는 좀 특이하지만 움직임이 얼추 혜성과 비슷하다는 사실을 알아냈다. 그는 관찰 결과를 정리해서 학자들에게 전달했다.

그런데 면밀히 검토한 결과, 그 물체는 혜성이 아니라

지금껏 태양계에 있는 줄도 몰랐던 새로운 행성이라는 충격적인 결과가 나와버렸다. 지난 수천 년간 전 세계 모든 사람들이 행성은 다섯 개뿐이라고 착각했는데, 두 남매가 여섯 번째 행성을 찾은 것이다.

이렇게 발견된 행성이 바로 천왕성이다. 흔히 천왕성은 맨눈으로는 보이지 않아 망원경 기술이 발전한 뒤에야 발견되었다는 말이 널리 퍼져있다. 그러나 천왕성이 희미해서 그렇지 맑은 날에 눈 좋은 사람이 시골 마을에서 작심하고 보면 맨눈으로도 볼 수 있다. 워낙 빛이 약해 별 관심을 끌지 못해서 세밀히 분석된 적이 없었기에 예전에는 행성이라고 생각하지 못했을 뿐이다. 음악가 남매가 우연히 천왕성을 발견해 지적하기 전까지 사람들은 행성이 다섯 개라고 생각했다. 하늘에 뻔히 천왕성이 떠다니고 있었는데도, 별빛이 좀 약하다고 대충 무시해버리는 바람에 수천 년간 착각하게 된 것이다. 그래서 세상에는 다섯 가지 기운이 있다거나 숫자 5가 중요하다는 생각에 그렇게들 빠져들었다는 이야기이다.

덕분에 허셜은 단숨에 명망 높은 학자로 대접받게 되었고, 이후에도 허셜 남매는 천문학을 발전시킨 훌륭한 발견을 많이 해냈다. 너무 갑작스러운 발견이었기 때문에 상당히 긴 세월 동안 천왕성을 뭐라고 부를지 학자들 사이에 합의가 이루어지지 못했다.

유럽에서는 행성의 이름에 흔히 그리스·로마 신화 속 신들의 이름을 붙인다. 과학자들은 세월이 한참 흐른 뒤에야 이 관례대로 새 행성에 우라노스라는 신의 이름을 붙이기로 합의했다. 우리가 쓰는 말인 천왕성은, 하늘의 신이라는 뜻의 우라노스를 번역한 것이다. 조선의 과학자들이 천왕성을 발견했다면 어땠을까? 조선에서는 신의 이름이 아니라 음양오행으로 행성 이름을 불렀으니, 그와 관련된 말로 새 행성의 이름을 붙였을지도 모른다. 흙과 모래를 흔히 짝으로 생각해서 토사(土沙)라는 말을 많이 쓰니 토성 다음 행성이라는 뜻으로 모래의 행성, 사성이라는 이름을 붙이지 않았을까?

천왕성은 지구에서 거의 30억 킬로미터나 떨어진 행성이다. 그래서 그곳에 대해 우리가 아는 것은 많지 않다. 그래도 다른 목성형 행성처럼 주성분이 기체에 크고 무거운 행성이며 태양에서 거리가 먼 아주 추운 행성이라는 것쯤은 알고 있다.

하지만 그저 목성형 행성이라고만 하기에는 그 무게가 지구의 15배 정도라서, 크다면 크지만 지구 무게의 100배 이상에 달하는 토성이나 목성보다는 한참 작다. 성분을 따져 봐도 내부에 여러 기체가 얼어붙은 덩어리가 많을 것으로 추정되므로 목성·토성과는 다른 점이 있다.

그러고 보면, 그 도는 모습이 신기하다는 것도 천왕성의 특징이다. 지구가 하루에 한 바퀴 도는 것처럼 천왕성도 스스로 뱅뱅 돈다. 그런데 지구·화성·목성·토성 등은 다들 비슷한 방향으로 서서 돌고 있지만 천왕성만은 해괴하게도 누운 채 옆으로 돌고 있다.

지구 주위를 달이 도는 것처럼 천왕성에도 작은 위성이 여럿 있어서 그 주변을 돈다. 과거 유럽 천문학자들은 행성 주변을 도는 위성의 이름에도 주로 그리스·로마 신화 신들의 이름을 따서 붙이곤 했다. 예를 들어, 목성은 영어로 주피터라고 하는데, 주피터는 그리스 신화의 제우스에 해당하므로 목성의 위성들은 제우스와 관련된 신화 속 인물 이름을 붙였다. 마찬가지로 토성은 영어로 새턴이라고 하는데, 새턴은 그리스 신화의 거인 크로노스에 해당하므로 토성의 위성에는 그리스 신화에 나오는 거인들의 이름을 붙였다.

　　그러나 특이하게도 천왕성 주변을 도는 위성에는 영국을 대표하는 작가 셰익스피어가 남긴 문학 작품 속 등장인물 이름을 붙였다. 아마도 영국 과학자들이 과학 발전에 큰 공을 세웠다는 점과 천왕성을 발견한 허셜이 영국에서 활동했다는 점 때문이 아닐까 추측해 본다. 그래서 『햄릿』에 등장하는 코델리아, 『로미오와 줄리엣』에 등장하는 줄리엣 등등이 천왕성의 위성 이름이 되었다. 수천 년간 이어진, 행성이 다섯 개라는 생각을 깬 천왕성인 만큼 그 위성에 이름을 붙이는 방식에도 작은 변화를 준 셈이다.

해왕성_복수의 별

해왕성은 태양계의 여덟 행성 중 태양으로부터 가장 멀리 떨어져 있다. 그래서 대단히 추운 행성이다. 해왕성은 기체와 낮은 온도 때문에 많은 구성 성분이 얼어붙은 덩어리로 되어있다. 해왕성 근처에는 트리톤이라는 위성이 하나 딸려있다. 크기가 달보다 약간 작은, 꽤 큰 위성인데 가만히 살펴보면 조금 이상한 모양새로 해왕성 주변을 돌고 있다. 이것도 해왕성의 특이한 점이다.

해왕성은 지구에서의 거리로도 40억 킬로미터가 넘는 먼 곳에 있다. 그 자체의 무게는 지구 무게의 15배가 훌쩍 넘는 큰 행성이지만 너무나 멀리 떨어져 있어 맨눈으로는 볼 수 없다. 그렇기 때문에 해왕성은 과학 기술이 많이 발전한 19세기 중반에서야 발견되었다.

40억 킬로미터 넘는 먼 곳에, 잘 보이지도 않는 행성이 있다는 사실을 도대체 어떻게 알아낸 것일까? 첫 번째 단서는 해왕성보다 먼저 발견된 천왕성을 연구하던 중에 나왔다.

세상 모든 물체는 자기 무게만큼의 힘으로 잡아당기는 힘인 중력을 받는다. 태양계 행성들이 태양을 중심으로 돌 때, 그 도는 모양과 속도가 일정한 것도 태양과 그 행성 사이의 중력 때문이다. 때문에 과학자들은 어느 정도 거리에 어떤 행성이 지금 어떻게 움직이는지를 관찰한 뒤에, 중력이 어느 정도인지를 계산해서 미래에 그 행성이 장차 어떻게 움직일지를 알아낼 수 있다. 옛사람들은 몇십 년, 몇백 년 동안 행성의 반복되는 움직임을 보아야만 행성들이 언제 어떻게 밤하늘에 나타날지 감을 잡을 수 있었다. 그러나 현대 과학자들은 중력을 계산해, 최소한의 자료만으로도 그 움직임을 추측할 수 있다.

과학자들은 천왕성이 발견된 뒤에도 마찬가지 방식으로 천왕성의 움직임을 계산했다. 그런데 천왕성의 실제 움직임을 꾸준히 지켜보니 계산과 실제 사이에 아주 약간 차이가 있었다. 여러 가지 방법으로 검토해 봐도 계산이 잘못

된 것 같지는 않았다. 그러자 몇몇 학자는 천왕성보다 더 먼 곳에 천왕성 비슷한 덩치의 또 다른 행성이 있는 것 아닌가 하고 생각했다. 사람들이 아직 찾아내지는 못했지만, 꽤 큰 덩치의 어느 행성이 어딘가에 있어 중력의 힘으로 천왕성을 조금씩 당기기 때문에 천왕성의 움직임이 계산에서 어긋난 것은 아닐까? 19세기 스코틀랜드의 여성 수학자 메리 서머빌 같은 사람은 그런 추측을 제시한 대표적 인물이다.

세월이 흐르면서 과학자들은, 정말로 그런 알 수 없는 행성이 있다면 도대체 어떤 행성이 어디 즈음에 있어야 하는지 구체적으로 따져보기 시작했다. 그리고 영국과 프랑스의 과학자들은 그 계산 결과를 끼워 맞추어 하나의 결론을 냈다. 그때까지 우리가 알지 못하던 어느 행성 하나가 아주 먼 곳에 있을 가능성이 높다는 것이었다. 그중 특히 프랑스의 과학자, 위르뱅 르베리에는 1846년 자신의 계산 결과를 독일 베를린 천문대의 과학자들에게 편지로 보내면서, 정말로 그 위치에 무언가 보이는지 망원경으로 잘 살펴보라고 연락했다. 기가 막히게도 베를린 천문대에서는 편지를 받은 그날 밤, 바로 편지에서 지적한 그 위치에 희미하게 빛나는 행성 하나를 확인할 수 있었다. 그것이 바로 해왕성이다.

이와 같이 해왕성은 망원경으로 밤하늘을 두리번거리다가 우연히 발견한 행성이 아니다. 이론과 들어맞지 않는 이상한 현상을 발견하고 그것을 풀이할 수 있는 답을 고민해본 뒤에, 숫자를 계산해서 그 풀이에 들어맞는 행성이 어디에 있는지 알아낸 것이다. 눈으로 발견했다기보다는 계산으로 찾아낸 행성이다. 따라서 해왕성을 발견한 사람이 누구인지 질문한다면, 망원경으로 해왕성을 처음 확인한 베를린 천문대의 과학자들 못지않게 그 위치를 미리 계산한 프랑스의 르베리에도 중요한 인물로 이야기된다. 새로운 사실을 내다보는 과학 이론의 힘과 계산의 위력이 얼마나 멋진 것인지 증명한 일이라는 것에 많은 사람이 합의했다.

그렇기에 해왕성에는 예로부터 내려오는 전설이나 신화 같은 게 없다. 해왕성은 행성이 신비로운 기운을 가졌다거나 신령 같은 역할을 한다는 등 예스러운 생각이 이미 아주 엷어진 시대에 등장했다. 해왕성이라는 이름이 붙은 까닭도 별스러운 게 없다. 그저 유럽권에서 다른 행성들에 모두 그리스·로마 신화에 관련된 이름을 붙여왔으니, 분위기를 맞추기 위해 새로 발견된 행성에도 넵튠(Neptune)이라는 로마 신화 속 신의 이름을 붙이자고 과학자들끼리 합의해서다. 한국에서 쓰는 해왕성이란 말은 바다의 신이라는 넵튠을 번역한 한자어다.

그래도 해왕성과 관련된 재미난 문화가 아주 없지는 않다. 예를 들어 20세기 초 한국에선 '해왕성'이라는 말이

색다른 의미로 유행한 적이 있다. 지금으로부터 약 100년 전 한국의 소설 독자 중 상당수는 해왕성이라는 말에서, 복수하는 이야기나 한 번 망한 뒤 처절한 고생 끝에 짜릿하게 성공하는 이야기를 떠올렸을 것이다. 당시 이상협 작가가 소설 『몬테크리스토 백작』을 동아시아판으로 각색했는데, 그 제목이 바로 『해왕성』이었기 때문이다.

『몬테크리스토 백작』은 억울한 누명을 쓰고 망한 주인공이 몬테크리스토섬에서 큰 보물을 얻은 뒤 원수를 갚는 내용의 프랑스 소설이다. 이는 지금도 복수를 소재로 한 이야기의 모범으로 회자되고 있어 소설뿐만 아니라 영화나 뮤지컬로도 계속 제작된다. 일본에서는 진작에 『몬테크리스토 백작』을 『암굴왕』이라는 각색판으로 소개해 큰 성공을 거뒀다. 이상협 작가 또한 비슷하게 자신만의 각색판을 만들었는데, 그것이 『해왕성』이었다. 저작권에 대한 제도가 자리 잡히기 전에 볼 수 있던 독특한 소설이다.

이상협 작가는 프랑스어에는 익숙하지 않았는지, 프랑스의 원판 『몬테크리스토 백작』이 아니라 일본의 『암굴왕』 내용을 다시 한번 각색해서 『해왕성』이라는 소설을 썼다. 그런데 『해왕성』의 내용에는 재미난 특징이 있다. 일본의 『암굴왕』에는 일본 이름을 가진 등장인물들이 나오기는 하지만 사건의 배경은 원래 『몬테크리스토 백작』의 무대 그대로 프랑스와 유럽 지역이다. 하지만 이상협 작가의 『해왕성』은 아예 무대를 동아시아로 옮겼다. 주인공은 프랑스인이 아니라 중국인이고, 지중해 지역의 해변을 오가며 모험을 벌이는 것이 아니라 서해를 오가며 모험을 벌이는 것으로 내용을 바꾸었다. 보물을 찾는 섬은 몬테크리스토섬이 아니라 해왕도, 주인공의 별명 또한 그에 따라 몬테크리스토 백작이 아니라 해왕백작이 되었다.

멋지게도 이상협 작가는 소설 제목을 해왕의 별이라는 뜻인 『해왕성』이라고 붙였다. 섬이야 원래 바다에 있으니 해왕도라는 이름이 낯설지 않고, 그곳에서 주인공이 성공했으니 해왕백작이라는 별명도 자연스럽다. 그러나 제목에 뜬금없이 행성 이름이 붙은 것이다. 나는 오히려 그 이유로 오묘한 느낌이 더해졌다는 생각을 해본다. 여기서의 해왕성은, 주인공의 아득한 꿈을 상징하는 머나먼 행성 이름이라는 느낌이 드는 것이다.

해왕성은 우주를 돌아다니다가 가끔, 태양계의 먼 바깥쪽을 떠다니던 얼음덩어리를 중력으로 끌어당길 때가 있다. 현대 과학자들 중에는 그렇게 끌어당겨진 얼음덩어리가 태양을 향해 날아가면 혜성이 될 수 있다고 보는 사람도 있다. 혜성은 지구를 지나며 사람들에게 겁을 주기도 하고, 아주 가끔은 다른 행성과 충돌하며 사고를 내기도 한다. 그런 것을 보면 마치 해왕성이 가끔 복수의 혜성 폭탄을 다른 행성들을 향해 던지는 것처럼 느껴진다.

『해왕성』은 새로운 시대의 변화를 상징하는 이름이라는 생각도 해본다. 이상협 작가가 『해왕성』을 쓴 시대는 해왕성이 발견된 지 채 100년도 지나지 않은 때였다. 새로 발견된 행성에 해왕성라는 이름이 붙기도 전에 태어난 사람들이 살아있던 시대라고 말해볼 수도 있다. 그 시대에 해왕성이란 말은, 과학이 발달하지 못한 과거에 상상하기 어려웠던 새로운 문화, 첨단 기술을 상징하는 단어였을 것이다. 게다가 『해왕성』은 『몬테크리스토 백작』의 줄거리를 그대로 따르면서도 배경을 아시아로 옮겨서, 강대국들이 약소국을 침략해서 나라 잃은 민족들이 도처에 생겨나는 당시 역사의 격변을 은근히 활용했다. 그렇다면 이러한 역사의 변화도 『해왕성』이라는 제목이 가진 새로운 느낌에 맞아든다.

아쉽게도 지금 『해왕성』이라는 소설을 기억하는 사람은 드물다. 나중에 김내성 작가가 『몬테크리스토 백작』의 또 다른 한국판인 『진주탑』이라는 소설을 써서 『해왕성』보다 더 크게 성공하기도 했다. 하지만 이제 『진주탑』조차 많이 잊혔다. 일본에선 여전히 『암굴왕』이라는 제목이 『몬테크리스토 백작』의 일본판으로 통하는 것과 비교하면 옛 문화를 너무 쉽게 잊는 듯한 한국의 유행이 조금은 아쉽다는 생각도 해본다.

차디찬 태양계의 맨 끝 외진 곳에 복수를 상징하는 행성이 있다니, 멋지지 않은가? 오늘은 고달프고 힘들지만 언젠가는 멋지게 성장하겠다고 결심할 때, 보이지 않지만 분

명히 자리 잡은 밤하늘 저편의 해왕성을 향해 다짐하는 이 야기. 나는 그 이야기에 큰 매력이 있다고 생각한다.

더 먼 곳

해왕성바깥천체 – 해왕성 너머를 보는 세눈박이 기계 거인

태양에서 가장 멀리 떨어진 행성인 해왕성보다 더 먼 곳까지 가면 무엇이 나올까? 거기서 그냥 태양계가 끝나지는 않는다. 그보다 더 먼 곳에도 태양계에 속하는 물체는 많다. 너무 멀고 크기도 크지 않아 행성이라고 부르는 물체들에 비해 눈에 잘 띄지 않을 뿐이다. 지구에서 40억~50억 킬로미터 떨어진 곳에 있는 여러 물체들도 여전히 태양이 당기는 힘에 이끌려 그보다 더 멀리 벗어나지 못하고 태양을 중심으로 계속해서 빙빙 돌고 있다.

이런 아주 먼 곳에 있는 물체들을 살펴보려면 당연히 성능 좋은 망원경이 있어야 한다. 예전에는 쌍안경과 같은 원리로, 먼 곳을 확대해서 보는 렌즈가 달린 기구를 많이 사용했다. 이렇게 빛을 렌즈로 굴절시켜서 보는 것을 굴절 망원경이라고 한다. 그런데 현대의 과학자들은 굴절 망원경보다는 반사 망원경을 많이 사용한다. 반사 망원경은 물체를 확대해서 볼 수 있는 오목 거울을 이용해 먼 곳을 확대해서 보는 기구다. 그렇기 때문에 좋은 거울이 달려있을수록 반사 망원경의 성능이 좋다.

그렇다면 한국의 망원경 중 가장 큰 거울이 달린 것은 무엇일까? 한국을 대표하는 망원경이라고 할 수 있는 보현산 천문대의 1.8미터 망원경이다. 망원경에 달린 거울의 지름이 1.8미터라서 이렇게들 부른다. 돈을 많이 만져보고 싶다는 생각을 자주 한 사람이라면 자기도 모르는 사이에 이 망원경을 유심히 본 적이 있을 것이다. 만 원짜리 지폐 뒷면을 살펴보면 조선 시대의 천문 기구 옆에 현대식 망원경이 하나 그려져 있는데, 그게 바로 보현산 천문대의 1.8미터 망원경이기 때문이다.

1.8미터 망원경이면 충분한 과학 연구를 할 수 있을 만하다. 하지만 세계적인 고성능 망원경에 비하면 분명히 부족한 점이 있다. 해외에는 이미 지름 8미터가 넘는 거울을 갖춘 망원경도 설치되어 있다. 미국에서 1990년에 우주에 보낸 허블 우주망원경은 머나먼 우주 공간에 설치되어 있

었지만, 그 거울의 지름은 보현산 천문대의 망원경보다도 더 큰 2.4미터였다. 그나마 보현산 천문대의 망원경이라도 한국이 가질 수 있었던 시점은, 허블 우주망원경이 발사된 때로부터 6년이나 지난 1996년이었다. 그만큼 한국의 기술이 뒤처져 있었다는 이야기인데, 그로부터 20여 년이 흐른 2020년대에도 국내에 설치된 망원경 중에 보현산 천문대의 1.8미터 망원경보다 더 큰 반사 망원경은 없다.

그럴 수밖에 없는 이유도 있다. 우선 반사 망원경으로 먼 곳을 잘 보려면 날씨가 맑은 지역, 고도가 높은 지역에 망원경을 설치해두어야 한다. 아무리 망원경이 좋아도 하늘에 구름이 끼면 별을 볼 수가 없다. 그런데 한반도는 세계적으로 보면 비가 많이 오는 편이고 그렇게까지 높은 산도 없다. 이런 땅은 사람이 살기에 좋은 조건이지만 별을 보기에는 나쁘다. 1년 365일 구름조차 잘 끼지 않는 메마른 사막 땅에 설치된 해외 망원경 설치 장소에 비하면, 한반도는 비싸고 좋은 커다란 망원경을 힘들여 설치해도 활용하기가 너무 나쁜 곳이다.

그래도 한국 과학자들은 포기하지 않고 더 먼 곳을 볼 새로운 방법에 도전했다. 그렇게 해서 2015년 가동에 들어간 새로운 망원경이 외계 행성탐색시스템이라고도 부르는 KMTNet이다.

KMTNet은 비가 많이 오는 한국 날씨의 한계를 극복하기 위해 외국 정보의 협조를 얻어 해외에 설치한 것으로, 망원경 한 대만 사용하는 것이 아니라 세 대를 설치해서 같이 사용한다. 한 대는 남아프리카 공화국에, 한 대는 호주에, 한 대는 칠레에 설치되어 있다. 모두 한반도에서 보면 지구 반대편이라고 할 수 있는 남반구이며 해발 1,000미터 이상의 높은 지역이다. 한국에 설치된 망원경보다 밤하늘을 더 잘 볼 수 있는 위치인데다 한국에서는 아예 볼 수 없는 방향을 볼 수 있는 위치다.

게다가 망원경 세 대가 지구의 서로 다른 곳에 흩어져 있기에, 셋 중 최소한 한 대는 항상 밤하늘을 볼 수 있다. 즉 첫 번째 망원경이 설치된 지역에 해가 떠서 밤하늘을 볼 수 없게 되더라도 지구의 다른 쪽에 있는 두 번째 망원경이 있는 곳은 밤이라서 여전히 밤하늘을 볼 수 있다는 이야기이다. 옛날 영국 사람들은 영국이 정복한 땅이 넓다고 이야기하면서 대영제국에는 해가 지지 않는다는 말을 했다고 하는데 KMTNet은 반대로 해가 뜨지 않는 망원경이라고 부를 수 있겠다.

KMTNet 망원경 한 대의 거울 크기는 1.6미터다. 그렇기 때문에 단순히 크기만 따지면 보현산 천문대의 망원경보다도 작다. 그렇지만 KMTNet은 밤하늘의 넓은 구역을 한꺼번에 동시에 관찰하는데 특화되어 있고, 24시간 세 대의 망원경을 같이 활용할 수 있다는 장점이 있기 때문에 세계의 어지간한 망원경으로는 관찰하기 어려운 현상을 잘 찾아낼 수 있을 것으로 기대된다. 아닌 게 아니라 2015년 이후 KMTNet은 여러 가지 재미난 현상들을 포착해냈다.

그중에서도 2022년 6월에는 KMTNet을 이용해 해왕성보다 먼 곳, 태양계의 변두리를 관찰해 새로운 물체를 여럿 발견했다는 보도가 나왔다. 이때 발견된 것 중에는 지구에서 300억 킬로미터 거리의 먼 곳까지 떠가는 얼음덩어리 비슷해 보이는 물체도 하나 있었다. 이 물체는 2022년 발견돼 2022 GV6라는 기호가 붙었다. 2022 GV6는 태양에서 아주 멀리 떨어져 있기에 기나긴 세월이 흘러야 태양을 겨우 한 바퀴 돌게 된다.

대략 1,500년 정도는 걸릴 것으로 추정된다는데, 연구원들은 한 바퀴 도는 데 너무 오래 걸린다고 해서 거북이라는 별명을 붙여주었다고 한다. 한국의 산에 오르다 보면 곳곳에 거북바위라고 이름 붙은 바위들이 있는데, 2022 GV6를 우주의 거북바위라고도 할 수 있겠다.

이렇게 해왕성보다 먼 곳을 돌아다니는 얼음덩어리나 돌덩어리 따위를 흔히 해왕성바깥천체 또는 영문 약자로 TNO(Trans Neptunian Object)라고 부른다. 한국 과학자들이

2022년 6월 확인한 TNO는 26개나 되었다. 3년간 전 세계에서 인정된 해왕성바깥천체 개수가 86개라는데, 26개면 한국 혼자서 3분의 1 정도를 확인한 셈이다. 과거에 천왕성과 해왕성을 처음 발견하는 일은 유럽 학자들끼리 했다. 그러나 21세기에 들어 해왕성보다 더 먼 곳에 어떤 물체가 있는지 찾아내는 데는 한국의 KMTNet이 훌륭한 역할을 한다고 말할 만하다.

우리는 눈을 감지 않는 KMTNet.
해왕성 바깥에서 우리가 찾은 천체 개수가 세계 1등이라고!

20세기 초에는 해왕성바깥천체 중에서 명왕성이라는 것이 발견되어, 한동안 명왕성을 해왕성보다 더 먼 곳에 있는 태양계의 아홉 번째 행성으로 치기도 했다. 그래서 1930년

대부터 2000년대 중반까지 대략 70년간 학교에서는 태양계에 총 아홉 개의 행성이 있다고 가르쳤다.

그런데 21세기에 명왕성과 비슷한 다른 해왕성바깥천체들이 속속 발견되면서, 명왕성을 행성이라고 부르기에는 그 비슷한 다른 물체가 너무 많은 것 같다는 의견이 설득력을 얻게 되었다. 만약 명왕성도 행성이라고 부른다면 다른 물체도 행성이라고 불러야 한다. 그렇게 되면 태양계의 행성은 아홉 개가 아니라 쉰 개, 백 개라고 해야 할지도 모른다. 그런 식으로 만약 사람들이 명왕성을 계속 아홉 번째 행성으로 취급했다면 언젠가는 한국 학자들이 KMTNet을 이용해 스무 번째 행성, 쉰 번째 행성을 찾아냈다고 발표하는 날도 왔을 것이다.

게다가 예전부터 명왕성이 다른 여덟 개 행성들과 너무 달라 보인다는 지적이 있어왔다. 명왕성은 너무 조그마한 크기여서 지구에 딸려있는 위성인 달보다 더 작은 데다 명왕성이 태양을 돌며 움직이는 각도도 다른 행성들과는 다르다. 또한 다른 행성들이 태양을 중심으로 차례대로 배치되어 있는 것과 달리 명왕성은 가끔씩 해왕성보다 태양에 더 가까이 다가오기도 했다가 다시 멀어지는 이상한 움직임을 보인다. 결국 2006년 국제천문연맹회의에서 세계 학자들의 찬반 투표로 명왕성은 행성이 아닌 것으로 취급하기로 결정되었다. 그 결과 지금은 태양계에 아홉 개가 아닌 여덟 개의 행성이 있는 것으로 전 세계 교과서가 수정되었다.

명왕성 같은 해왕성바깥천체들이 있는 구역 중에는 작은 물체들이 강강술래하듯 줄지어 돌아다니는 곳도 있다. 태양계의 후미진 곳인 이 지역에는 수백, 수천 개의 얼음덩어리들이 떼 지어 움직이고 있다. 이 지역을 카이퍼벨트라고 부른다. 이런 지역이 있을 거라고 과거에 예상했던 사람의 이름을 딴 말이다.

카이퍼벨트의 얼음덩어리 같은 물체들 가운데, 어쩌다 가끔 길을 잘못 들어 카이퍼벨트를 한참 벗어나 지구 근방 방향으로 날아오는 것들이 있다. 이것을 지구에서 바라보면 꼬리를 늘어뜨리고 궤도를 그리며 움직이는 혜성으로 보이기도 한다. 그렇기에 흔히 카이퍼벨트를 혜성의 고향이라고도 부른다.

미래에는 그 머나먼 해왕성 바깥의 차가운 구역에서 언제 어떻게 혜성이 탄생해 어떤 식으로 지구를 향해 오는지 보다 많은 것을 정확하게 알아낼 수 있는 날이 올지도 모른다. 그런 다양한 과학의 발전을 준비하며, KMTNet은 1.6미터 커다란 눈동자 세 개로 우주의 머나먼 저편을 바라보며 자료를 모으는 중이다. 마치 밤낮 쉬지 않고 눈동자를 빛내며 하늘을 바라보는 세눈박이 기계 거인과도 같다.

혜성_장보고의 마력

혜성이라고 하면 예로부터 별 같은 것이 긴 꼬리 모양을 빛내며 밤하늘에 나타나는 현상을 일컫는 말이다. 옛사람들은 혜성을 굉장히 이상한 현상으로 여겼다. 모양부터 괴상한 데다가 무엇보다 난데없이 문득 등장한다는 점을 두렵게 생각했다. 대부분 별은 계절에 맞춰 일정한 규칙에 따라 뜨고 진다. 행성은 그보다 움직임이 훨씬 복잡하지만, 그래도 나름의 규칙을 가진다. 하지만 혜성은 전에는 눈에 띄지 않던 게 어느 날 갑자기 출현하는 것처럼 보인다. 그러니 하늘에 무슨 큰일이 난 듯 느꼈을 것이다. 갑자기 인기를 얻은 신인 가수를 '혜성처럼 나타났다.'라고 빗대 말하는 것도 그 때문이다.

과학이 발달하면서 사람들은 혜성도 규칙에 따라 나타난다는 것을 알게 되었다. 다만 그 규칙을 눈치채기가 쉽지 않을 뿐이다. 예를 들어 핼리 혜성은 약 76년마다 규칙적으로 나타났다가 물러간다. 혜성이 딱히 더 신비롭고 이상한 기운을 품고 있는 것도 아니다. 혜성은 얼음과 함께 돌, 흙 따위가 엉켜있는 지저분한 덩어리다. 핼리 혜성 역시 대략 산 하나 정도 크기의 덩어리가 우주를 날아다니는 것일 뿐이다.

특이한 점을 찾아본다면 보통 행성들은 태양 주위를 거의 둥글게 돌고 있지만, 혜성은 저 멀리 해왕성 바깥의 차디찬 곳에서부터 지구 주변의 따뜻한 지역까지 무척 먼 거리를 오락가락하며 움직인다는 점 정도다. 상당수 혜성은 마치 태양계 가운데를 가로지르듯 날아가며 태양에 굉장히 가까워지기도 멀어지기도 한다. 그러다 보니, 따뜻한 곳에 왔을 때는 햇빛을 받아 혜성의 얼음 부분이 녹아내리고 일부는 끓어오르기도 한다. 그렇게 격렬한 반응을 일으키니까 먼지 따위가 같이 부서져 내리고 흩뿌려지는 바람에 기다란 꼬리 모양이 생긴다.

옛사람들은 혜성이 몇십 년이라는 아주 긴 세월에 걸친 규칙을 가지고 정기적으로 활동한다고는 미처 생각하지 못했다. 그 이상한 꼬리 모양이 왜 생기는 줄도 몰랐다. 그러다 보니 혜성은 어디선가 갑자기 나타나는 알 수 없는 것이라고만 여겼다. 그 탓에 혜성이라고 하면 큰 재난이나 무언가 나쁜 일이 일어날 징조라고 생각했다.

안상현 박사의 저서 『우리 혜성 이야기』에 실린 이야기로, 한국 역사는 그 시작부터가 혜성과 관계 깊다는 것이 있다. 중국의 역사책 『사기』에는 고조선 시대에는 중국 한나라의 공격을 받아 우거왕이 다스리던 고조선 도성이 함락되었다는 내용이 나와있다. 이것이 중국의 공식 역사 기록 중 한반도의 역사가 별도 항목으로 분류되어 서술된 가장 오래된 사례다. 그런데 마침 『사기』의 일부분인 〈천관서〉를 보면 고조선이 망할 때 혜성이 나타났다는 기록이 함께 나와 있다. 중국 역사책의 시선에서 한국사의 첫 번째 멸망은 혜성과 함께였다.

혜성을 불길하게 여기는 이야기는 한국사에도 종종 보인다. 예를 들어 신라의 향가인 〈혜성가〉가 있다. 이 노래는 혜성이 갑자기 출현하는 바람에 사람들이 혹시 무슨 난리가 날까 싶어 겁을 먹는 바람에, 월정사라는 사람이 혜성에게 물러가라고 빌기 위해 만든 것이다.

과학이 상당히 발달한 뒤에도 혜성은 한동안 불길한 느낌, 무서운 느낌을 주었다. 이런 느낌은 한국인뿐만 아니라 유럽인이나 미국인에게도 마찬가지였다. 혜성이 아주 드물게 나타나는 것이고 때로는 지구에 가까이 다가올 수도 있다는 사실이 알려진 뒤에는, 그렇게 낯선 물체가 가까이 오면 지구에 나쁜 영향을 미칠 수도 있다는 소문이 돌기도 했다. 최악의 경우 혜성이 지구와 충돌해 지구가 멸망할 수 있다고 상상하는 사람들도 있었다.

1910년, 핼리 혜성이 지구에 다시 출현했을 때 벌어진 소동은 비교적 여러 매체를 통해 잘 알려져 있다. 당시 핼리 혜성을 정밀 관찰한 결과, 혜성에 상당히 독특한 성분의 물질이 섞여있다는 학설이 나왔다. 나중에는 그 물질에 굉장한 독성이 들어있을지 모른다고 걱정하는 사람들도 생겼다. 심지어 사이안화 포타슘, 흔히 청산가리라고 부르는 물질과 비슷한 현상을 일으키는 것이 핼리 혜성에 섞여있다는 말까지 나왔다.

결국 혜성이 지나가면서 그 꼬리를 지구에 드리우면 지구 곳곳에 그 독성 성분이 쏟아져 내릴 것이고, 수많은 생명체가 몰살당할 거라는 지구종말론이 돌기 시작했다. 겁먹은 사람들을 노리고 핼리 혜성이 지나갈 때 버티려면 독성 물질을 막을 수 있는 우산을 사라고 하거나 방독면 같은 장비를 준비해두라는 장사꾼들이 극성을 부리기도 했다.

물론 1910년에 지구가 멸망하는 일은 전혀 일어나지 않았다. 하지만 혜성이 그 정도로 많은 사람에게 큰 공포의 대상이었다는 기록은 명확히 남았다.

옛사람들 중에도 혜성을 겁내지 않은 자들이 있었다. 옛 한국인 중에는 오히려 혜성을 행운의 상징으로 역이용한 사람도 있었다. 나는 혜성과 관련해 가장 화려한 일화를 남긴 인물 한 명을 꼽아보고 싶다. 바로 바다의 왕자라는 별명으로도 친근한 신라의 장보고다.

서기 838년, 당시 신라는 임금 자리를 놓고 진골 가문의 세력가들이 서로 피 튀기는 다툼을 벌이고 있었다. 특히 이 시기에는 김명과 김우징, 두 사람의 대결이 치열했다. 다툼 끝에 김명에게 밀린 김우징은 복수를 다짐하며 바닷가 지역으로 도망쳤다. 그는 바다에서 세력을 키운 장보고의 도움을 받아 김명을 몰아내리라 생각한다.

그러나 아무리 장보고가 바다의 왕자라고 해도 무역으로 성공한 인물일 뿐이었다. 장보고가 칼과 활을 다루는 부하들을 꽤 거느리고 있었지만 그 숫자가 그렇게 많지도 않았다. 게다가 장보고는 가난하고 미천한 신분 출신이었다. 골품제 신라 사회에선 미천한 출신이라고 하면 얕보고 따르지 않는 사람이 많아 군사를 거느리고 지휘하기가 더욱 어려웠다. 그에 비해 김우징의 상대인 김명은 신라의 궁궐과 경주를 차지한 채 자신이 신라의 임금이라 주장했고, 그 덕분에 대단히 많은 병력을 거느리고 있었다.

그런데 어느 날 밤, 하늘에 혜성이 등장했다. 아마 그 혜성을 본 많은 신라인이 겁에 질렸을 것이다. 그러나 장보고는 병사들 사이에 자신감 있게 다른 의견을 퍼뜨렸다.

"혜성은 세상이 변혁한다, 즉 뒤집힌다는 뜻이다."

경주를 차지한 김명을 몰아내야 하는 김우징과 장보고 입장에서, 세상이 뒤집힌다는 이야기는 자신들이 뒤집기에 성공해 이긴다는 뜻이라고 풀이한 것이다. 다들 혜성을 보고 덜덜 떨 때, 오히려 장보고의 부하들은 큰 용기를 얻었다. 『삼국사기』에서는 이 장면을 설명하며, 혜성을 보고 서로 축하의 말을 건넬 정도였다고 했다.

결국 장보고는 얼마 뒤 신라의 경주로 쳐들어간다. 이때 장보고의 군대는 5,000명이 조금 넘는 규모였는데, 지금의 대구 지역에서 김명이 이끄는 10만 명에 달하는 어마어마한 병력을 만났다. 하지만 사기가 오른 장보고 군대는 승리를 거두고야 만다. 장보고는 신라 최고의 영웅으로 이름을 드높이게 되고, 장보고를 믿은 김우징 역시 복수에 성공해 김명을 몰아내고 임금 자리를 차지한다.

이 이야기를 놓고 보면, 혜성은 세상 모든 사람에게 공포의 별이었지만 자신만만한 장보고에게는 자신을 영웅으로 만들어준 별이었다고 할 수 있다. 아마도 장보고는 '바다

같은 것을 보고도 누군가는 불운으로, 다른 누군가는 행운으로 이용한다.
오늘밤 혜성이 떨어진다면, 당신의 선택은?

의 왕자'라는 별명에 걸맞게 젊은 시절 낯선 바다를 혼자 힘으로 개척하고 온갖 고정관념을 깨면서 길을 뚫어야 했을 것이다. 그리고 그 시절에는 밤하늘의 별을 보며 수없이 방향을 잡아본 경험도 있을 것이다. 그런 경험 덕분에 장보고는 예로부터 내려오는 잡다한 미신 중 별로 믿을 만한 게 없다는 점을 깨달았고, 그래서 혜성을 보고도 그렇게 용기를 낸 것 아닐까?

최근의 과학 연구 결과에서는, 마침 장보고의 생각처럼 혜성을 좋은 역할로 추정하는 이야기들이 자주 보이는 편이다. 예를 들어 혜성은 얼음덩어리이기 때문에 수분이 많은 물체이고 다른 독특한 성분도 꽤 많이 포함되어 있다. 그래서 학자들 중에는 먼 옛날 지구에 충돌한 혜성들이 메마른 지구 위에 물을 끼얹어주었고 생명의 재료가 될 수 있는 물질을 지구의 땅 위에 퍼부어주기도 했을 것으로 본다.

2016년에 유럽의 로제타 탐사선은 혜성에서 글리신이라는 성분을 발견했다. 글리신은 아미노산 영양제의 성분이기도 하다. 몇몇 과학자들은 먼 옛날 여러 혜성이 지구에 떨어지는 바람에 다양한 성분이 풍부해져 지구에 생명체가 탄생하는 데 도움을 주었을 가능성이 있다고 본다. 혜성이 지구에 오면서 영양제를 뿌려주었다는 뜻이다.

하늘에서 떨어진 혜성 때문에 지구에 생명이 탄생했고, 우리가 모두 혜성의 자손이라고도 할 수 있다는 것은 신기하게 들린다. 그러나 아직 생명의 탄생 과정은 덜 밝혀진 점이 많기에 쉽게 단정하기는 조금 이른 상상인 듯하다. 그러나 최소한 장보고의 용기처럼 혜성을 딱히 불길한 것으로 여길 필요가 없다는 것 정도는 과학이 확실하게 밝혀냈다.

태양계를 살펴보면 지구나 화성같이 제법 널찍한 행성 말고도 그보다 훨씬 작은 돌덩이 같은 것들 또한 우주 이곳 저곳을 떠다니고 있다. 개중에 크기가 큰 것은 커다란 산 하나 정도의 덩치인 것도 있고, 작은 것은 빌딩이나 바위만 한 것도 있다. 이런 물체를 흔히 소행성이라고 한다. 소행성은 화성과 목성 사이의 우주 공간에 특히 많이 몰려있다. 그래서 그곳을 소행성 벨트, 소행성대라고 부른다. 소행성이라고 하면 대개 소행성대에 있는 돌덩어리를 말한다.

SF 영화에서 소행성대라고 하면 바윗덩어리들이 지뢰밭처럼 우주를 가득 채우며 떠다니고, 우주선이 그 사이로 빠져나가려다가 조종하기 힘들다며 괴로워하는 장면이 자주 나온다. 그러나 소행성들이 많이 모여있는 소행성대라고 해도 그렇게까지 빽빽이 붙어있는 것은 아니다. 가깝게 접근해 있다고 해도 대개 소행성 사이의 거리는 킬로미터 단위로 따져야 하는 것이 보통이다. 그 정도면 운전을 잘 못하는 사람이 우주선 조종을 하더라도 그 사이를 빠져나가기 별로 어렵지는 않을 것이다. 차라리 붐비는 서울 강남의 도로에서 자동차 운전을 하는 것이 더 어려울 듯하다.

그렇지만 소행성은 여전히 그럴듯한 SF의 소재가 될 수 있다. 워낙 소행성 수가 많으니 간혹 그중 떠다니던 위치가 틀어져 엉뚱한 방향으로 움직이는 것이 생길 수도 있지 않겠는가? 그래서 어쩌다 우연히 특이한 소행성이 지구 근처까지 날아오게 됐다고 생각해 보자. 그러면 혹시 그렇게 길을 잘못 들어선 소행성이 지구에 부딪힐 수도 있지 않을까?

그런 일은 실제로 간혹 일어난다. 큰 소행성이 지구에 떨어지면 심각한 피해가 발생할 수도 있다. 6,600만 년 전 몇백 킬로미터 정도의 제법 큰 소행성이 지금의 미국과 멕시코 사이 지역에 떨어진 유명한 사례가 있다. 바로 그 때문에 큰 재난이 발생해 대부분의 공룡이 멸종했다는 것이 현재 과학자들이 가장 가능성이 높다고 보는 공룡 멸종의 이유다.

　이런 이야기는 SF 작가들 사이에서도 인기가 있다. 소행성이 충돌해 지구가 멸망한다는 보고가 들어와 전 세계적인 난리가 난다거나, 지구에 충돌하려는 소행성이 있는데 거기에 특수 부대가 탄 우주선을 보내 핵폭탄으로 파괴한다는 내용의 SF는 여러 나라에서 그간 많이 나왔다. 그러고 보면 1999년 무렵에는 세계 곳곳에서 소행성 충돌로 지구가 멸망한다는 헛소문을 내는 사람들이나 사이비 종교의 교주도 등장한 것 같다.

　막연히 종말론을 떠들어대는 사람들과 달리, 진지하게 소행성 충돌의 위협과 그 대처를 위해 연구하는 사람들도 있다. SF 영화에는 소행성이 충돌해 지구가 멸망하는 이야기만 자주 나온다. 그러나 실제로 일어날 가능성이 훨씬 높은 사건은 지구를 멸망시킬 정도는 아니지만 동네 하나 정도는 파괴할 만한 작은 크기 소행성이 떨어지는 것이다. 이런 사건의 흔적은 세계 곳곳에 생생하게 남아있다. 우주에서 떨어진 물체 때문에 움푹 파인 구덩이 같은 자국이 생긴 지형을 보통 '크레이터' 또는 '운석 충돌공' 등으로 부른다. 가깝게는 경남 합천의 초계 분지가 좋은 예시다.

　합천의 초계 분지는 주위가 산으로 둘러싸여 있고 그 중앙은 낮고 평평한 모습을 하고 있다. 지름 7킬로미터 정도인 공간으로, 산이 많은 한국에서는 찾아보기 어렵지 않은 흔한 땅 모양이다. 그렇지만 합천의 이 지역에서 몇 가지 독특한 점을 발견한 학자들이 있다. 그러다가 2020년대에 들어 이곳은 비슷한 땅 모양의 다른 지역들과 달리, 하늘에서 작달막한 소행성이 떨어지는 바람에 구덩이가 생겨 이런 모양이 되었다는 학설이 인정받았다. 동아시아에 이런 흔적은 많지 않다. 한국·중국·일본을 통틀어 두 번째로 발견된 충돌 흔적이다.

아마도 지금으로부터 5만 년 전쯤, 고층 빌딩 크기의 돌덩어리가 하늘에서 추락해 충돌하는 바람에 지상의 산들이 박살 나면서 지금과 같은 땅 모양이 생겼을 것이다. 5만 년 전이면 한반도에는 구석기 시대 사람들이 살고 있었다. 그 먼 옛날의 한국인은 갑자기 하늘에서 시작된 엄청난 재난 때문에 경남 서쪽 지역의 땅이 온통 뒤흔들리는 장면을 목격했을 것이다.

만약 혹시라도 현대에 이런 일이 또 벌어진다면 그 피해는 막심할 것이다. 그렇기 때문에 현재 세계 각국에서는 지구 근처의 우주를 항상 감시하며 혹시 지구로 떨어질 만한 큰 덩어리가 있는지 관찰한다. 한국에도 NSSAO, 혹은 우주환경감시기관이라는 곳이 있어서 지구 근처에 소행성 따위가 나타나 지구에 떨어질 가능성이 있는지, 만약 떨어진다면 한국에 떨어지지는 않을지를 각종 망원경과 레이더를 이용해 관찰하고 추적하는 중이다.

이곳에서는 소행성뿐만 아니라 고장 난 인공위성이나 우주선 부품 따위가 지구에 떨어져서 피해를 입힐 가능성도 두루두루 살펴보고 있다. 혹시라도 무언가 묵직한 것이 떨어져 어느 동네 사람들이 피해를 입을 것 같아 보이면, 미리미리 대피하라고 알려주는 것이 우주환경감시기관의 가장 중요한 임무다. 즉, 이곳이야말로 우주에서 지구로 오는 위협을 방어하기 위한 정부 기관인 셈이다. 영화를 보면 지구방위대는 특수요원들이 지키는 지하 비밀 기지 같은 곳에 숨겨져 있는데, 한국의 우주환경감시기관은 대전 대덕대로 776의 다소 평범한 사무실에 자리 잡고 있다. 이런 과학자들의 활동은 종말론과는 다르게, 작은 위협이라도 일상적으로 대비하는 모습이다.

그렇다면 소행성대에는 도대체 왜 이렇게 많은 소행성이 떠다니는 것일까? SF 작가들이 꽤나 좋아한 이야기가 있다. 먼 옛날 그 위치에 화성 비슷한 행성이 하나 있었는데, 외계인들이 벌인 전쟁 때문에 그 행성이 박살 나고 파편이 흩어져 소행성이 되었다는 이야기이다. 예를 들어 과학을 소재로 재미난 상상을 잘하는 원종우 작가가 이런 소재를 활용한 이야기로 상당히 인기를 끌기도 했다.

실제로 학자들이 연구해 본 결과에 따르면 행성이 부서지는 바람에 소행성들로 쪼개진 것이라기보다는, 반대로 뭉치면 행성이 될 수 있었던 재료들이 충분히 못 뭉치고 그대로 남아있는 바람에 흩어져 있는 것이 소행성대일 가능성이 높다고 한다.

　　그렇다고 해서 싱겁고 재미없는 이야기가 된 것은 아니다. 소행성대의 소행성을 살펴보는 일은 먼 옛날 지구 같은 행성이 탄생하던 시기에 그 원재료가 어떤 모습이었는지 알아보는 것이나 마찬가지다. 우리가 사는 지구가 어떤 성분으로 되어있고 지구의 땅이 어떻게 변화해가는지 정확히 알기 위해서는 멀리 수천만 킬로미터 거리의 우주 한복판에서 날아다니는 바위들도 조사해 볼 필요가 있다.

　　그렇기 때문에 소행성 연구는 많은 나라에서 탐내는 주제다. 예를 들어 2029년경 아포피스라는 소행성 하나가 지구에 매우 가깝게 다가올 것이라는 연구 결과가 발표되자, 과학자들은 많은 관심을 가졌다. 소행성이 지구에 가깝게 다가온다니 충돌할까 봐 겁낸 것일까? 그렇지 않다. 도리어 과학자들은 역발상으로 이참에 가까이서 소행성을 관찰해 보려고 했다.

　　아포피스가 지구에 가장 가까이 다가올 때는 무척 가까워진다. 어느 정도인가 하면 한국에서 일기예보를 위해 사용하는 천리안 인공위성이 떠있는 위치보다도 더 가까울 것이라고 한다. 이 정도 거리에 다가가 탐사하는 우주선이라면 한국에서도 충분히 개발해 볼 수 있지 않을까? 한국은 인공위성을 여러 번 만들어보지 않았나? 2022년, 국내 과학자들도 아포피스 탐사장비를 개발해 우주에 보내겠다는 구상을 발표했다. 그러나 아쉽게도 그 구상은 예산 심사 대상에서 탈락하고 말았다. 아마도 실제 아포피스 탐사는 일본·중국·미국 학자들 손으로 이루어지지 않을까 싶다.

최근 해외에서는 아예 멀리 떨어진 소행성에 우주선을 보내고 소행성에서 금속 성분을 채굴해 지구에 들고와 판매하겠다는 계획을 발표하는 회사도 등장했다. 소행성 중에는 지구에서 비싼 값에 팔리는 성분을 포함한 것도 있기 때문이다. 16프시케라는 소행성에는 금, 백금 성분이 많이 포함되어 있다고 한다. 그래서 국내 언론에선 이곳을 노다지 소행성이라고 소개하는 기사를 내기도 했다.

노다지 소행성에서 금을 캐오는 일은 냉정하게 보면 상당히 먼 미래에야 현실이 될 것이다. 하지만 소행성 연구로 좋은 성과를 내보자는 생각 자체에는 더 많은 관심을 가져야 한다고 본다.

따지고 보면 한국인들이야말로 소행성 때문에 대대로 큰 이득을 본 사람들이다. 옛 한국의 합천 사람들은 소행성

이 떨어진 곳이라고 그저 두려워 울고불고하지 않았다. 오히려 평지로 변해버린 그 땅을 개척해 수천 년 동안 그 자리에서 논밭을 일구고 농사를 지으며 살았다. 할리우드 영화에서는 소행성이 지구 멸망의 원인이지만, 한국에서는 소행성이 산골짜기 땅을 평평한 논밭으로 바꿔준 덕택에, 긴 세월 많은 사람들을 먹고살게 해주었다는 이야기이다.

사람이 일상에서 경험하는 거리에 비하면 태양계는 대단히 넓은 곳이다. 지구에 있는 도시끼리는 아무리 멀리 떨어져 있다고 해도 2만 킬로미터 정도다. 서울에서 아르헨티나 부에노스아이레스까지의 거리는 비행기를 타고 이틀쯤 날아가야 할 정도지만, 그래도 2만 킬로미터가 채 안 된다. 그러나 우주는 다르다. 지구에서 달까지의 거리는 약 38만 킬로미터다. 이 거리는 서울~부에노스아이레스의 20배에 가깝다. 최고 성능의 우주선을 타고 날아가도 도착하는 데는 3일에 가까운 시간이 걸린다. 지구에서 화성까지는 그보다 훨씬 멀어 5,000만 킬로미터 이상 떨어져 있다. 지구에서 달까지 간 우주선의 속력으로 날아간다면 1년은 걸릴 거리다.

그나마 화성은 지구에서 가까운 곳이다. 태양계에서 가장 멀리 떨어져 있는 행성인 해왕성은 지구에서 40억 킬로미터 이상 떨어져 있다. 지구에서 달까지 간 우주선의 속력으로 80년을 꼬박 날아가야 하는 어마어마한 거리다. 게다가 해왕성바깥천체, 카이퍼벨트의 얼음덩어리들이 있는 곳은 훨씬 더 멀다. 한국 연구팀이 KMTNet 망원경을 이용해 발견한 2022 GV6는 아주 먼데, 별명으로 거북이라고도 불리는 이곳과 지구의 거리는 200억 킬로미터 이상으로 멀어질 때도 있다. 지구에서 달까지 날아간 우주선의 속력으로 줄기차게 날아도 거북이에 도착하려면 장장 400년이라는 기나긴 세월이 필요하다.

그렇다면 이런 태양계의 먼 지역엔 도저히 닿을 수 없는 걸까? 그렇지는 않다. 과학자들은 갖가지 기술을 총동원해, 이 정도로 먼 곳에 사람 대신 날아가 주변을 관찰할 수 있는 기계장치를 우주선에 실어 보낸다. 가장 유명한 탐사선으로는 1977년 미국에서 발사된 보이저 1호와 보이저 2호, 두 대의 우주선이 있다.

보이저 우주선들은 시속 7만 킬로미터 이상의 속력으로 날아간다. 단 1초 만에 20킬로미터 이상의 거리를 이동하는 무시무시한 빠르기다. 총알보다 훨씬 더 빠르다. 이런 엄청난 속력을 얻기란 쉽지 않다. 단순히 우주선에 강력한 엔진을 달고 연료를 많이 싣는다고 쉽게 이런 속력에 도달할 수는 없다. 무턱대고 큰 엔진에 연료를 많이 실어놓으면 그 무게 때문에 지구에서 떠오르는 것부터 너무 어렵다. 이래서야 우주로 나갈 수가 없다.

게다가 이런 먼 여정에는 다른 어려운 점도 많다. 우주선이 날아가다 보면 자칫 목성이나 토성처럼 덩치가 크고 끌어당기는 중력이 센 행성에 너무 가까이 가서 그 힘에 휘말릴 수 있다. 그렇게 되면 우주선이 그 행성에 추락해버릴 수도 있다. 만약 그런 일이 생기면 우주선은 허망하게 박살 날 것이다. 이를 피하려면 우주선이 날아가는 방향도 잘 조절해야 한다.

재미있게도 보이저 우주선은 이런 위험을 역으로 활용해서 속력을 높이는 교묘한 방법으로 활용했다. 그 방법은 다음과 같다.

우선 보이저 우주선은 일부러 목성 같은 행성을 향해서 겁 없이 가까이 다가간다. 그러다 보면 우주선은 곧 목성을 향해 추락하는 것처럼 움직이게 된다. 추락하듯 떨어지다 보면 자연히 속력은 점점 더 빨라진다. 이때 방향과 각도를 잘 조절해, 정말로 추락하지는 않고 살짝 빗겨나가도록 한다. 우주선이 부딪힐 듯하다가 부딪히지 않고 목성 주변을 멀리 벗어나게 만들 수 있다.

이렇게 하면 추락하는 힘을 이용해서 연료 없이 공짜로 속력이 빨라지게 할 수 있다. 비슷한 원리로, 연료를 사용하지 않고 다른 행성의 중력을 이용해 우주선이 움직이는 방향을 바꿀 수도 있다. 이런 방식을 흔히 영어로 스윙 바이(swing by)라고 부른다. 야구에서 헛스윙을 하면 공을 제대로 맞히지 못해 스트라이크가 하나 추가될 뿐이다. 그러나 우주선은 일부러 정확하게 맞지 않고 살짝 빗겨나가도록 하는 방법을 사용해 추락은 피하면서 추락하듯 빨라지는 속력만 얻어낸다.

보이저는 이런 갖가지 방법들을 총동원해, 현재 사람이 개발한 모든 기계 장치 중 가장 먼 곳까지 날아가는 데 성공했다. 보이저 2호는 목성·토성·천왕성·해왕성 주변을 모두 지나며 자세히 관찰하고 사진을 찍었다. 쉬운 일만은 아니었다. 대단히 빠른 속력으로 날았다고는 하지만 그래도 보이저 2호가 해왕성과 같이 먼 곳에 도착한 것은 1989년이다 되어서였다. 꼬박 12년 동안 밤낮없이 검은 우주 공간을 항해한 끝에 겨우 목적지에 도달한 것이다. 보이저 1호와 보이저 2호는 발사 40년이 훌쩍 지난 지금까지도 최소한의 기능이 작동된다. 그래서 지금도 두 우주선에 실린 기계는 요즘도 가끔 지구와 통신 중이다.

보이저 우주선은 결국 태양계 너머 다른 별의 가까운 구역까지도 날아갈 것이다. 세월이 지나면 우주선의 기능이 모두 멈추고 장치들은 부서질 것이다. 그런데 설령 그렇게 낡는다고 해도, 넓은 우주에는 딱히 가로막는 것이 없으므로 몇천 년, 몇만 년 동안도 계속 우주를 떠다닐 수 있다.

보이저 우주선에는 골든 레코드라는 금속판을 하나 붙여뒀다. 오랜 세월이 지나도 변질되지 않는 금에다 중요한 내용을 새겨, 먼 세월이 지나도 알아볼 수 있는 모양을 남겨둔 것이다.

한쪽에는 사람의 모습과 지구 위치를 표현한 기호를 새겨뒀고, 다른 쪽엔 LP 음반을 만드는 방식으로 음악과 사람 목소리를 기록해뒀다. 골든 레코드는 운이 좋으면 10억 년도 버틸 수 있다고 한다. 몇만 년, 몇백만 년이 흐른 뒤 먼 미래에 우주의 아주 먼 지역까지 날아간 보이저 우주선이 혹시 어느 별 근처를 지날 때, 외계인이 우연히 살펴볼 확률도 약간은 있지 않을까 상상하게 만든다.

보통 골든 레코드라고 하면 어떤 가수가 남긴 인기곡만 모아 놓은 음반을 말하는 경우가 많다. 그런데 보이저 우주선에 달린 골든 레코드는 정말로 만드는 데 재료로 금을 사용한 음반이다. 기록된 음악에는 모차르트나 바흐의 음악도 있고 미국 가수 척 베리가 부른 <Johnny B. Goode> 같은

로큰롤 곡도 있다. 그 밖에 세계 각국의 언어로 인사를 하는 목소리들도 녹음되어 있다. 그중에는 한국어로 "안녕하세요."라고 말하는 소리도 포함되어 있는데, 국내 일간지의 기사에 따르면 이 목소리를 녹음한 사람은 신순희라는 분이라고 한다. 지금도 사람이 보낸 물체 중 가장 먼 우주로 날아가고 있는 "안녕하세요."라는 그 인사말을 녹음하신 신순희 선생이 어떤 분이신지, 지금은 어디에 계신지에 대한 정보는 더 이상 알려진 바가 없다. 이런 사실은 돌아보면 참 안타깝다.

현재 보이저 우주선은 태양의 영향이 미치는 영역에서 상당히 많이 벗어난 곳을 날아가는 중이다. 태양은 열과 빛 그리고 태양풍이라고도 부르는 전기 띤 물질 부스러기를 내 뿜는다. 태양에서 멀리 떨어진 곳으로 가면 갈수록, 태양 때 문에 생기는 전기 효과는 점점 약해질 것이다.

그러다가 대략 태양에서 180억 킬로미터 떨어진 곳까 지 방향을 맞춰 날아가면, 태양 때문에 생기는 전기 효과와 함께 다른 별로부터 비롯된 전기 효과의 영향이 꽤나 잘 측 정되기 시작한다. 이 구역을 태양권계면이라고 부른다.

그리고 보통 태양권계면을 지나면 그때부터의 공간을 성간공간이라고 부른다. 태양이 영향을 미치는 지역과 다른 별이 영향을 미치는 지역 사이의 공간, 즉 별과 별 사이의 망망한 우주 공간이라는 뜻이다. 성간공간을 영어로는 '인 터스텔라 스페이스(interstellar space)'라고 하는데, 영화 제목인 〈인터스텔라〉 역시 같은 뿌리에서 나온 말이다.

보이저 우주선들은 이미 2010년대에 태양권계면 지역 을 돌파해 성간공간에 진입했다고 보고했다.

그러면 성간공간까지만 가면 거기서부터는 태양과는 아무 상관이 없는 곳일까? 그렇지는 않다. 과학자들은 태양 으로부터 굉장히 멀리 떨어진 곳에도 얼음덩어리들이 띄엄

띄엄 흩어진 채 태양계 바깥 지역을 감싸듯 돌아다니는 구역이 있을 것으로 추측하고 있다. 이 지역을 오르트 구름이라고 부른다.

오르트 구름은 해왕성보다 멀다는 카이퍼벨트보다도 더 멀고 낯선 지역까지 펼쳐져 있다. 오르트 구름을 떠돌아다니는 얼음덩어리들은, 가끔 길을 잃고 엉뚱하게 태양에 가까운 쪽으로 움직이기도 한다. 그러다 보면 또 수천 년을 날아 지구 근처까지 오기도 한다. 그러면 오르트 구름에서 온 얼음덩어리들 역시 지구에서 보면 카이퍼벨트에서 날아오는 얼음덩어리처럼 혜성으로 관찰될 수도 있을 것이다.

이렇게 상상하기도 힘들 만큼 먼 곳까지 퍼져있는 오르트 구름이지만, 또 의외로 한국 사람들에게는 그다지 낯설지만은 않을 수도 있다. 근현대 과학 시대에 한국인이 발견한 최초의 혜성이 오르트 구름에서부터 날아왔을 가능성 때문이다. 이-스완이라고 이름 붙은 이 혜성에는 재미난 점이 또 있다. 바로 천문학 전문가가 아닌 일반인에 의해 발견되었다는 것이다. 이-스완 혜성의 발견자 이대암 선생은, 직장 건물 옥상에서 개인용 망원경으로 종종 별을 살펴보았다. 그가 한국 최초로 혜성을 찾은 장소도 바로 직장 건물 옥상이었다고 한다.

혜성을 발견한 뒤 이대암 선생은 평소 친분이 있던 일

본 천문학자에게 그 사실을 알렸다. 그러나 그 일본 천문학자는 설마 혜성일 리 없다고 판단했다. 그러다 나중에 스완이라는 이름의 미국 장비가 이 물체를 혜성으로 확인했고 미국 학자들은 새로운 혜성을 찾았다고 발표했다. 그 소식을 들은 일본 천문학자는 '사실 이대암이라는 사람이 나에게 먼저 그것을 찾았다고 연락한 적이 있다.'라고 밝혔다. 그래서 이대암 선생의 성과 스완이라는 이름을 함께 써, 이-스완이라는 이름이 붙게 된 것이다. 이-스완 혜성이 오르트 구름의 영역만큼 멀어졌다가 다시 지구 근처로 돌아오려면 앞으로 족히 몇천 년의 세월이 지나야 할 것이다.

태양계가 넓다는 이야기를 이리저리 풀어놓아 보았다. 그러나 사실 밤하늘의 여러 별들을 볼 때라면, 그래봐야 태양계라는 곳은 식구들끼리 모여 사는 아담한 공간 정도라고 볼 수 있다. 밤하늘에 반짝거리는 그 많은 것들 중 태양계에 속한 것은 오직 달과 행성 몇 개뿐이다. 그 외 다른 수천 개의 별들은 전부 다 그 멀고 멀다는 오르트 구름이나 보이저 우주선이 향하는 장소보다도 훨씬 더 먼 곳에 떨어져 있다.

별과 별자리

별자리 – 천상열차분야지도에는 얼마나 많은 별이 그려져 있을까?

밤하늘에는 많은 별이 빛나고 있다. 맑은 날 주변이 캄캄한 깊은 산골 마을 같은 곳에서 보통의 시력을 가진 사람이 밤하늘을 보면 대략 2,000개의 별을 볼 수 있다고 한다. 눈이 좋은 사람은 4,000개 이상을 본다는 말도 있다. 그 많은 별 중 대부분은 항성이어서 비슷한 위치에서 뜨고 진다. 금년 이맘때 본 별이 내년 이맘때 거의 같은 자리에서 또 보인다는 뜻이다. 매번 같은 별이 반복해 보이니, 예로부터 그 많은 별을 적절히 구분하고 분류해 보려는 시도가 있었다.

가장 쉬운 구분 방법은 비교적 눈에 잘 띄는 별들 몇 개를 연결해서 어떤 모양을 이루고 있다고 보는 것이다. 예를 들면, 북쪽에서 잘 보이는 별 일곱 개를 연결해 국자 모양이라고 보고 북두칠성이라고 부를 수 있다.

별들 몇 개를 그럴듯한 모양으로 연결해놓은 것을 옛날에는 별자리라고 불렀다. 지구가 돌면서 별을 볼 수 있는 각도가 바뀌기 때문에, 매일 별이 뜨는 시각은 4분씩 빨라진다. 그러니까 오늘 밤 9시에 어떤 별이 동쪽 땅 위로 떠오르는 것이 보였다면 내일은 8시 56분에 그 별이 뜨는 것을 볼 수 있다. 그런 식으로 별들이 뜨는 시각은 계속 변한다. 그러다 보면 어떤 별은 너무 빨리 뜨는 바람에, 해가 지기도 전에 뜰 수도 있다. 그러면 그 별은 해가 질 때까지는 보이지 않는다. 그 정도가 너무 심하면 별을 아예 못 보게 될 수도 있다. 이런 이유로 많은 별들이, 계절이 바뀜에 따라 볼 수 있게 되기도 하고 없게 되기도 한다. 그러므로 계절에 따라서 볼 수 있는 별자리들이 점차 바뀌는 것이다.

『후한서』에 따르면 지금의 강원도 강릉과 동해안 지역에 있던 고대 국가인 동예에는 별자리를 보고 풍년과 흉년을 예상해 보는 풍습이 있었다. 안타깝게도 그 내용은 전해지지 않으나 2,000년 전쯤 강릉 사람들이 개발해 사용하던 나름의 독특한 별자리와 별자리를 해석하는 재미난 방법이 있었을 것이다. 고대 중국인들은 계절에 따라 바뀌는 별자리들을 대략 28가지로 구분해 해석했다. 그리고 이에 대한 많은 양의 기록이 남아있다. 이것을 28수(宿)라고 불렀는데 28수를 다시 네 부류로 나눠, 청룡·백호·주작·현무라는 상상 속 동물의 모습을 이룬다고 생각하기도 했다.

중국인들은 하늘의 별을 보고 그 별이 28수 중에 어디에 속하는지, 청룡·백호·주작·현무 중 어디에 속하는지 따지고 운명을 판단하고 점치는 풍습을 만들었다. 삼국 시대 고구려인들은 중국의 한나라와 진나라 영토를 정복하면서 중국인들의 문화를 적극적으로 받아들였다. 그래서 고구려인의 무덤에 청룡·백호·주작·현무 같은 상상 속 동물이나 다양한 별자리들이 벽화로 그려진 사례도 있다. 고구려 무덤의 벽화를 보면, 이미 삼국 시대 한국인들은 중국식으로 별자리 따지는 방식을 깊이 연구했던 것 같다.

별에 대한 연구가 발전하면서 학자들은 하늘에 어떤 별자리들이 있고, 어떤 별이 보이는지 잘 알아볼 수 있도록 지도처럼 정리한 그림을 그리기도 했다. 이렇게 정리한 별자리 지도 중 대표적인 것은 1만 원짜리 지폐에서도 볼 수 있는 조선의 〈천상열차분야지도〉다.

이 그림은 고려 시대에도 전해 내려오던 별자리 지도를 조선 초기에 정리하고 가다듬어 다시 보기 좋게 그려 돌에 새겨놓은 것이다. 총 1,467개의 별이 그려져 있는데, 사계절에 걸쳐 밤하늘에서 볼 수 있는 모든 별자리를 정리해 돌에 새겨놓은 지도로는 전 세계에서도 무척 오래된 편에 속한다.

별들이 가득 표시돼 있는 이 지도에는 큰 동그라미도 두 개 그려져 있다. 두 동그라미 중 왼쪽 위로 치우친 원은 태양의 위치를 나타내는 선으로 황도라고 부르고, 오른쪽 아래로 치우친 원은 땅의 각도를 나타내는 선으로 적도라고 부른다.

〈천상열차분야지도〉의 가운데 부분에는 계절에 관계없이 밤이 되면 언제나 볼 수 있는 별들이 그려져 있다. 그 주변에 그려진 별들은 계절이 바뀌면서 보이기도 하고 안 보이게 되기도 하는 별자리들이다. 중국 방식인 28수 체계에 따라 별들을 표시해놓았는데, 주로 지도의 아래쪽에 겨울철에 오래 볼 수 있는 별들이 그려져 있다.

현대 천문학은 유럽 과학의 전통으로부터 발전해 왔다. 따라서 요즘의 과학자들은 고대 중국이나 한국에서 유행하던 방식의 28수로 별들을 구분하지 않는다. 지금은 세계의 과학자들이 모두 예로부터 유럽에서 사용해온 별자리들을 공통으로 쓰고 있다.

과거 유럽에서는 주로 고대 그리스·로마 신화에서 유래된 별자리를 사용했다. 예를 들어 오리온자리는 그리스 신화 속 오리온이라는 사람의 형상과 비슷하게 생겼다는 별자리다. 페가수스자리는 신화 속 그리스의 영웅인 페르세우스가 타고 다니던 신비로운 말과 닮은 모양으로 빛난다는 별자리다. 세월이 흘러 신항로 개척 시대가 되자 유럽 사람들은 그전에 가보지 못한 남반구 지역을 탐사했다. 그리고 그곳에서 처음 보게 된 별들을 이리저리 묶어 그리스·로마 신화와 관계없는 새로운 별자리를 만들어내기도 했다. 이렇게 나중에 탄생한 별자리에는 현미경자리, 나침반자리 같은 과학 연구와 관련된 이름들이 자주 붙었다.

이후 국제천문연맹에서는 유럽식 별자리 88개를 공식적인 기준으로 사용하기로 결정했고, 그것이 지금까지 과학에서 공통으로 활용되고 있다.

과학이 발전하면서 별자리의 의미는 조금 달라졌다. 고구려인이건 고대 그리스인이건 과거에는 하나의 별자리로 취급되는 별들이 실제로 서로 가까이 있으면서 어떤 관계로 엮인 덩어리라고 생각했다. 즉, 오리온자리를 이루는 별들은 실제로 신화 속 거인 오리온의 강한 힘을 가졌을 것이라는 식으로 상상한 것이다.

그러나 과학이 발전하면서, 같은 별자리를 이루며 눈으로 보기에는 서로 가까워 보인다고 해도 실제로는 거리가 아주 멀 가능성이 얼마든지 있다는 사실을 알게 되었다. 밤하늘에서 눈으로 보기에는 거의 겹쳐 보일 정도로 바짝 붙어있는 두 별이라고 해도, 하나는 지구에 아주 가까운 위치에 있고 다른 하나는 지구에서 굉장히 멀리 떨어져 있다면 두 별 사이의 거리가 엄청나게 멀 수도 있기 때문이다. 그저 눈으로 봐서 어느 별이 가까이 있고 어느 별이 멀리 있는지 감을 잡기는 어렵다.

그렇기 때문에 현대의 별자리란 그냥 밤하늘에서 어느 쪽을 보라고 해야 할 때, 그쪽을 쉽게 가리키기 위해 쓰는 방향의 별명일 뿐이다. 만약 밤하늘을 관찰하던 과학자가 새롭고 이상한 별을 하나 발견했을 때, 다른 과학자에게 연락해 그쪽을 관찰해 보라고 말하고 싶다면 어떻게 해야 할까? 어느 계절에, 밤 몇 시쯤에, 북쪽으로 얼마 서쪽으로 얼마 위치를 보라는 식으로 말해야 한다면 너무 복잡해진다. 그래서 현대에는 지구에서 볼 수 있는 우주의 모든 방향을 총 88개로 나눠놓고, 그중 어느 쪽인지 가리키고 싶을 때 그 방향에 보이는 대표적인 별자리 이름으로 말하는 것이다. 즉, 과학에서 말하는 별자리란 별 그 자체가 아니라 말 그대로 하늘에서 별들이 놓인 자리를 뜻한다.

예를 들어 궁수자리A라는 유명한 블랙홀이 있다. 이런 이름이 붙은 이유는, 궁수자리라고 부르던 별들이 있는 방향으로 망원경을 돌려서 살펴보면 관찰할 수 있는 블랙홀이라는 뜻이다. 이름이 궁수자리A라고는 하지만, 이 블랙홀과 궁수자리를 이루는 별들이 서로 딱히 가까운 거리에 있다거나 블랙홀과 궁수자리 별들이 옛날에 유독 한 덩어리로 찰싹 붙어있던 관계라는 건 전혀 아니다. 그냥 궁수자리 쪽 방향을 관찰하다가 이 블랙홀이 발견되었다는 뜻일 뿐이다.

예로부터 지금까지 이어져 내려오는 별을 나누는 법으로, 별의 밝기를 등급으로 구분하는 방식도 있다. 유럽의 옛 학자들은 밤하늘에서 가장 밝은 축에 속하는 별들을 1등성이라고 부르고 눈으로 겨우 보일까 말까 한 가장 어두운 별들을 6등성으로 부른 뒤 그 사이 별들을 각각 2등성, 3등성, 4등성, 5등성으로 분류했다. 그래서 좀 헷갈리지만 이 등급의 숫자가 작을수록 더 밝은 별이라는 뜻이다. 현대 과학에서는 별의 밝기를 기구로 측정해서 정확하게 따지기 때문에 2등성보다는 어둡고 3등성보다는 밝은 별을 2.5등급이라고 부르기도 하고 맨눈으로 보이지 않는 별을 7등급, 8등급으로 부르기도 한다.

〈천상열차분야지도〉를 보면, 오른쪽 아래 방향에서 적도를 나타내는 선 바깥쪽에 낭(狼)이라는 중국식 이름으로 표시된 굵고 큰 점 하나가 찍혀있다. 이것은 요즘 시리우스라고 부르는 별인데, 밤하늘의 보통 별 중 가장 밝다고 한다. 이 별은 워낙 밝아서 눈에 잘 띄기 때문에 『조선왕조실록』을 보면 조선 시대 사람들도 혹시 이 별이 무슨 전쟁의

천상열차분야지도

밝은 별일수록
더 굵고 큰 점으로 나타낸다!

징조를 나타내는 것은 아닐까 유심히 살펴봤다는 기록이 여러 차례 나온다. 현대의 측정 결과 이 별의 밝기는 1등급을 초월한다고 보아 -1.5등급이라고 부른다. 이런 식으로 밝기를 표시하면 보름달의 밝기는 대략 -12.7등급 정도 되고, 태양은 -26.7등급 정도 된다고 한다.

마침 조선의 〈천상열차분야지도〉는 별의 밝기로 등급을 따지는 현대 과학과 관련지을 수 있다. 〈천상분야열차지도〉는 밝은 별일 수록 더 굵고 큰 점으로 표현했기 때문이다. 그에 비해 중국에서 개발된 옛 별자리 지도인 〈순우천문도〉 등에서는 별의 밝기를 알아보기 어렵다. 〈천상열차분야지도〉의 별 밝기 표시가 현재 사용되는 별의 등급과 딱 맞아떨어지는 것은 아니다. 그러나 적어도 조선 시대 학자들이 세상 모든 별들을 더 쉽게 총정리해 보려는 최선의 노력을 기울였다는 사실은 알 수 있다.

주계열성_팔만대장경과 다양한 별들의 운명

    조선인들이 하늘의 여러 별들을 지도로 정리해놓은 〈천상열차분야지도〉를 보면 별자리 그림 둘레에 오(吳), 연(燕) 같은 중국 지명들이 있다. 『삼국지』소설에서나 볼 법한 글자들이 왜 적혀있는 것일까?

    고대 중국인들은 별을 보고 점을 치기 위해 밤하늘의 별들이 땅의 지역과 연결되어 있다고 보았다. 이런 생각을 분야(分野)라고 한다. 이에 따르면 밤하늘 별 중에는 중국의 오나라 지역을 나타내는 별들도 있고, 중국의 연나라 지역을 나타내는 별들도 있다. 만약 오나라 지역을 나타내는 별 앞에 유성이 지나간다거나 혜성이 나타나면 실제로 중국의 오나라 땅에서도 무슨 일이 생기고, 연나라 지역을 나타내는 별빛을 화성이나 금성이 가로막는다면 실제 중국의 연나라 땅에서도 무슨 일이 일어난다고 본 것이다. 그러므로 〈천상열차분야지도〉를 만든 사람들은 중국인들이 믿던 별과 운명의 관계에 대한 이런 생각도 간략히 정리해서 표시해두었다.

그런데 한국에서는 이런 생각이 일찌감치 의심을 살 수밖에 없었다. 고대 중국인들은 중국 본토가 거의 온 세상의 전부라고 믿었다. 그래서 밤하늘에 보이는 모든 별들이 중국의 여러 지방을 나타낸다고 생각했다. 그러나 한국인들은 중국 밖에도 얼마든지 더 넓은 세상이 있다는 사실을 잘 알고 있었다. 중국 동쪽에는 당연히 한반도가 있고, 그보다 더 동쪽에 일본도 있다. 그렇다면 밤하늘의 별들 중에 한국이나 일본의 운명을 나타내는 것은 왜 없단 말인가?

조선 시대쯤 되면 조선 선비들은 저 멀리 유럽 대륙에도 많은 나라가 있고 지구 전체의 크기가 중국보다 훨씬 넓다는 사실까지 알게 된다. 그렇다면 하늘에는 넓은 세상의 일부일 뿐인 중국에 대한 별만 떠있고, 다른 모든 나라들과 관련 있는 별은 없다는 것이 너무 이상하지 않은가? 이런 의문 때문에 18세기에 이익은 『성호사설』에서 옛날 중국 방식으로 별을 보고 점치는 방식에는 헛점이 너무 많다고 지적했다.

그러다 보니 조선에서는 좀 다른 방식으로 별점을 치는 사람들이 등장했다. 그중에는 조선에서 별을 보고 점을 친다면 밤하늘의 모든 별이 각각 조선 땅의 운명과 관련이 있다고 보아야 한다는 사람들이 있었다. 예를 들어 중국식 28수 별자리를 가지고 각각의 별자리에 해당하는 별들을 한반도에서 관찰하며 점을 친다면, 그 별들이 중국의 어떤 땅을 나타내는 것이 아니라 조선의 전주를 나타내는 것이고, 항(亢) 별자리에 해당하는 별들을 보며 점을 친다면 그것이 조선의 남원을 나타낸다는 식으로 새롭게 관계를 따져보자는 것이다. 이런 생각을 동쪽 나라, 즉 조선을 기준으로 분야를 따지는 것이라고 해서 동국분야(東國分野)라고 불렀는데, 조선 후기에는 상당히 인기를 끌던 생각이다.

조선과 중국의 별점과는 달리 유럽에서 긴 세월 유행한 점성술이 있다. 바로 황도12궁 별자리를 가지고 사람의 성격과 운명을 따지는 방식이다. 전갈자리에 해당하는 사람은 말이 별로 없는 성격이기 마련이고, 물고기자리에 해당하는 사람은 호기심이 많다는 등의 이야기이다.

별자리를 관찰하다 보면, 해가 진 직후에 서쪽 하늘에 한 귀퉁이가 조금 보이고 해가 뜨기 직전에 동쪽 하늘에 다른 쪽 귀퉁이가 조금 보이는 별자리가 있다. 이런 별자리는 해가 뜰 때 같이 뜨고 해가 질 때 같이 지는 셈이다. 그렇기 때문에 햇빛에 묻혀 대부분의 모습을 잘 볼 수 없다.

유럽 사람들은 그렇게 태양과 함께 움직이는 별자리가 바로 그 시기에 태어난 사람의 운명을 정해주는 별자리라고 보았다. 하루하루 시간이 지나 계절이 바뀌어가면 점점 별자리가 뜨고 지는 시간이 바뀌는데, 그러면 해와 같이 뜨고 지는 별자리도 다른 별자리로 바뀌게 된다. 그러면 그때 태어난 사람의 운명을 정해주는 별자리도 달라진다. 이것이 황도12궁 별점의 기본이다.

요즘도 미국이나 유럽의 잡지 등에는 가끔 황도12궁을 이용한 오늘의 운세 같은 것이 실린다. 그런 것을 보면 황도12궁은 최근에 우리에게 알려진 유럽만의 전통이라고 생각할지도 모른다. 사실은 전혀 그렇지 않다. 황도12궁으로 별점을 치는 방식은 진작부터 인도로 전해졌고 이것이 불교 문화를 따라 같이 퍼져나갔으므로 오래전에 한반도에도 전해졌다.

800년 전 고려 시대에 나온 『팔만대장경』에도 황도12궁으로 점치는 방식이 실려있다. 밤하늘 별자리를 총정리한 조선 시대의 〈천상열차분야지도〉를 보아도 그 한쪽 언저리에는 유럽에서 사용하는 황도12궁 별자리가 같이 적혀있다. 『팔만대장경』에 실린 〈문수사리보살급제선소설길흉시일선

악수요경〉이라는 글을 보면 갈궁, 즉 전갈자리 때에 태어난 사람은 병을 다스리는 직업을 얻으면 좋고, 궁궁, 즉 궁수자리 때에 태어난 사람은 장군이나 높은 관리가 되면 좋다는 식의 설명까지 실려있다. 800년 전 고려 시대에 출판된 책에 실린 이야기인데 요즘 외국 잡지에 실리는 황도12궁 별점과 굉장히 비슷해 보인다.

현대 과학에서는 별을 어떤 지역의 운수나 어떤 사람의 운명과 연결해서 설명하지 않는다. 별과 미래에 대한 것이라면, 별 그 자체의 이야기를 더 심각하게 따진다. 이는 시간이 지나면 미래에 그 별이 어떻게 변해갈 것인가 하는 문제다.

태양과 밤하늘의 많은 별은 주로 우주에 퍼져있던 수소가 뭉쳐지다가, 그것이 아주 커지면 핵융합 반응이라는 놀라운 현상을 일으켜서 막강한 열과 빛을 내뿜게 된 덩어리다. 이런 덩어리는 수소와 같은 가벼운 성분을 사용해가며 핵융합 반응을 일으켜 수억 년에서 수십억 년의 시간이 흐르는 동안 꾸준히 빛난다. 이런 별들을 가장 평범하게 빛나는 형태라고 해서 주계열성이라고 부른다. 태양도 주계열성에 속한다.

주계열성이 수소를 다 사용해버리면 주로 핵융합 반응이 잘 일어나던 중심부가 아니라 겉면 가까운 부위에서 핵융합 반응이 일어난다. 그러면서 겉면이 달아오르며 전체 크기가 크게 부풀어 오를 수 있다. 이런 상태로 변한 별을 큰 별이라는 뜻의 거성이라고 한다. 지금으로부터 대략 수십억 년 정도 기나긴 세월이 흐르고 나면 아마 태양도 부풀어 오르면서 그 비슷한 형태로 변하게 된다.

그때가 되면 태양의 크기가 너무 커져서 지구는 열기에 불타 파괴될 것이다. 이것이 과학에서 말할 수 있는 가장 확실한 지구 종말 예언이다. 그러한 먼 미래에 사람이 살아남으려면 화성이나 토성 근처쯤, 태양에서 더 먼 곳으로 이주해야 할지도 모른다.

별이 보통 거성이라고 하는 별보다 훨씬 더 크게 부풀어 오른다면, 그것을 초거성이라고 부르기도 한다. 오리온자리에서 무척 밝은 편인 베텔기우스라는 별이 바로 초거성에 속한다. 〈천상열차분야지도〉에서는 오른쪽 아랫부분, 적도를 표시한 원 근처에 그려진 삼(參)이라는 중국식 이름으로 표시된 별자리에 속하는 별이다. 베텔기우스의 크기를 지름으로 따져 보면 태양의 700배 이상 되는 엄청난 덩치의 별이다. 이런 부류의 별들이 꾸준한 핵융합 반응을 일으키지 못하면 쪼그라들다가 엄청나게 강력한 대폭발을 일으켜 초신성이 된다. 마침 베텔기우스는 당장 폭발해도 이상하지 않을 것 같다고들 말하는 별이다. 혹시라도 베텔기우스가 초신성이 되어 빛을 내뿜는다면 보름달보다 더 밝아 보일 것이라고 한다. 별이 초신성 폭발을 일으키고 나면 그 잔해로는 중성자별이나 블랙홀을 남기게 된다.

만약 초신성 폭발 같은 엄청난 일을 일으키지는 않으면서, 그냥 세월이 아주 많이 흘러서 열과 빛을 내뿜을 물질들이 핵융합 반응에 모두 다 사용된다면 그 뒤 별은 어떻게 될까? 그러면 남은 물질만 점차 식어간다. 남은 물질이란 대개 써서 없앤 부분보다 무거운 성분들이다. 그런데 보기에 따라서 이 무거운 성분 덩어리는 별이 수명을 다하고 잿더미만 남긴 모습이라거나 별의 시체만 남은 상태라고 볼 수도 있을 것이다. 그렇지만 식어간다고는 해도 역시 아주 뜨거운 상태이고 나름대로 어느 정도의 열은 낼 수 있다. 따라서 보통 별만큼은 아니라도 상당한 빛을 내뿜는다.

이런 상태로 변한 별을 백색왜성이라고 부른다. 보통의 별보다 작은 상태로 변한 물체인데 흰 빛을 내뿜고 있다는 뜻이다. 밤하늘의 별 중 가장 밝은 별은 〈천상열차분야지도〉에서 낭(狼)이라는 중국식 이름으로 표시되어 있는데, 현대에는 시리우스라고 부른다. 그런데 정밀하게 시리우스의 별빛을 분석해 보면, 그 속에 시리우스B라는 작고 희미한 물체가 내뿜는 빛이 포함되어 있다. 우리가 시리우스별이라고 생각했던 아주 밝은 별 가까운 곳에, 눈에 잘 띄지 않는 시리우스B 별이 있어서 두 별이 겹쳐 보인 것이다. 그리고 이 시리우스B가 바로 대표적인 백색왜성이다. 앞으로 수십억 년 뒤, 넉넉잡아 100억 년 정도가 지나면 태양 역시 백색왜 성으로 변하게 될 것이다.

즉, 보통 별인 주계열성들은 태양처럼 빛나다가 나중에 크게 부풀어서 거성, 초거성이 될 수 있고 마지막 순간에 초 신성 폭발을 일으킨 뒤 중성자별이나 블랙홀을 남기는 강렬 한 모습을 보여줄 수 있다. 그것이 아니라면 어느 시점에 빛 을 잃어가면서 잿더미만 남는 백색왜성으로 조용히 꺼질 수 도 있다. 태양이 백색왜성으로 변하고 나면 그 열기가 점점 식어가서 태양계 안의 행성들은 점차 추워질 것이다. 만약 미래에 사람들이 거대한 우주선 같은 곳 안에서 살게 된다 면, 점점 태양계 가까이 다가가야 한다. 태양은 시간이 흐를 수록 점점 백색왜성으로 변하겠지만 그나마 온기를 찾아야 할 것이기 때문이다.

현대의 과학자들은 백색왜성 외에도 갈색왜성과 적색 왜성이라는 것도 찾아냈다. 빛을 다 뿜어낸 주계열성이 죽 어서 남긴 시체 같은 것이 백색왜성이라면, 갈색왜성이나 적색왜성은 크기가 작아서 애초에 주계열성으로 태어나는 데 실패한 것이다.

적색왜성은 수소를 원료로 핵융합 반응을 일으키기는

하지만 주계열성 정도로 활발하고 강한 반응을 일으키지는 못한 상태에 머문 것이다. 적색왜성은 주계열성에 비해 빛이 약하기는 하지만 대신에 그 약한 빛으로 주계열성보다 훨씬 더 오래 빛을 내뿜을 수 있다. 말하자면 가늘고 길게 빛을 내뿜는 별이다. 또한 갈색왜성은 핵융합 반응으로 열을 내뿜기는 하나 핵융합 반응의 원료로 특수한 물질을 사용할 뿐, 보통 수소를 원료로 사용해 센 빛을 제대로 내뿜지는 못하는 것을 말한다.

주계열성이 백색왜성으로 쪼그라든 뒤 아주 오랜 시간이 흐르면 백색왜성조차도 완전히 식어서 빛을 내지 못할 것이다. 이런 상태를 흑색왜성이라고 부른다. 백색왜성이 흑색왜성으로 식으려면 수십조, 어쩌면 수백조 년 이상 세월이 흘러야 한다. 우주가 생기고 지금까지 흐른 세월은 140억 년이 채 되지 않았다. 따라서 과학자들은 아직 우주에 정상적인 흑색왜성이 하나도 생기지 않았을 것으로 본다.

옛사람들이 밤하늘의 별을 보고 몇 년 후 어느 도시에 전쟁이나 재난이 생긴다고 예언하려고 한 동국분야라든가 몇십 년 후 어떤 사람에게 어울리는 직업을 예상하던 황도 12궁 별점과 견주어보면, 과학자들이 별을 보고 그 별의 미래를 예상하는 내용은 비교하기도 이상할 정도로 너무나 엄청난 미래의 일이다.

밤하늘의 별을 보자면, 해나 달이 뜨고 지는 것처럼 별들도 움직인다는 것과 별들이 밤하늘의 특정한 위치를 중심으로 하여 그 주위를 돌아가는 모양새임을 알 수 있다.

한반도가 있는 북반구 지역에서 밤하늘을 보면 그 중심 위치와 아주 가까운 곳에 마침 그럭저럭 잘 보이는 별 하나가 있다. 북극성이라고 불리는 별이다. 이 별을 유럽에서는 폴라리스라고 부르며, 별자리로 구분하자면 작은곰자리에 속한다.

밤하늘의 그 많은 별은 모두 북극성을 중심으로 서서히 돌아가며 움직이는 것처럼 보인다. 옛날 신분제 사회를 살던 사람들은 그 모습을 보고 북극성이 다른 모든 사람을 지배하는 가장 고귀하고도 높은 사람 같다고 생각했다. 그래서 북극성이 곧 임금님이라고 생각했다. 자연히 조선 시대에는 북극성과 그 주위의 별들이, 조선의 임금과 관계가 있다거나 임금이 머무는 장소와 통해있다고 생각했다.

지금으로부터 550년 전, 조선에서 풍수지리를 잘 따지기로 유명한 문맹검이라는 관리가 있었다. 『조선왕조실록』 1452년 음력 3월 3일 기록에는 당시 문맹검이 생각하던 풍수지리와 별에 대한 생각을 문종 임금에게 글로 써서 올린 내용이 나와있다. 이 글에서 문맹검은 "천문과 지리는 본디 일체이니, 하늘에 있어서는 형상을 이루고 땅에 있어서는 형체를 이루게 됩니다."라며 거창하게 자기 생각의 바탕을 밝힌다. 그러고는 당시 조선의 수도였던 서울의 종로 지역이 북극성과 그 주변 별들과 잘 들어맞는다고 설명한다. 특히 그는 조선의 임금이 있는 경복궁 근처의 북악산을 지적하고, 바로 그 지역이 북극성 주변을 나타낸다고 풀이했다.

즉 조선 시대 사람들의 생각에 따르면, 북극성과 그 주위에 있는 북두칠성 같은 별들은 북악산의 별이고 그 근처 종로 지역을 상징하는 별이라고 볼 수 있다. 고대 중국 고전에서는 북두칠성을 포함한 북극성 주변의 별들을 묶어서 자미원(紫微垣)이라고 불렀으며, 이 별들이 밤하늘의 중심이라고 생각했다. 자미원 바깥에 속하는 그 주변의 몇몇 별들을 묶어서 태미원(太微垣)과 천시원(天市垣)이라고 분류했다. 그래서 자미원·태미원·천시원 세 가지에, 계절에 따라 바뀌는 여러 별자리들을 분류해둔 28수를 더한 3원 28수라는 말은 고대 중국에서 개발된 별자리 분류 체계를 일컫는 것이었다.

조선의 문맹검은 중국에서의 자미원 별들을 조선에서는 북악산의 별, 경복궁의 별이라고 불렀다. 거기에 더해 북극성이 있는 자미원뿐 아니라, 태미원의 별, 천시원의 별과 통하는 지역도 서울에 있다고 설명했다. 그러면서 그는 서쪽의 영서역이 태미원과 통하고, 동쪽의 낙천정이 천시원과 통한다고 풀이했다. 영서역이라고 하던 곳은 연서역이라고도 부르는 곳으로 지금의 서울 은평구 즉 지하철 역촌역 근처에 있었다. 그리고 낙천정은 지금의 잠실대교 근처 서울 광진구에 있는 정자를 말한다. 태미원에 속하는 별들 중 대표적인 것으로는 큰곰자리의 곰 발 부분을 나타내는 탈리사·타니아·알룰라가 있다. 또한 천시원에 속하는 별 중 대표적인 것으로는 헤라클레스자리의 머리 부분을 나타내는 별 라스알게티가 있다.

그러므로 조선 시대 사람들은 큰곰자리 발 부분의 별들을 보면서 그 별들이 영서역의 별, 지금의 은평구 지역을 나타내는 별이라고 생각했을 것이다. 헤라클레스자리 머리 부분의 별을 보면서는 그것이 낙천정의 별, 지금의 광진구 지역을 나타내는 별이라고 보았을 것이다. 이런 식으로 어떤 지역이나 건물을 나타내는 별이 밤하늘에 떠있다는 것은 지금 이야기해 봐도 재미있기는 하다.

북극성 주변의 별들을 따질 때 옛 학자들이 굉장히 고민스러워 했을 만한 문제로는 정작 그 가장 중심이 되는 북극성이 과거에 상당히 혼란스러웠다는 점을 빼놓을 수 없다.

별들이 뜨고 지는 위치는 얼핏 보면 일정한 것만 같다. 해·달·별이 뜨고 지는 이유는 사실 지구가 돌기 때문이다. 그런데 지구가 도는 것은 항상 일정하지는 않다. 지구가 돌면서 아주 조금씩 비틀거리기도 하고, 긴 세월이 흐르면 다른 이유로 우주에서 지구의 위치와 방향이 바뀌기도 한다. 따라서 북극성이 변함없는 모든 별들의 중심인 것 같지만 세월이 흐르면 별들이 도는 중심에 있는 별들도 조금씩 바뀌게 된다. 먼 옛날에는 지금 우리가 북극성을 보는 위치에 북극성이 아닌 다른 별들이 있었다. 예를 들어 대략 1,500년 전에는 작은곰자리에 속하는 코카브라는 별이 북극성 대신 중심 위치에 있었고 반대로 세월이 흘러 서기 3,000년 정도가 되면 세페우스자리에 속하는 다른 별이 중심 위치에 올

것이라고 한다.

그런 이유로 청동기 시대의 고대 중국 학자들은 나름대로 별들이 돌아가는 중심 위치에 다섯 개의 별들이 있다고 보았다. 그래서 북극오성이라는 말을 사용했다. 그러나 시간이 수백 년, 수천 년 흐르고 나니 중심 위치를 나타낼 때 그 다섯 개의 별들이 딱히 들어맞지 않게 되어버렸다. 그 때문에 학자들은 상당한 혼란에 빠졌다.

아마도 삼국 시대의 고구려인들도 이 문제를 알았을 것이다. 그래서인지 고구려인들은 무덤 속 벽화에 별자리 그림을 그리면, 별들의 중심을 상징하는 별로 중국식 북극오성을 그리기보다는 북두칠성을 그리고 별 세 개가 이어진 독특한 모양으로 자주 그렸다. 김일권 교수는 많은 벽화를 연구한 결과, 별 세 개를 이어놓은 그 모양을 가리켜 고구려인들이 다른 방식으로 북극성을 표시한 것이라고 보았다. 그러고는 그것을 북극삼성이라고 이름 붙이기도 했다.

정말 고구려인들이 새로운 북극성을 정해두고 별을 관찰했을까? 이런 내용에 대해 고구려인들이 직접 설명해둔 자료가 남아있지 않기 때문에 명쾌한 사정을 알 수가 없다. 좀 더 활발히 지식을 공유하고 널리 퍼뜨리고 잘 보존하려는 문화가 이어지지 못한 점이 너무나 아쉽다. 만약 무덤에 그 많은 별 그림들을 왜 그렸는지, 별을 어떻게 관찰하고 해석했는지에 대한 옛 생각이 전해졌다면 재미있는 이야기들이 더욱 풍부했을 것이다. 그러나 지금은 알 수 있는 것이 많지 않다.

세월이 흐르고 과학이 발전하면서 북극성에 대한 생각은 완전히 바뀌었다.

우선 북극성이 영원한 단 하나의 중심이 아니라 세월이 흐르면 바뀌기도 하는 별이라는 사실을 명확히 밝히게 되었다. 그리고 나중에는 우리가 북극성이라고 부르는 별이 심지어 하나의 별이 아니라는 것도 알게 되었다. 북극성의 정체는 사실 가까이에 있는 세 개의 별이다. 그것을 멀리서 보니 한 덩어리의 별처럼 겹쳐 보인 것이었다. 만약 북극성이 임금님을 나타낸다는 옛 생각을 곧이곧대로 믿는다면, 나라에 임금님이 세 명 있다는 이상한 말이 된다. 기이한 우연이기는 하지만, 문맹검이 살던 조선 전기에는 태종 이방원이 임금이고, 태조 이성계와 정종 이방과가 각각 태상왕과 상왕의 칭호를 갖고 있던 시대가 있었다. 그러니 한 나라에 왕이라고 하는 사람이 세 명이던 때가 있기는 있었다.

북극성의 별빛을 이루는 세 개의 별 중 가장 큰 것을 기준으로 한다면 이 별은 태양의 무게보다 다섯 배 이상 무거운 상당히 큰 별이다. 만약 북극성에 가까이 다가가서 살펴본다면, 태양보다 훨씬 큰 별이 이글거리면서 열기를 내뿜고 그 옆 멀지 않은 곳에서 태양에 버금가는 크기의 다른 별들도 같이 빛나는 눈부신 광경이 펼쳐질 것이다. 그러나 북극성은 지구에서 4,000조 킬로미터 정도 떨어져 있다. 그러니 너무 멀어서 그저 반짝이는 작은 별로 보일 뿐이다. 누리호 로켓의 속력으로도 1,500만 년 이상 날아가야 도달할 수 있는 머나먼 거리에 있다.

북두칠성_국자의 크기

예로부터 한국에서 사용하던 별자리들 중 지금까지도 친숙하고 널리 알려진 것을 단 하나만 꼽아보자면 역시 북두칠성이다. 북두칠성은 한반도에서 밤하늘을 올려다볼 때 언제나 북쪽 방향인 북극성 근처에서, 계절과 무관하게 항상 관측 가능한 일곱 개의 별로 흔히 국자 모양을 이룬다고 한다. 고대 그리스 신화에 따르면 이는 큰곰자리의 곰 꼬리와 엉덩이 부분에 해당한다. 그러나 사실 다른 문화권 사람들에게도 곰 꼬리보다는 국자와 훨씬 비슷해 보이는지, 영어로도 북두칠성을 흔히 더 빅 디퍼(the Big Dipper), 즉 큰 국자라고 부른다.

북두칠성을 이루는 별 일곱 개 모두 우리 눈에 잘 띈다. 게다가 밤하늘의 별들이 뜨고 지는 중심인 북극성과 가깝다는 것도 많은 이에게 강한 인상을 남긴다.

고대 그리스신화에서는 제우스가 칼리스토라는 여성을 좋아하자 제우스의 아내 헤라가 그녀를 곰으로 만들었다. 이후 칼리스토가 비극적으로 세상을 떠나는 바람에 별자리가 됐다. 질투심으로 가득 찬 헤라는, 큰곰자리가 물도 마시지 못하게 했다. 그래서 큰곰자리, 북두칠성을 바닷가에서 보면 어느 계절이나 바다 위 높은 하늘에 떠있는 모습이 보인다고 한다.

아닌 게 아니라 북두칠성은 바다에서 북극성을 찾기 위한 길잡이로 특히 유용했다. 넓은 바다에서 배를 타고 항해하거나 방향을 알기 어려운 산길, 사막을 걷다가 깊은 밤이 되면 북극성을 보고 북쪽을 알아내 방향을 잡아야 한다. 그런데 북극성은 그냥 별 하나이므로 밤하늘에 보이는 수천 개의 별들 중 이것을 찾기가 쉽지 않다. 이럴 때 우선 북두칠성을 먼저 찾고, 북두칠성의 국자 머리 부분으로 퍼담기 좋은 방향에 무슨 별들이 있는지 하나하나 살펴보다 보면 수월하게 북극성을 찾아낼 수 있다.

그러므로 북두칠성은 길을 잃은 사람에게 구조대 같은 별이기도 하다. 요즘에는 흔히 국자 머리 부분의 맨 끄트머리 별과 바로 그다음 별, 이렇게 두 별을 선으로 잇고 그 선 길이의 다섯 배 거리만큼 떨어진 위치를 보면 북극성을 찾을 수 있다고 한다.

이런저런 이유로 옛사람들은 북두칠성이 신비로운 힘을 가진 신령이라고도 생각했다. 큰 위업을 이룰 영웅이나 하늘이 내린 천재에게는 북두칠성이 힘을 내려주었다는 전설도 여러 차례 유행했다. 『삼국유사』에는 삼국을 통일한 신라의 장군 김유신의 등에 북두칠성 모양 점이, 『동사강목』에는 후삼국을 통일한 고려 태조 왕건이 가장 아끼던 부하 신숭겸의 왼쪽 발에 북두칠성 모양 검은 사마귀가 있었다고 나와있다. 『연려실기술』을 보면 고려의 마지막 충신으로 많은 선비의 존경을 받은 정몽주 어깨 위에 북두칠성 모양 점이 있었다고 한다.

북두칠성이 운명과 관련 깊은 별이라는 생각이 유행했기 때문인지, 사람들 사이에서 북두칠성은 인간의 생명을 다스리는 별이라는 믿음도 널리 퍼졌다. 중국에서 유행하던 전설 중에는, 북두칠성의 신령이 바둑을 두는 곳에 가서 그에게 부탁을 하면 수명을 늘릴 수 있다는 이야기도 있었다. 이런 이야기는 한반도에 건너와 비슷한 전설을 낳았다.

기록을 살펴보면 조선 시대에는 꽤 많은 사람이 병에 걸리면 북두칠성을 향해 기도하며 회복을 염원했던 것 같다. 북두칠성을 치료의 별로 여긴 셈이다. 자식이 없는 사람은 아이를 낳게 해달라고 북두칠성에 빌었다. 또한 시대적으로 워낙 효를 중시한 터라 효심이 지극한 자식이 병든 부모를 더 오래 살게 해달라고 북두칠성에 간절히 빌었다는 이야기가 여러 기록에 남아있다. 윤지평 같은 유명한 사람의 일화를 남긴 기록도 있고, 춘천에 사는 어느 김 씨 부인이 그랬다더라 하는 식으로 평범한 사람들의 이야기 중에서 꽤 알려진 것도 있다.

북두칠성을 향해 기도하는 행위가 특정한 의식이나 행사로 발전하기도 했다. 무속인들이 굿을 할 때는 칠성님에게 드린다며 북두칠성에 제물을 바치고, 북두칠성을 향해 노래 부르거나 춤을 춘 사례가 무척 많았다. 고려 시대 작가인 이규보의 시 〈노무편〉에는 붉고 푸른 귀신 형상으로 북두칠성 그림을 그려 무당의 집 벽에 붙여두었다는 구절이 있다. 이를 보면 무속인들이 북두칠성을 칠성님으로 섬기는 풍습은 1,000년 전 고려 시대에 이미 그 핵심이 완성되었던 것 같다.

〈노무편〉의 내용에 따르면 아마 고려 시대의 북두칠성 신령은 울긋불긋한 화려한 옷을 입고 있거나, 얼굴이나 머리카락이 울긋불긋한 괴이한 모습이 아니었을까 싶다. 지금 남아있는 북두칠성의 신령을 그림으로 그려놓은 옛 물건들을 조사해 보면 일곱 형제나 일곱 자매 혹은 일곱 명의 관리 등으로 북두칠성의 신령을 표현한 사례가 많다.

조선 후기 무렵에는 절에 불공을 드리러 갔다가 소원을 빌기 위해 북두칠성에도 기도하려는 사람이 많아졌다. 그러다가 아예 불교의 사찰 부지 안에 칠성각이라는 건물이 등장해서 북두칠성에게 기도를 했다.

서울시 문화재 자료로 지정된 봉원사 칠성각이나 진관사 칠성각도 이에 해당한다. 원래 불교에도 과거에 치성광여래라고 해서 북극성과 같은 별을 불교의 기도 대상으로 삼던 문화가 있었다. 조선 후기에는 칠성탱이나 칠성도 등 북두칠성을 불교의 깨달음을 얻은 일곱 신령으로 여겨 칠성여래라는 모습으로 표현한 불화도 등장한다. 이는 조선 불교에만 나타나던 독특한 문화다.

사실 북두칠성을 이루는 일곱 개 별이 늘어선 형제처럼 가까이 모여있는 건 아니다. 국자의 머리 부분부터 헤아릴 때 네 번째 별의 이름을 메그레즈라고 하고, 다섯 번째 별을 알리오스라고 한다. 메그레즈와 알리오스, 두 별 사이 거리를 대략 따져봐도 200조 킬로미터가 넘는다. 눈으로 봐서는 메그레즈와 알리오스가 그냥 가까이 있으면서 국자의 자루 모양을 이루는 듯하다. 하지만 메그레즈는 지구와 500조 킬로미터 조금 넘게 떨어져 있는 데 비해, 알리오스는 지구에서 700조 킬로미터 넘는 거리에 있다. 어느 별이 앞쪽으로 바짝 다가와 있는지, 어느 별이 뒤로 멀리 물러나 있는지 그 차이를 눈으로는 가늠하기 어려우니 대충 가까워 보일 뿐이다.

마침 헷갈리게도 알리오스가 메그레즈보다 더 멀리 떨어져 있으면서도 눈에 보이는 밝기는 더 밝다. 그 이유는 알리오스가 큰 격차로 크기도 크고 빛도 강한 별이기 때문이다. 그렇게까지 멀리 떨어져 있어도 알리오스는 메그레즈보다 여전히 더 센 빛을 지구까지 비춰줄 수 있다. 알리오스는 그 무게가 태양의 세 배쯤 된다. 그러니 가까이 가면 태양에 비해서 확연히 커 보일 수 있는 별이다. 그에 비해 메그레즈는 태양의 1. 몇 배쯤 되는, 그저 조금 큰 정도이므로 이런 차이가 생겼다.

중국 도교에서는 북두칠성의 일곱 별을 국자의 머리 부분부터 탐랑성·거문성·녹존성·문곡성·염장성·무곡성·파군성이라고 한다. 또한 이것들은 각각 신비로운 기운을 가진 신령이고 지상에 내려와 사람으로 태어나면 대단한 위인이 탄생한다는 식으로 말하기도 했다. 이런 이야기 역시 한국에 들어왔는데, 잘 알려진 전설로는 『고려사절요』에 실린 강감찬 이야기가 있다. 어떤 별이 떨어진 곳에서 아기가 태어났는데, 나중에 보니 그 아기가 거란족을 물리친 전쟁 영웅 강감찬이었고 사실은 북두칠성 중 하나인 문곡성이었다더라는 내용이다. 여기서 말하는 문곡성이 바로 메그레즈인데, 그때 별이 떨어진 곳은 지금의 서울 지하철 2호선 낙성대역 인근이라고 한다. 그렇다면 낙성대역은 바로 북두칠성의 한 조각이 내려왔다던 동네라고 상상해 볼 수도 있겠다.

그러나 나에게는 이런 막연하게 신비로운 사연보다는, 아무래도 북두칠성은 밤하늘의 거대한 국자라는 정도의 간단한 설명이 더 와닿는다. 고등학교에서 지금도 자주 배우는 『관동별곡』은 조선 시대를 대표하는 고전 문학이다. 관동별곡 후반부를 보면 지은이 정철이 북두칠성을 들고 국자로 사용하는 구절이 나온다. 그는 바다만큼 넘실거리는 술을 북두칠성 국자로 퍼서 온 세상 사람에게 골고루 나눠 준 뒤 세상을 다 취하게 만든 다음, 그제야 다시 만나 또 한 잔 더 하자고 말한다. 그야말로 문학의 호쾌한 상상력을 멋지게 드러내는 글귀다. 새삼 북두칠성은 이런데서도 언급될 정도로 긴 세월 아주 많은 한국인에게 친숙한 별자리였구나 하는 생각도 든다.

그런데 이 내용을 가만히 과학으로 계산해 보면 『관동별곡』에 등장하는 상상력의 크기가 말 그대로 상상 이상이라는 것을 알 수 있다.

만약 실제로 북두칠성 크기의 국자를 만들어 한 번에

퍼담을 수 있는 술의 양이 얼마나 될지 계산해 본다면 어떨까?

　북두칠성의 국자가 그냥 대충 정사각형 모양이라고 보고, 거리가 200조 킬로미터쯤이라고 치고 계산해 보면 그 용량은 cc단위(cm3, 세제곱센티미터) 8 뒤에 0이 57개 붙는 어마어마하게 큰 숫자가 된다. 당연히 이는 지구의 바닷물 전체보다 훨씬 많은 양이다.

　대충 계산해서 은하수의 모든 별마다 100억 명 정도의 외계인이 사는 행성이 하나씩 있다고 치고, 은하수에 있는 그 모든 행성의 모든 외계인 종족 전원에게 매일같이 계속 3,000cc씩 술을 꼬박꼬박 나눠준다고 하더라도 몇천억 년, 몇조 년에 걸쳐 반복하고도 거의 줄어든 티조차 나지 않을 정도로 어마어마하게 많은 양이다.

카노푸스_장수 비결은 제주도의 별

지금 제주도는 모든 사람들에게 사랑받는 관광지다. 그렇지만 조선 시대까지만 해도 바다를 건너 뱃길로 한참을 가야 닿을 수 있는 섬이었기에, 제주도 바깥에서 태어나 제주도에 가본 사람은 많지 않았다. 하지만 조선 시대에도 제주도에 가면 꼭 보려고 하던 유명한 볼거리가 하나 있다. 바로 현대에 카노푸스라고 부르는 별이다. 조선의 선비들은 그 별을 보면 장수한다고 생각했다.

제주도의 여러 전설이나 풍물에 대한 정보를 담은 책 중 비교적 시기가 이른 것으로는 조선 중기에 김상헌이 쓴 『남사록』이 있다. 김상헌을 사극에서 보면 주로 병자호란

중에 아무리 불리해도 끝까지 싸우자고 주장하는 굳건하고 결백한 신하의 모습이다. 그러나 옛 문화를 연구하는 사람들에게 김상헌은 제주도의 다양한 전설과 풍속을 풍부하게 기록해 훌륭한 업적을 남긴 『남사록』의 작가로 더 알려져 있다. 『남사록』의 내용을 읽자면 전쟁 중에 그렇게 강인하고 타협 없는 모습을 보인 사람이, 제주도 풍경을 묘사할 때는 어떻게 이리도 감상적이고 세심하게 많은 사연을 기록하려고 했나 싶어 신기할 정도다. 원래는 다정하고 상상력이 풍부한 사람이었는데 전쟁 중에는 그런 모습을 보일 수밖에 없었던 것일까 등 여러 생각을 하게 된다.

김상헌은 이 책에서 제주도의 한 별을 소개했다. 그에 따르면 당대인들은 이 별을 보면 장수한다고 생각했고, '고남(孤南)'이라고 부르기도 했다. 아마도 남쪽 하늘에 카노푸스가 보이는 형상을 한문으로 표현한 말이 아닌가 싶다. 조선 후기에는 제주도에서 볼 만한 아름다운 풍경 중에서 열두 가지를 꼽아 영주 12경이라고 부르곤 했다. 그 열두 풍경 중 하나로 서귀진에서 보는 카노푸스도 포함되어 있었다. 19세기에 제주를 다스리는 임무를 받고 부임한 이원조는 이것을 서진노성(西鎭老星)이라고 표현했다. 서귀진은 지금의 서귀포 지역에 있었으므로, 이 말은 서귀포에서 노인의 별이 뜬 것을 보면 아름답다는 뜻이다. 이런 이야기가 지금까지도 잘 알려진 편이라서 요즘도 제주도의 과학 관련 기관이나 호텔에서 카노푸스 별 보기 행사가 자주 열린다.

카노푸스는 대단히 밝은 별이다. 밝기가 -0.7등급이라서 밤하늘에서 볼 수 있는 모든 별 중 두 번째로 밝다. 시리우스 바로 다음이다. 〈천상열차분야지도〉에서도 그림 맨 아래에서 약간 오른쪽, 노인(老人)이라는 말과 함께 아주 굵은 점으로 표시되어 있다. 거해궁(巨蟹宮), 즉 게자리라고 써놓은 곳 근처다. 한국에서 카노푸스가 있는 방향의 밤하늘을 보면 이 별만 눈에 확 들어올 정도로 밝다. 그러다 보니 남쪽 방향을 상징하는 별, 남쪽의 신령이라는 생각에서 이런저런 전설이 탄생하지 않았을까 싶다.

중국에서는 이 별을 예로부터 남극노인성(南極老人星)이라고 불렀다. 북쪽 하늘에 북극성이 있는 것처럼 남쪽 하늘에도 무언가가 있어야 한다고 생각해서 남쪽에 치우친 별 중 밝은 카노푸스를 남쪽의 상징으로 여긴 것 같다. 중국 도교에는 천상 세계 남쪽에서 이 별의 역할을 하는 신선을 이상한 노인 모습으로 여긴 전설이 있었다. 중국에서 남극노인 그림이라고 하면 수염을 길게 기르고 키가 작은 노인인데 이상하게도 머리 모양은 아주 길쭉해서 꼭 외계인처럼 정수리가 솟은 형상으로 그리는 일이 많았다. 중국인들은 이 남극노인이 신선이고 무병장수와 관련이 있다고 보아서,

카노푸스를 수명의 별 내지는 장수의 별이라는 의미로 수성(壽星)이라고 부르기도 했다. 한국에도 이런 문화가 전해져서 장수를 기원하며 이 신선을 그린 그림이 전국에 여럿 남아 있다. 보통 남극노인도, 수성도, 노인성도 등의 이름으로 부르는데 유명한 풍속화가 김홍도가 그렸다고 전해지는 것도 있을 정도로 한때는 꽤 유행한 듯하다.

카노푸스라는 별이 하필 제주도에서 꼭 보아야 하는 명물로 선비들 사이에 유명했던 까닭은 따로 있다. 서울에서는 볼 수 없기 때문이다. 별의 위치가 지구의 남쪽 방향으로 너무 치우쳐 있어서, 북쪽 지역에서는 아무리 밤하늘을 보아도 이 별이 아예 나타나지 않는다. 그나마 남부 지역에 가면 가끔 이 별을 볼 수 있는데, 그래도 계절을 잘 맞추지 못한다거나 시야에 산이 가려지면 볼 수 없다. 그러니 조선 시대 사람들은 제주도의 서귀포에 가서 한라산을 따라 높은 곳에 올라가 바다 쪽을 향해야만 카노푸스를 볼 수 있다고 생각했다.

카노푸스에 정말로 사람의 수명을 늘려주는 신비한 힘이 있는 것은 아니다. 카노푸스가 밝은 까닭은 장수의 신령이기 때문이 아니라 크기가 아주 큰 별이기 때문이다. 시리우스가 대략 지구에서 80조 킬로미터 정도 떨어져 비교적 지구와 가까운 별인 것에 비하면 카노푸스는 지구에서

3,000조 킬로미터 정도 떨어져 있어 그보다 훨씬 멀다. 그러나 카노푸스의 밝기는 시리우스보다 조금 약할 뿐이다. 즉, 멀리 있어도 비슷한 밝기로 빛을 전해줄 만큼 카노푸스가 아주 강한 빛을 많이 내뿜는다는 이야기이다.

우주선을 타고 같은 거리로 다가간다면, 카노푸스는 시리우스보다 100배 이상 밝은 커다랗고 시퍼런 빛 덩어리로 보일 것이다. 만약 카노푸스 근처에 지구 정도 행성이 있어 그곳에서 카노푸스를 본다면 태양을 대신해서, 태양의 몇백 배 정도로 거대한 카노푸스가 하늘에 뜨는 광경이 펼쳐질 것이다. 아침마다 카노푸스가 하늘 한쪽을 뒤덮어버린다고 느낄 것이다.

한국 같은 북반구 나라에서는 북두칠성을 일 년 내내 매일 밤 쉽게 볼 수 있다. 반대로 남아프리카 공화국이나 아르헨티나 같은 남반구 나라에 가면 카노푸스를 일 년 내내 쉽게 볼 수 있다. 게다가 카노푸스는 북극성이나 북두칠성보다 훨씬 밝아서 우리 눈에 잘 보이므로 남아프리카 공화국이나 아르헨티나 사람들은 이 별을 무척 자주 보게 될 것이다. 그러나 그렇다고 해서 남아프리카 공화국 사람들이 딱히 장수하는 것 같지는 않다. 남아프리카 공화국 사람들의 평균 수명은 60대인데, 한국인의 평균 수명은 84세가 넘는다. 오히려 한국인이 훨씬 더 장수한다.

나는 조선시대에 카노푸스가 장수의 상징이 된 것이 별 자체에 무슨 특징이 있어서라기보다 카노푸스가 제주도의 별이었기 때문이 아니었을까 짐작해 본다. 옛날 벼슬 자리 다툼과 당파 싸움으로 잔인하고 비정하게 서로 겨루던 서울의 양반들은, 자칫 잘못하면 하루아침에 망하기도 했을 것이고 고민할 일이나 걱정거리도 많았을 것이다. 그에 비해 어떤 이유로든 멀리 제주도로 떠나 카노푸스 같은 별을 바라볼 여유를 갖고 지내는 사람이라면, 그런 피곤한 세상사 다툼에서 벗어나 한결 평화롭게 살 기회를 누렸을 것이다. 아름답고 깨끗한 자연 속에서 한라산에 올라 별을 볼 정도의 체력과 건강을 유지하고 사는 사람이라면 자연히 장수할 가능성이 높아진다. 다시 말해, 카노푸스 때문이 아니라 제주도 때문에 장수할 수도 있겠다.

카노푸스가 사람의 장수와는 별 상관이 없어도 인공위성과 우주선의 수명을 늘리는 데 상당한 도움을 줄 수 있다. 보통 우리는 지구에서 자신의 위치를 알고자 할 때, 잘 아는 산이나 높은 건물 같은 것을 보고 방향을 잡는다. 그렇지만 지구 바깥 우주를 날아다니는 인공위성이나 우주선은 그런 방식으로 방향을 잡을 수 없다. 특히 우주선이 멀리 날아가면 더욱더 어려워진다. 수만 킬로미터, 수백만 킬로미터 떨어진 우주 한복판에서 방향을 모른다면 우주선은 길을 잃고 엉뚱한 곳으로 가게 되고, 결국 허무한 최후를 맞을 것이다.

이럴 때 방향을 잡기 위해 살펴보기 좋은 물체가 바로 별들이다. 대부분의 별은 수백조 킬로미터, 수천조 킬로미터 떨어져 있기 때문에 지구에서 보나, 달에서 보나, 화성에서 보나, 그 밝기에 별 차이가 없다. 그래서 별들이 떠있는 모양을 우주선의 카메라로 찍은 뒤 어느 위치, 어느 방향으로 볼 때 어떤 별들이 그렇게 보일 수 있는가를 컴퓨터를 사용해 역으로 계산하면 현재 우주선의 위치와 방향을 알아낼 수 있다. 이렇게 위치 및 방향을 파악하는 장비를 스타 트 래커(star tracker)라고 한다. 말 그대로 옮기면 '별을 추적하는 자'로 굉장히 멋지게 들리는데, 보통은 그냥 별추적기라고 번역한다.

카노푸스는 밝은 별이라서 감지하기 쉽고 그 위치 또한 모든 것을 눈부시게 만드는 태양과 겹치지 않는 편이다. 그렇기 때문에 우주에서 살펴보며 방향을 잡기에 요긴하다. 인류가 만들어 가장 먼 곳까지 날려보낸 무인우주탐사선인 보이저에도 카노푸스를 살펴보며 방향을 잡는 별추적기가 장착되어 있다. 한국에서도 1999년 우리별 3호를 발사할 때부터 별추적기를 자체 개발해 인공위성에 장착하기 시작했다. 요즘은 한국 기업이 좋은 인공위성용 별추적기를 개발해 외국에 판매도 하는 시대다. 그러니 하늘에 떠있는 여러

인공위성 중 몇 대 정도는 지금도 카노푸스를 보며 자신이
가야 할 방향을 가늠하고 있을지도 모른다.

1990년대에 방영된 〈X파일〉이라는 프로그램은 한국에서도 매우 유명했다. FBI 특수 수사관들이 나오는 미국 TV 시리즈로, 비행접시나 외계인 등 이상한 사건들에 대한 제보를 수사하는 내용이었다. 한국에서는 이 프로그램이 인기를 끈 이후 'X파일'이라는 말이 널리 쓰이게 되었다. 지금도 'X파일이 있다.'라고 말하면 무언가 공개되어서는 안 되는 비밀 자료가 있다는 뜻으로 통용되고, 〈X파일〉 시리즈에 등장한 '진실은 저 너머에' 같은 표현을 현실의 신문 기사나 칼럼 같은 곳에서 인용하는 사람들도 가끔 볼 수 있다.

이 TV 시리즈를 볼 때면, 주인공인 수사관 멀더가 불

여둔 사진 하나가 화면에 종종 나왔다. 바로 비행접시 사진인데, 거기에는 '나는 믿고 싶다.(I Want to Believe.)'라고 적혀 있다. 이 말은 〈X파일〉이 영화로 제작되었을 때 부제로 사용되었기에 더 잘 알려졌다. 그건 그렇고, 대체 이 비행접시 사진은 누가 무엇을 찍은 것일까? 그냥 〈X파일〉 제작진이 컴퓨터 비행접시 모형을 하나 찍어서 만든 사진일까?

만약 UFO라든가 비행접시 같은 이야기에 관심이 많은 사람이라면, 〈X파일〉 속 그 사진을 보고 어디에선가 본 것 같은데 하고 느꼈을 가능성이 충분하다. 왜냐하면 그 사진은 한국에서도 꽤 인기를 끌었던 유럽의 비행접시 소동에서 '이것이 실제로 외계인들이 타고 다니는 비행접시를 찍은 진짜 사진이다.'라는 주장과 함께 소개된 사진이기 때문이다.

1970년대, 어떤 스위스 사람의 이야기가 인기를 얻은 적이 있다. 자기가 예전에 비행접시를 타고 온 외계인을 만났고, 그들로부터 우주 저편 외계인 세상과 지구의 운명, 인류 역사에 대한 여러 가지 신비한 지식을 들었다는 주장이었다. 이 이야기는 1980년대 이후 한국과 일본에서도 인기를 끌었다. 그도 그럴 것이 이 스위스인은 단순히 자기가 외계인을 만났다고 주장했을 뿐만 아니라, 비행접시 사진을 여러 장 찍었다면서 다양한 사진도 공개했다. 사진에 보이는 모습이 꼭 영화에 나오는 외계인들의 비행접시처럼 생겨서 눈길을 끌 만했다. 심지어 그가 찍었다는 외계인 사진이 잡지 같은 곳에 실리기도 했다. 외계인은 아름다운 백인 여성의 모습이어서 역시 영화에 나오는 신비로운 외계인 공주 같은 느낌이 들기도 했다. 〈X파일〉 초창기 극중 멀더가 붙여놓았던 사진은 바로 그의 사진을 활용해 만든 것이다.

한국에서는 이 사람의 외계인 이야기를 소개하는 책이 출간되기도 했다. 〈X파일〉만큼 널리 인기를 끌었다고는 할 수는 없다. 그래도 이상하고 신기한 이야기를 좋아하는 어른들과 어린이들 사이에서는 유명해졌다고 할 만큼 인기를 얻었다. 1990년대에는 700으로 시작하는 전화번호로 전화를 걸면 오늘의 운세 같은 것을 들려주고 그만큼 전화요금에서 돈을 더 받아가는 상품이 유행했는데, 이 사람의 외계인 이야기가 유행한 시절에는 UFO 날아가는 소리를 들려준다면서 돈을 내고 700 번호로 전화를 걸어보라는 상품도 나왔다. 그 번호에 전화를 걸어서 소리를 들어본 사람들은 결코 적지 않다. 나도 친구와 함께 전화를 걸어 그 이상한 소리를 들어본 기억이 있다.

지금은 그 스위스인의 외계인 이야기도 유행이 한참 지나간 것 같다. 설령 여전히 외계인이나 비행접시 이야기에 관심이 있는 사람들이 있다고 해도, 요즘은 그가 보여준 사진보다 훨씬 더 실감 나고 멋진 인터넷 동영상이 더 주목받는 시대다.

돌아보면, 그 외계인 이야기가 인기를 끌 만한 이유가 하나쯤 더 있겠다는 생각도 든다. 이야기 속에서 외계인이 등장하는 곳이 바로 플레이아데스성단이었기 때문이다.

성단이란 여러 개의 별들이 가까이에 모여있어, 멀리서 보면 빛 덩어리처럼 보이는 것을 말한다. 플레이아데스성단은 성단 중에서도 가장 유명하고 잘 알려진 성단으로 별이 잘 보이는 곳에서는 맨눈으로 봐도 어렵잖게 찾을 수 있다. 황소자리에 속하며, 그냥 눈으로 보면 별 여섯 개, 일곱 개 정도가 가까이 옹기종기 모여있는 듯한 모양으로 보인다. 좀 더 정밀하게 관찰해 보면 플레이아데스성단은 대략 수십 개 별들이 가까이 모여있는 모습이다. 그러니 확률상으로 봐도 그 많은 별 중 한두 개 정도는 혹시 생명체나 외계인이 살 수 있다는 이야기가 그럴듯하게 들릴 수 있다.

무엇보다 플레이아데스성단을 망원경으로 잘 살펴보면 무척 신비롭고 멋지다. 사진을 잘 찍어보면 정말 그럴듯한 모습을 촬영할 수도 있다. 별들이 반짝이는 우주의 어느 한 켠에 마치 커다란 보석 같은 빛 여럿이 영롱하게 빛을 내뿜는 모습이 펼쳐진다. 나는 어릴 때, 여러 별들의 사진이 실린 책을 우연히 처음 살펴보고 플레이아데스성단의 사진이 단연 가장 멋있다고 생각했다. 친구들에게 별 모습이 멋지게 나온 책이 있다면서 그 사진을 보여주기 위해 플레이아데스성단이라는 이름도 외웠다.

플레이아데스성단을 멋지다고 느낀 것은 고대인들도 마찬가지였는지, 고대 그리스·로마인들은 이 별들의 무리가 하늘을 떠받친 위대한 거인, 아틀라스의 일곱 딸들을 나타낸다고 생각했다. 사냥의 여신 아르테미스와 함께 어울려 다니곤 하는 이 일곱 자매들을 신화에서 플레이아데스라고 불렀기 때문에, 별들의 이름도 플레이아데스성단이 된 것이다.

조선에서는 봄철에 이 별을 보고 금년 농사가 잘될지 못될지 판단하는 풍습이 있었다. 조선 후기에 나온 『열양세시기』 같은 책을 보면 서울 인근에서는 특히 음력 2월 6일에 이 별을 유심히 살펴보았다고 한다. 대체로 황소자리에 속한 별들은 겨울철에 더 잘 보이기는 한다. 그런데 조선에서는 겨울철이 끝나고 막 봄철이 시작될 음력 2월 초, 그러니까 양력 3월 초 무렵에 플레이아데스성단을 보면서 한 해 농사를 본격적으로 시작하기 전 풍년이 들지 흉년이 들지 가늠했던 것이다.

조선에서는 플레이아데스성단을 보통 좀생이별이라고 불렀다. 『열양세시기』를 보면 좀생이별이 밤하늘에 뜨는 위치가 달과 가까우면 먹을 것이 풍족하다는 뜻, 즉 풍년이고 좀생이별이 뜨는 위치가 달과 멀면 먹을 것이 부족하다는 뜻, 즉 흉년이라고 보았다고 한다. 현대의 민속을 조사한 자료를 참고하면 아무래도 옛사람들은 좀생이별과 달을 볼 때, 둥그런 달이 둥근 떡이나 밥그릇을 의미한다고 생각했던 것 같다. 그래서 풍년이 들 것 같은 해에는 다들 달에 가까이에 붙어서 달을 맛있게 잘 먹고, 흉년이 들 것 같은 해에는 달 떡에서 멀어져 있으니 배고파할 거라는 이야기를 만들어낸 것으로 보인다. 이렇게 생각해 보면, 조선 시대 사람들의 전설 속 좀생이별은 달을 뜯어먹는 요정들의 무리 같은 것으로 생각한 듯싶다. 『열양세시기』에서는 달에서 좀생이별이 멀리 떨어져 있는 모양을, 어린 자식들이 밥을 못 먹고 있는 모양으로 비유하기도 했다. 유럽인들의 신화에 하늘을 떠받치는 거인의 일곱 딸들이 등장한 것과 비교해 보자면 조선의 이야기가 더 생동감 있다는 느낌도 들고 한편으로는 배고픔에 시달리는 현실 문제와 더 가까운 전설이라고 생각되기도 한다.

현대 과학에 따르면 플레이아데스성단과 지구까지의 거리는 약 4,200조 킬로미터 정도라고 한다. 이 정도면 우주에서 가장 빠른 빛의 속력으로 날아온다고 해도 플레이아데스성단에서 우주선이 지구까지 오려면 400년은 걸린다는 뜻이다. 또한 플레이아데스성단을 이루는 별들은 지금 모습대로 그냥 가만히 있는 것이 아니라 별끼리 서로 당기는 중력의 힘 때문에 활발히 움직이는 편이다. 그러니 대략 1억 년 전에는 별들이 지금 위치에 있지 않고 너무 흩어져 있어서 성단을 이루지 못했다. 하늘의 별들은 영원히 변하지 않는 것 같지만, 공룡시대로 거슬러 올라가 보면 플레이아데스성단이란 것이 아예 없던 시절도 있었다는 뜻이다. 마찬가지로 앞으로 2억~3억 년 정도의 시간이 흐른 미래에 플레이아데스성단은 다시 흩어져서 사라져버릴 것이라고 추측된다.

그러니 역시 별에 대해 유행하는 이야기들은 그 시대 사람들의 유행과 고민을 반영하는 것 같다. 같은 별을 보면서도 고대 그리스인은 신과 거인들을 생각했고, 조선 시대 사람들은 별이 떡 먹는 이야기를 생각했고, 20세기의 누군가는 지구인보다 훨씬 더 과학 기술이 뛰어난 외계인과 우주선을 생각했을 수 있다는 것이다.

　　한국 역사의 여러 나라들 중, 밤하늘 별들을 중요하게 생각하는 문화가 있던 곳은 어느 나라일까? 많은 사람이 그 후보로 고구려를 꼽을 만하다고 생각할 것이다. 일단 고구려는 밤하늘 별자리를 한가득 그려놓은 커다란 무덤을 많이 만들었다. 그런 무덤들 중에는 나라의 임금과 가까우며, 굉장히 높은 지위를 가진, 부유한 사람의 무덤으로 보이는 것들도 있다. 아마도 고구려 사람들은 별자리 모양을 그려 신성한 장식을 하는 것이 높은 사람의 생명이나 영혼을 위해 꼭 필요한 일이라고 생각할 정도로 별을 중요하게 여겼을 것이다.

보다 분명한 역사 기록에도 그런 이야기가 실린 대목이 있다. 중국 당나라 시기의 역사를 정리한 책『구당서』와『신당서』를 보면, 중국 당나라와 치열한 전쟁을 벌인 상대방 고구려를 소개하는 대목에서 고구려가 독특한 제사 문화를 가졌다는 점을 언급하고 있다. 두 책에는 고구려가 영성신·일신·가한신·기자신을 특별히 섬겼다고 나와있다. 영성은 신령스러운 별이라는 뜻이고, 일은 태양(日)을 말한다. 가한이란 예로부터 북방 민족들의 임금을 표현하던 칸이라는 칭호를 한문으로 기록한 것이고, 기자는 중국 전설 속에서 예의와 사람의 도리를 알려준 위대한 인물로 언급되던 사람이다.

태양을 신으로 숭배하는 풍습은 온갖 나라에 있었으니, 일신을 섬겼다는 것은 흔한 풍습이다. 가한신과 기자신이라는 것도, 고구려에 영향을 미친 어떤 옛 전설 속의 임금님이나 예의범절에 대해 가르침을 준 성스러운 인물을 섬긴 것이라고 치면 위대하고 고귀한 옛사람에게 제사를 지내는 평범한 풍습이라고 말할 수 있겠다.

그러나 영성신(靈星神), 즉, 신령스러운 별의 신을 섬긴다는 것은 그와 달리 눈에 들어온다. 별을 섬겼다면 도대체 밤하늘 그 많은 별 중에서 도대체 어느 별을 섬겼다는 말일까? 고구려 사람들이 고구려의 수호신이라고 생각했거나,

모든 별 중에 가장 중요하다고 생각한 별이 따로 있을까? 중국 역사책에서 영성신, 일신, 가한신, 기자신을 언급하면 서 가장 먼저 영성신을 이야기한 것을 보면, 그만큼 그 별을 높이 떠받들고 그 별에 대한 여러 가지 의식이 많이 퍼져있 었다는 뜻 아닐까?

그러나 안타깝게도 고구려 사람들이 섬기던 영성신이 도대체 어떤 별의 신이었는지, 그 별을 섬기기 위해 어떻게 제사를 지냈고 어떤 풍습으로 의식을 치렀는지 알 수 있는 것이 거의 없다. 고구려인이 남긴 의식이나 풍습에 대한 기 록은 사실상 아무것도 남아있지 않기 때문에, 그 문화가 널 리 공유되어 내려오지 못했기 때문이다.

나는 현대의 우리가 우리만의 문화와 지식을 기록하고 남겨 널리 공유하려고 더욱 노력해야 한다고 생각한다.

고구려 사람들이 섬기던 영성신에 대해 몇 가지 추측 을 해 볼 수는 있다. 고구려인이 별들의 대표로 떠받는 별이 라고 생각해 볼 만한 별이라면, 일단 밤하늘을 그냥 올려다 보아도 하늘의 중심처럼 보이는 북극성과 북극성 주변의 별 이 있다. 곧 한국에서 오랫동안 숭배의 대상으로 인기를 끌 어온 북두칠성 등이다.

좀 다른 방향의 생각도 있다. 중국의 제사 기록들을 살 펴보면, 중국에도 영성(靈星)이라는 별이 있었고 그 별에게 제사를 지내기도 했다는 이야기가 있다. 중국인들이 고구려의 별에 대한 기록을 남길 때, 영성(靈星)이라는 말을 사용한 이유가 여기에 있다. 중국인 자신들이 제사 지내는 영성이라는 별을 고구려인들이 매우 높게 떠받든 사실을 밝힌 것이다. 만약 그렇게 생각한다면 고구려가 영성신으로 섬기던 별은 중국 고전에서 영성이라고 표기한 것과 같은 별이 될 것이다.

마침 중국 고전에 나오는 영성이라는 별에게 제사 지내는 풍습은, 고려 시대와 조선 시대 초기에도 이어졌다. 조선 중기에는 이 별에게 제사 지내는 풍습이 흐지부지되어 사라졌지만, 조선 후기에 정조 임금은 이 풍습을 부활시키기 위해 이 별과 제사 의식에 대해 조사해서 『성단향의』라는 문서를 펴낼 정도였다. 만약 고려 시대, 조선 시대에 이 별에게 제사 지내는 풍습을 고구려의 영성신 숭배에서 이어진 것이라고 생각해 보면, 이 별에 대한 한국인들의 사랑이 몇천 년간 길게 이어져왔다는 상상도 해볼 만하다.

그런데 문제는 영성(靈星)이라는 별이 정확히 무엇인지 좀 애매하다는 것이다. 1409년 음력 6월 26일 『조선왕조실록』 기록을 보면 조선 시대에는 직업적으로 별에게 지내는 제사를 따지던 관리들조차 이 별의 이름조차 혼동하여 영성(零星)으로 착각했다고 되어있다. 이제 와서 영성이 어느 별인지 따져보자면, 가장 쉬운 결론은 고대 중국인들이 별자리를 분류하던 28수 방식을 사용할 수 있다. 영성은 여기서 각수(角宿)라고 부르던 별들에 속하는 천정성이라는 별 중 하나라는 것이다. 그런데 이 별의 경우 너무 희미하고 어두워 잘 보이지 않는다. 이래서야 도대체 왜 이런 별을 그만큼 중요하게 여겼는지 알 수가 없다. 고구려에서 이 별을 가장 영험한 별로 여긴 이유도 얼른 알 수가 없다.

그나마 한 가지 확실한 것은 제사를 지낸 날짜다. 조선 시대에 영성에게 제사를 지낼 때는 입추가 지난 후 얼마 안 되어 지내는 것이 관례였다. 정확히 말하자면 진(辰)일, 그러니까 용의 날이 돌아올 때 영성에게 제사를 지냈다고 한다. 입추 후면 늦여름 즈음이 되므로 아마도 각수에 속하는 별들을 향한다면 여름철에 잘 보이는 별을 향해 소원을 빌었을 것이고, 가을에 추수 때가 되면 수확이 많게 해달라고 기도하지 않았을까 싶다.

마침 여름철 밤하늘에 보일 만한 별 중에, 각수에 속하는 별로 유독 밝은 별이 하나 있다. 현대에는 스피카라고 부르는 별이다. 요즘 사용하는 별자리로는 처녀자리에 속하는데, 별의 밝기 등급으로 따졌을 때 1등급에 속하는 아주 환한 별이다. 스피카에서 조금 떨어진 목동자리 쪽을 보면 스피카보다 좀 더 밝은 별인 아르크투르스가 보인다. 또 사자자리에 있는 스피카보다 좀 더 어두운 별 데네볼라도 근처에 있다. 이렇게 스피카, 아르크투루스, 데네볼라는 밤하늘에서 삼각형을 이루는데, 전체적으로 다들 밝은 편이고 봄철이 되면 동시에 뚜렷이 잘 보이므로, 요즘에는 이 세 별을 '봄의 대삼각형'이라고 부르기도 한다.

스피카가 속한 별자리를 왜 처녀자리라고 부르는지에 대해서는 여러 가지 이야기가 있다. 나는 그중에서 이것이 저울을 들고 있는 정의의 여신을 나타낸다는 이야기를 소개하고 싶다.

처녀자리가 정의의 여신이라고 생각하면 가장 밝은 별 스피카는 여신의 손 방향을 나타낸다. 이 별은 현대의 기술로 정밀 관찰해 보니, 사실 아주 가까이 붙어있는 별 두 개였다. 스피카는 지구에서 약 2,400조 킬로미터 떨어진 위치에 있다. 그에 비하면 스피카를 이루는 두 개의 별들은 좀 과장하자면 거의 붙어있다고 할 정도로 가까이에 있다. 둘 중 한 별이 다른 별 주위를 빙빙 돌고 있는데, 그 도는 속력이 4일에 한 바퀴를 돌 정도로 빠르다. 그러다 보니 두 별은 서로 당기는 중력의 힘 때문에 약간 넓적해진 모양이라고 한다. 이 두 개의 별 모양이 공교롭게도 정의의 여신이 들고 있는 양팔 저울의 두 접시 같지 않은가?

조선 초기에는 영성에게 제사 지내는 시설을 영성단이

라고 불렀으며, 그 영성단은 지금의 용산 지역인 둔지산에 설치되어 있었다고 한다. 그러므로 오랫동안 여름밤에 별을 향해 제사 지내며 기도하는 풍습이 용산에서 이어진 것은 사실이라고 할 수 있고, 2015년 국립국악원에서는 조선 시대 영성단의 행사에 사용하던 음악과 춤을 복원해 선보이기도 했다.

그렇다면 지금, 영성단이 있던 용산에서 여름밤 별을 보고 노는 파티 같은 것을 다시 열어보는 것도 재미있지 않을까? 스피카의 별빛이 밝아 도심에서도 잘 보이니 그 방향을 보며, 정의의 여신 같은 주인공이 나오는 영화나 소설에 대해 서로 이야기 나누어도 재미있을 것이고, 밤하늘을 올려다보며 고구려인들이 최고의 별이라고 여긴 별이 과연 어떤 별일지 이리저리 짐작해 보아도 재미있을 것 같다.

로마 제국 시대에 방탕하고 사치스럽고 무절제하게 산 콤모두스라는 황제가 있었다. 그런데 지금 남아있는 그의 석상을 보면 세계 최강의 로마 황제라고 하기에 조금 이상한 모습이다. 호사스러운 왕관을 쓴 것도 아니고, 고대 로마라면 떠오르는 월계관을 쓴 것도 아니다. 황제와는 어울리지 않는 짐승 가죽을 뒤집어쓴 그는 잘 봐줘야 산골의 짐승 사냥꾼이고 보기에 따라서는 산적 같다. 콤모두스 황제의 조각상은 왜 이런 모습을 한 것일까?

이는 그 시대 로마에 퍼져있던 그리스 신화의 영향 때문이다. 그리스 신화에서는 제우스 신의 아들이자 세상에서 가장 싸움을 잘하는 영웅 헤라클레스가 열두 가지 모험을 벌였다는 유명한 이야기가 있다. 그리고 그 열두 모험 중 대표적인 것이 네메아의 사자라는 어마어마하게 강한 사자를 물리쳤다는 이야기이다. 네메아의 사자는 가죽이 강철보다 단단한 재질이라서 창, 칼, 화살로 아무리 공격해도 다 튕겨 냈다. 헤라클레스는 고생 끝에 결국 맨손으로 사자의 목을 졸라서 사냥에 성공했다고 한다. 그래서 그 후에 헤라클레스는 그 사자의 가죽을 자랑거리로 여겨 몸에 두르고 다녔다고 한다.

다시 말해서 콤모두스는 자신이 싸움을 굉장히 잘하는 헤라클레스 같은 사람이라고 자랑하기 위해, 황제이면서도 괜히 사자 가죽을 뒤집어쓰고 있었다는 뜻이다. 로마에서는 군중 앞에서 칼싸움을 하는 검투사들이 인기 많은 연예인 대접을 받았는데, 콤모두스는 그런 삶을 동경했다. 그래서 스스로 칼싸움을 연습했고 황제 신분으로 검투사 대결에 출전하여 사람들의 환호를 받으며 기뻐했다고 한다. 아무래도 로마 사람들이 콤모두스 황제를 향해 환호한 것은 존경의 의미보다 '참 해괴한 자도 다 있구나.'라는 웃음의 의미가 아니었을까 싶다.

그 정도로 헤라클레스와 네메아의 사자가 인기를 끈 소재였으니, 당연히 그를 소재로 한 별자리도 있었다. 바로 밝은 별이 많은 편인 별자리, 사자자리다. 신화에서는 제우스 신이 자기 아들의 업적을 널리 알리기 위해 네메아의 사자를 하늘에 표시해놓은 것이 사자자리가 되었다고 한다. 그 사자자리에서 가장 밝은 별이 사자 앞발에 해당하는 1등성 레굴루스다. 레굴루스는 대략 지구에서 950조 킬로미터 떨어진 곳에 있는 별로 그 이름은 라틴어로 작은 왕 또는 왕자를 뜻한다. 고대 중국에서도 이 별을 흔히 헌원대성이라고 불러서 중국 전설 속 임금과 관계가 깊은 별이라고 생각했다.

한국의 옛 기록에서 사자자리의 별들은 자주 유성과 함께 언급된다. 유성이 갑자기 너무 많이 생겨나 하늘에서 비가 오듯 쏟아지는 현상을 유성우라고 하는데, 비슷한 시기에 유성우 현상이 언급될 때도 있다. 유성 하나가 떨어지는 것도 눈길을 끄는데 유성이 수십 개, 수백 개가 비 오듯 하늘에서 떨어지니 사람들은 이상한 일이라고 놀랐을 것이다. 아닌 게 아니라 옛 기록을 보면, 사람들은 이렇게 유성이 많이 쏟아지면 나라에 나쁜 일이 생길 불길한 징조처럼 여길 때가 많았던 것 같다.

사자자리 근처에서 가을철에 유성우가 나타나는 일은 먼 옛날 한국에서만 화제가 된 것이 아니다. 비교적 과학이 발달한 시대인 1833년 미국에서도, 사자자리 유성우가 갑자기 굉장히 큰 규모로 나타났다. 이 일로 수많은 사람이 이 현상을 보고 깜짝 놀랐다. 특히 이때 미국에서 목격된 유성우는 많게는 한 시간에 몇만 개의 유성이 나타나는 수준이어서 유성이 하늘을 뒤덮어버리는 것 같은 모양이었다. 아예 밤하늘이 환하게 번쩍거린다는 느낌을 줄 정도였다고 하니, 유성이 얼마나 많았는지 짐작해 볼 만하다. 아마 이대로 하늘이 무너지는 것 같은 엄청난 일이 일어나, 한순간에 세상이 멸망해도 이상하지 않을 것만 같은 기분에 휩싸인 사람들도 있었을 것이다.

　나도 예전에 사자자리 유성우를 직접 본 적이 있다. 마침 그날 사자자리 유성우는 가을철 대학 수학능력 시험 날짜 바로 전날 나타났다. 나는 그때 고등학교 2학년이었는데, 학교에서 고등학교 3학년 선배들의 시험장에 응원하러 가야 한다는 이야기가 나와서 캄캄한 새벽부터 집을 나섰다. 생각해 보면, 응원을 해야 된다는 생각보다 그냥 친구들과 밤에 만나 그렇게 어울리는 일 자체가 재미있었던 것 같다. 좋은 자리를 잡는다고 밤부터 시험 시작 시간이 될 때까지 몇 시간이고 길가에 서 있었는데, 그때 그 밤하늘에서 수십 개쯤 되는 무척 많은 유성을 보았다. 사실 비가 쏟아지는 것처럼 많은 별이 쏟아지는 모습과는 거리가 멀었다. 그래도 그날 하루 동안 본 유성이 일생 동안 본 유성을 모두 합한 것보다 많았다. 유성이 떨어질 때는 소원을 빌어야 한다고 해서 이것저것 소원도 많이 빌었는데, 나중에는 무슨 소원을 빌지 잘 생각이 나지 않을 정도였다.

사실 가을철에 사자자리 유성우가 나타나는 현상은 나라의 운명이나 간절한 소원 같은 주제에 비해서 좀 하잘것없다고도 할 수 있는 일 때문에 벌어진다. 가장 큰 원인은 바로 혜성이 남긴 먼지 부스러기다.

혜성이 태양계를 빠르게 지나치며 날아다니다 보면, 모래 부스러기나 자갈 부스러기 같은 것을 우주에 흘리며 지나가는 일이 자주 벌어진다. 우주에 바람이 부는 것도 아니고 누가 모래 부스러기를 치우고 다니는 것도 아니니, 이 모래 부스러기는 우주 공간에 오랫동안 붕 떠있게 된다. 그런데 마침 지구가 태양 주위를 돌다가 모래 부스러기가 있는 지역에 들어가면, 그때 그 모래부스러기가 지구에 떨어지기 시작한다. 별것 아닌 모래 부스러기나 자갈일 뿐이지만 우주에서 지구의 바닥까지 떨어지다 보면 그 속력이 엄청나게 빨라지고 결국 공기와 극심한 마찰을 일으켜 빛을 내며 불타게 된다. 즉 유성우는 흩날린 그 많은 모래 부스러기들이 동시에 불타는 모습이라고 할 수 있다. 모래 부스러기들이 유독 많을 때, 유성이 잘 보일 것 같은 시간에, 지구가 모래 부스러기와 마주치고 날씨까지 좋으면 유성우는 특히 더 많이 나타난다.

사자자리 유성우는 혜성 중에서도 템펠-터틀 혜성이 지나다니며 남기는 먼지, 모래 부스러기와 닿을 때 생긴다. 템펠-터틀 혜성이 돌아다니는 길은 거의 일정하고, 지구가 계절에 따라 태양을 돌며 우주를 돌아다니는 길도 일정하다. 따라서 가을철 11월경에 이 혜성이 남긴 자국과 지구가 만날 때가 많다. 그리고 대개 비슷한 위치, 비슷한 각도에서 이 현상이 일어나기 때문에 보통 그 부스러기들은 사자자리 별들이 있는 방향에서 지구로 떨어지며 유성이 된다. 이것이 가을철에 가끔 사자자리 유성우를 볼 수 있는 이유다.

너무나 뻔한 이야기이지만 이런 이유로 생기는 유성우가 어떤 나라에 불길한 일이 생기는 것이나 세상이 멸망하는 사건과 관계있을 까닭이 없다. 양홍진 박사는 한국의 옛 기록 속에 나온 유성우에 대해 연구했다. 그는 2012년 논문에서 역사적으로 중요한 사건과 유성우는 수백 년의 사례를 종합적으로 검토해 보아도 별 상관이 없다고 결론을 내렸다. 그저 가을철 11월 전후로 유성이 많이 발견되어서, 때가 맞으면 사자자리 유성우 현상이 잘 나타난다는 과학적인 사실을 옛 기록으로도 확인할 뿐이었다.

한국의 유성우 기록 중 오래된 것으로는 서기 643년 고구려에서 관찰되어 『삼국사기』에 기록된 것이 있다. 이 기록에서는 '밤이 밝았지만 달이 없었고, 여러 별들이 서쪽으로 흘러갔다.'라고 되어있다. 마침 이 일은 가을에 일어났다고 되어있다. 그렇다면 혹시 이 사건도 가을철에 발생한 사자자리 유성우가 아니었을까? 1,200년 뒤인 1833년 미국 사람들이 본 강력한 유성우였다면, 별들이 서쪽으로 흘러갔다는 말은 아주 많은 유성들이 폭포 물살처럼 쏟아진 모습을 나타낸 것일지도 모른다.

역사 기록에 이런 내용이 실려있는 것을 보면, 아무래도 고구려 사람들은 이 유성우가 앞으로 대단히 불길한 일이 벌어질 거라는 예언이라고 생각했을 가능성이 있다. 실제로 얼마 지나지 않아 중국 역사상 가장 뛰어난 임금으로 유명한 당나라의 이세민이 직접 고구려를 공격할 준비에 착수했고, 대단히 강력한 군대를 갖춘 당나라가 고구려를 공격해 커다란 전쟁이 벌어졌다.

그러나 안시성 싸움 등의 유명한 전투 끝에, 이세민의 고구려 공격은 결국 실패했고 전쟁은 고구려의 승리로 끝났다. 어쩌면 한국사에서 가을철에 보이는 쏟아지는 별들은 불길한 뜻이 아닌 다른 의미를 갖는 건 아닐까? 난관이 있고 고생을 하겠지만 결국 준비하고 힘을 다해 도전하면 승리할 수 있다는 뜻으로 볼 수도 있을 것이다. 그렇게 생각하면 11월 수능 시험을 비롯해 한 해의 마무리를 준비하는

여러 사람들에게 오히려 용기가 될 수 있겠다는 생각도 해
본다.

겨울철 밤하늘을 보면 세 개의 밝은 별이 한 줄로 나란히 늘어선 모양이 쉽게 눈에 띈다. 거의 규칙적으로 늘어선 것처럼 보일 정도인데, 국립중앙과학관의 소개 자료를 비롯해 이 별들을 삼형제별이라고 부르는 사례가 많다. 현대의 별자리로는 오리온자리의 가운데 부분에 해당하므로, 마치 오리온이 벨트를 두른 위치에 별이 있다고 해서 오리온의 벨트라고도 부른다.

삼형제별은 지구에서 보면 나란히 보인다고 해도 모두 지구에서 수천조 킬로미터 이상 떨어진 먼 별들이다. 특히 가운데의 별은 유독 지구에서 더 멀리 떨어져 있다. 그래서 실제 거리로 보면 세 별이 딱히 가까이 모여있는 것은 아니다. 그저 지구에서 보는 각도가 오묘해서 나란히 자리 잡은 것처럼 보일 뿐이다. 그래도 별 세 개 모두 1등성에서 2등성 정도라서 눈에 잘 띄기도 하고, 그 주위에 다른 밝은 별들도 많아서 한번 위치를 봐두면 쉽게 찾을 수 있다. 특히 그 주변에 베텔규스, 리겔, 시리우스 같은 다른 밝은 별들이 많기 때문에 밤하늘을 살펴볼 때 자주 눈길이 갈 만한 위치에 있다. 그러니 더욱 친숙해지기 좋은 별이다.

그런데도 이 별에 대해 한 가지 착각이 굉장히 널리 퍼져있다. 적지 않은 사람들이 세 별을 '삼태성'이라고 부르는 것이다. 눈에 잘 띄는 큰 별이 셋이 있으니, 세 개의 큰 별이라고 생각해서 이 별들이 삼태성이겠지 하는 누군가의 오해가 어쩌다 보니 널리 퍼진 것 같다.

그러나 과거에 삼태성이라고 부르던 별들은 따로 있다. 고대 중국에서 북두칠성 근처에 보이는 세 쌍의 별들 중에 삼태성이라고 부르는 별들이 있었다. 이를 받아들인 한국에서도 삼태성은 오리온의 벨트가 아니라 원래 북두칠성 주변의 그 별들을 부르는 이름이었다. 한자도 세 개의 큰 별이라는 뜻의 '三太星'이 아니라, '三台星'이라고 다르게 썼다. 아마도 한문으로 별을 부르던 방법이 다 잊히고 사람들이 한자도 별로 쓰지 않는 시대가 되면서 별 이름에 혼동이 일어난 듯하다. 진짜 삼태성들은 삼형제별에 비해서 눈에 덜 띄는 위치에 있고 밝기도 더 어둡다. 오리온의 벨트에 해당하는 세 별들을 가리켜, 조선 시대 학자들은 삼태성이 아니라 삼성(參星)에 속하는 세 별이라고 부르거나 삼삼성(參三星)이라고 불렀다.

그러므로 나는 오리온의 벨트를 삼태성이라는 엉뚱한 이름으로 불러서는 안 된다고 생각한다. 복잡한 한자어라서 굳이 쓸 필요가 없는 말이고, 수천 년간 원래 삼태성이라고 부르던 다른 별들과 헷갈리는 이름일 뿐이다. 기왕에 이 별을 부르는 이름으로 훨씬 쉬운 삼형제별이라는 말이 퍼져있으니, 삼형제별이라고 부르면 충분하다. 한자어 명칭을 제대로 사용해서 삼삼성이라고 불러도 되겠지만, 요즘에는 그렇게 말해도 어차피 알아듣기 어렵고 혼란만 줄 수 있다. 역시 삼형제별이 좋은 이름이라고 생각한다.

조선 시대 사람들은 삼형제별에 관해 재미난 상상을 했다. 조선 후기의 책 『동국세시기』에 따르면 조선 시대에는 음력 2월이 되면 삼형제별과 달의 위치를 유심히 살펴보는 풍습이 있었다고 한다. 특히 초저녁에 밤하늘을 보면서 삼형제별의 위치를 따졌다고 한다. 만약 삼형제별이 고삐를 쥐고 달 앞에서 달을 끌고 가는 것 같은 위치에 있으면 그 해에 농사가 잘되어 풍년이 들 징조로 여겼다.

삼형제별을 보면서 하필 고삐를 쥐고 끌고 가는 장면을 떠올렸다는 점이 재미있다. 고삐는 소나 말을 끌고 갈 때 쓰는 것이니 아마도 달을 커다란 밤하늘의 소나 말처럼, 삼형제별은 그 소나 말을 끄는 소 주인이나 목동처럼 생각한 것 아닐까 짐작해 본다.

음력 2월이면 늦겨울에서 초봄 무렵이다. 그러니 조선 시개 사람들은 겨우내 밤하늘에 자주 뜨고 지던 삼형제별을 살펴보다가 겨울이 다 끝날 무렵이면 그 삼형제별이 어디에 자리 잡았는지 따진 것이다. 하늘에서 달과 별이 떴다가 질 때, 삼형제별이 먼저 뜨고 그 뒤에 달이 딸려가는 모양새로 떠오르면, 소 주인이 소를 앞에서 잘 끄는 모습 같아 좋아했을 것이다. 그러면서 소가 주인 말을 들으며 밭을 잘 가는 모습이나, 혹은 많은 재물을 실은 소가 주인을 잘 따라가는 장면과 비슷하다고 여겼을지도 모르겠다. 소나 말 자체가 귀중한 재산이었으니 꼭 소가 무슨 일을 하고 있지 않더라도 소몰이꾼이 소를 잘 끌고 간다는 것만으로도 풍성하고 좋은 모습으로 여길 수 있다.

반대로 달이 먼저 뜬 뒤 삼형제별이 뒤에 따라 뜨면, 이것은 반대로 소몰이꾼이 소에게 끌려가는 모양이 된다. 소나 말이 도망가는 모양이라고 할 수도 있다. 그러니 그 모습을 보면서 사람들은 운수가 나쁘고 농사를 망치는 불길한 미래를 걱정했을 것이다. 그러고 보면, 조선 시대 사람들의 전설 속에서 삼형제별은 우주의 소몰이꾼이자 우주의 마부다. 달은 밤하늘의 황소, 밤하늘의 백마 역할을 맡았다고 할 수 있다.

유럽에 퍼져있던 그리스·로마 신화에 따르면 오리온은 사냥을 굉장히 잘하는 거인이었지만 신들의 미움을 받아 죽음을 맞이한 인물이다. 사냥의 여신인 아르테미스와 오리온이 친해졌다는 이야기도 있는데, 그것을 아니꼽게 여긴 아폴론은 오리온이 깊은 바다에 들어가 머리만 물 밖으로 내민 채 걸어갈 때, 아르테미스에게 '바다 위에 떠가는 저 이상한 물체를 화살로 맞혀보라.'라고 부추겨서 아르테미스의 손으로 오리온의 목숨을 빼앗게 했다. 그래서 아르테미스가 너무 슬퍼하니까 신들이 오리온을 별자리로 만들어주었다고 한다. 마침 아르테미스는 달의 여신이기도 하니, 여기서도 오리온과 달 사이의 관계가 보인다.

굳이 비교해 보자면, 그리스·로마 신화의 극적인 점이 확실히 인상적이기는 하다. 추운 겨울철 긴긴밤에 별들을 보며 생각에 빠져드는 상황이라면, 조선의 전설처럼 삼형제별이 목동이나 카우보이라고 여기는 그 쾌활한 분위기도 좋다고 생각한다.

시선을 돌려보면 오리온자리는 삼형제별 말고도 구경

할 것이 여럿 있는 별자리다. 거대하고 밝은 별들도 살펴볼 것이 많은 데다가 망원경으로 별 보는 기술이 발전한 뒤에는 오리온자리 부분에 나타나는 성운도 좋은 관찰 대상이다.

성운은 우주에 퍼져있는 연기, 기체 등이 희미하게 빛나는 현상을 말한다. 오리온자리에 있는 말머리성운의 경우, 망원경으로 확대해 보면 오묘하게 성운이 빛나는 모양이 말머리와 닮아 보여서 이런 이름이 붙었다. 신비로운 우주 사진을 보여준다고 할 때 매체에서 단골로 보여주는 모습이기도 하다. 괜히 그런 사진을 보고 있으면, 삼형제별이 밤하늘의 백마를 끌고 가려다가 놓쳐서 도망간 것이 말머리성운으로 나타났나 하고 공상해 보게 된다.

오리온자리에서 더 잘 보이는 성운으로 오리온성운도 있다. 성운치고는 밝은 편이라서 맨눈으로도 잘만 하면 그 위치를 알아볼 수 있다. 오리온자리에서 삼형제별을 오리온의 벨트라고 하면, 벨트에 칼을 차고 있다고 생각했을 때 칼의 칼끝에 해당하는 부위에 세로로 나란히 세 개의 별이 있다. 오리온성운은 그 칼끝 세 별 바로 곁에 붙어있다. 맨눈으로 보면 그냥 흐릿한 점 아닌가 싶은 밋밋한 모양인데, 망원경으로 세밀히 살펴보면 정말 우주 공간에 구름이나 안개가 빛을 내며 복잡하게 펼쳐져 있는 것과 같은 절묘한 모습이 드러난다.

　사실 오리온성운은 망원경 사진을 찍으면 멋있어 보인다는 장점 이상으로 과학적인 연구 가치도 높다. 우주에 흩어진 기체, 연기, 물질 따위가 많이 뭉치다 보면 결국 그 무게가 굉장히 커져서 별이 된다. 우주 공간에 연기가 흩뿌려진 오리온성운을 관찰하다 보면 이렇게 별이 되기 직전, 직후의 상황을 자주 볼 수 있다. 이런 모습을 잘 살펴보면, 과연 별이라는 것이 어떻게 탄생하는지, 별이 막 생긴 후에는 어떻게 변해가는지 알아낼 수 있다. 우리의 태양도 먼 옛날 그 비슷한 원리로 탄생하여 지금 같은 모양으로 변해갔을 것이므로, 별의 탄생에 대해 알아본다는 것은 태양의 성질을 이해하는 데에도 큰 도움이 된다.

　이런 이유로 예로부터 과학자들은 오리온성운의 다양한 모습을 많이 관찰했다. 그래서 현대에 들어와서는 어떤 망원경이 제대로 작동하고 있는지 확인할 때, 오리온성운을 관찰하면서 그 세밀한 모습이 제대로 보이는지를 따지기도 한다. 보통 망원경을 처음 작동시켜서 맨 먼저 별을 관찰하는 순간을 퍼스트 라이트(first light)라고 부른다. 대한민국의 역사상 첫 국립천문대를 소백산에 설치한 뒤 1975년 61센티미터 반사 망원경을 처음 가동한 퍼스트 라이트의 순간 맨 처음 본 것도 바로 다름 아닌 오리온성운이다.

이후 세월이 흘러 한국의 기술이 발전하면서 2022년에는 국제 공동 연구용 망원경인 ALMA라는 시설에, 한국 연구진이 개발한 별빛 분석 장비인 분광기를 설치하는 수준에 이르렀다. ALMA는 별이 뿜어내는 빛 중에서도 전파를 정밀하게 측정할 수 있는 망원경인데, 지상에 설치된 망원경 중에서는 세계 최강 수준의 성능을 자랑한다. 그런데 여기에 설치한 한국의 분광기로 맨 처음 관찰한 것도 바로 오리온성운이었다.

ALMA에 설치한 한국의 분석 장치는, 망원경이 별빛을 측정한 결과를 1초에 수십 기가바이트 분량의 자료로 보내오면 그것을 바로바로 고속으로 분석할 수 있도록 되어있다. 빠른 자료 처리를 위해 컴퓨터 게임 그래픽이나 인공지능 프로그램에 사용하는 GPU 부품을 여러 개 설치해서 활용하는 기술도 동원되었다고 한다.

현대 과학 기술의 측정에 따르면 오리온성운은 지구에서 1경 킬로미터 이상 떨어진 아주 먼 곳에 자리 잡고 있다. 그리고 오리온성운의 크기도 대략 100조 킬로미터는 넘는다고 한다. 비록 지구에서 맨눈으로 보면 작고 흐린 점과 같겠지만, 실제로는 100조 킬로미터라는 광대한 넓이에 걸쳐 우주의 구름, 우주의 연기가 이리저리 펼쳐져 있고 그 와중에 군데군데에서는 새로운 별이 탄생하고 있는 지역이 오리온성운이다. 이 정도라면, 삼형제별이 우주의 소와 말을 끌고 다니기에도 넉넉하게 어울린다고 생각한다.

외계 행성_한국 고등학생들이 이름 붙인 또 다른 세계

만약 누가 자신의 정체를 시리우스 별에서 온 외계인이라고 소개한다면 어떨까? 나는 일단 조금 의심해도 좋을 것이라고 생각한다. 몇 가지 이유가 있는데, 일단 고향 소개가 너무 부실하다는 점을 한번 짚어보고 싶다. 시리우스 별은 밤하늘에서 밝게 빛나는 별이기 때문에 눈에 잘 띄고 멋있어 보인다. 외계인이 거기서부터 지구까지 날아온다면 언뜻 그럴듯한 느낌을 줄 것이다. 그러나 사실 시리우스 별 역시 가까이 다가가서 보면 태양의 두 배가 넘는 무게를 지닌 거대한 불덩어리다. 수소 폭탄과 원리가 같은 핵융합 반응이 일어나 어마어마한 불 폭풍이 휘몰아치는 곳이다. 이런 곳에서 외계인이 살기란 매우 어렵다. 모든 것이 녹아내리는 불덩어리 속에서라면 무척 단순한 생명체조차 생겨나기 쉽지 않을 것이다.

우리가 사는 지구와 태양계를 봐도 생명체는 빛과 열을 내뿜는 태양에 사는 것이 아니라, 태양에서 좀 떨어져 태양을 도는 커다란 돌덩어리에 산다. 그 커다란 돌덩어리가 바로 지구다. 우주에서 빛과 열을 내뿜을 수 있는 별은 너무 뜨겁다. 그러니 별 자체보다는 별에서 좀 떨어진 곳에 별에 딸린 다른 작은 덩어리가 훨씬 더 생명체가 살기 좋은 곳이라는 뜻이다. 우리 태양 주위를 돌고 있는 돌덩어리나 연기 덩어리들을 행성이라고 부르듯, 우리 태양계 바깥에 있는 다른 별 주위에 만약 돌덩어리나 연기 덩어리가 딸려있으면 그것을 보통 외계 행성이라고 부른다.

그러니까 외계인이라면, 대뜸 자신을 "시리우스에서 왔습니다."라고 소개하기보다는 "시리우스에 딸려있는 네 번째 행성에서 왔습니다."라고 해야 조금은 더 그럴듯한 말이라고 할 수 있겠다. 물론 '그렇게까지 하기 귀찮아서 대충 말하다 보니 시리우스까지만 말했다.'라고 핑계 댈 수도 있기는 하다. 그렇지만 현재까지 과학자들은 시리우스 별에 외계 행성이 딸려있다는 명확한 증거를 찾지 못했다. 그러니 시리우스 별은 외계 행성 자체를 거느리지 못한 곳일 수 있고, 그 근처에 생명체가 살 수 있을 만한 공간이 있을 가능성도 낮다. 좀 더 세밀하게 따져보자면 시리우스 별은 사실 시리우스A와 시리우스B라는 두 개의 별이 겹쳐서 보이는 것인데, 그것을 구분하지 않았다는 문제도 지적해 볼 수 있겠다.

그러면 어떤 별에 외계 행성이 딸려있을까? 이것은 상당히 어려운 문제다. 왜냐하면 외계 행성을 관찰하는 작업이 무척 어려웠기 때문이다.

일단 외계 행성은 별에 비해 크기가 훨씬 작다. 지구와 태양을 비교해 보면, 지구의 무게는 태양 무게의 30만 분의 1밖에 되지 않는다. 별과 외계 행성의 관계가 태양과 지구의 관계와 비슷할 거라고 짐작해 보면, 설령 우주 저편의 어떤 별에 외계 행성이 하나 딸려있다고 해도 그 외계 행성의 무게는 별 무게의 몇십만 분의 1밖에 안 될 것이다. 별도 멀리 있기 때문에 지구에서는 희미한 것들, 잘 안 보이는 것들이 많은데, 그 별의 몇십만 분의 1밖에 안 되는 외계 행성을 직접 보기란 쉽지 않을 것이다.

게다가 별이 밤하늘에 보이는 이유는 빛을 내뿜기 때문인데, 외계 행성은 핵융합 반응으로 스스로 빛을 내뿜지 못하니 빛도 약할 수밖에 없다. 핵폭발의 폭풍이 휘몰아치지 않는다는 것은 거기에 사는 생명체 입장에서는 좋은 일이다. 그러나 머나먼 우주 저편에서 그곳을 찾아보려는 지구 과학자 입장에서는 그만큼 눈에 잘 안 띈다는 뜻이다.

그렇기 때문에 외계 행성의 발견은 1990년대가 되어서야 이루어졌다. 이 정도면 과학 발전의 역사에서는 아주 최근이라고 할 수 있다. 사람이라는 종족이 처음 탄생하면서부터 사람들은 태양과 별을 보았을 것이고, 문명이 시작된 수천 년 전부터는 행성이라는 것이 있다는 사실도 깨달았을 것이다. 과학이 발전하면서는 다른 별에 외계 행성이 딸려 있을 가능성 역시 대부분의 과학자들이 충분히 상상하게 되었다. 그러나 수천 년 동안 인류 문명이 발전하고, 수백 년 동안 근대 과학이 발전하는 동안에도 1990년대 이전까지는 외계 행성이 어느 위치에 있다는 과학적 증거를 명확히 발견하지 못했다. 그만큼 외계 행성의 발견은 쉽지 않다.

현대의 과학자들은 다양한 방법으로 외계 행성을 발견한다. 일단 이해하기 쉬운 방법으로는 외계 행성이 별 앞을 지나가면서 별빛을 가리는 현상을 찾아내는 것이 있다. 태양 앞을 지나다는 달이 그 앞을 가리면 태양빛이 어두워지는 일식 현상이 발생하는데, 마찬가지로 지구와 별 사이에 어떤 외계 행성이 지나가면 별빛이 어두워질 것이다.

그러므로 만약 별빛이 잘 빛나고 있는 도중 갑자기 어두워졌다가 다시 밝아지는 현상이 발견되면, 혹시 외계 행성이 그 앞을 지나갔을 가능성이 있다. 만약 2년에 한 번씩 이런 일이 발생한다면, 그 외계 행성은 2년에 한 바퀴씩 별을 돌면서, 2년마다 별빛을 가리며 앞으로 지나간다는 뜻이다. 이런 현상들이 잘 관찰되고, 동시에 별빛이 어두워졌다 밝아질 만한 다른 원인이 없다면 이 별에는 외계 행성이 딸려있다고 판정할 수 있을 것이다.

　좀 더 화끈한 방법으로는 별의 움직임을 관찰하는 것이 있다. 만약 별 주위를 도는 외계 행성이 상당히 크다면, 외계 행성이 별의 중력에 끌어당겨져 그 주위를 도는 동안, 역으로 그 별도 외계 행성의 중력 때문에 조금은 이리저리 끌어당겨지며 비틀거리게 된다. 혹시 그런 일이 벌어지는지 관찰하는 것이다. 물론 이것이 잘 관찰되려면 별을 흔들 수 있을 정도로 외계 행성이 크고 무거워야 한다. 지구도 태양 주변을 돌지만, 지구가 당기는 중력은 커다란 태양을 흔들기에 너무 작다. 그렇지만 지구보다 훨씬 더 큰 외계 행성이 지구보다 더 바짝 별에 가까이 붙어서 그 주위를 돌고 있다면 그 별은 분명히 흔들릴 것이다.

　만약 별이 흔들린다면 어떻게 보일까? 마침 별이 흔들리는 방향이 망원경을 보고 있는 사람 쪽으로 다가왔다가 멀어졌다 하는 방향과 같다고 생각해 보자. 그러면 다가올 때에는 조금이라도 가까워졌으니까 아주 미세하게 밝아 보일 것이고, 멀어질 때에는 조금이라도 멀어졌으니까 약간 어두워 보일 것이다. 이런 식으로 밝기가 아주 조금 변하는 것이 보이면, 과학자들은 이 별에 외계 행성이 딸려있을 가능성을 의심한다. 이 외에도 별빛의 색깔을 분석하여 별의 움직임을 분석하는 방법도 있다.

그 외에도 몇 가지 방법이 더 있는데, 하나같이 외계 행성을 찾아내는 일에는 대단히 정밀하고 정확한 측정 기술이 필요하다. 게다가 밤하늘에 떠있는 그 많은 별 중 어느 별에 어떤 외계 행성이 딸려있는지는 알 수 없는 노릇이기에, 수천, 수만 개의 별들을 보면서 어디서 혹시 이런 이상한 현상이 발견될지 계속 추적해야 한다. 역시 외계 행성을 찾아낸다는 것은 어려운 일일 수밖에 없다.

그러나 현대에는 훌륭한 망원경들이 개발되어 있으며 컴퓨터로 여러 별들을 관찰한 자료를 자동으로 따져볼 수도 있다. 케플러 우주 망원경 같은 장비는 아예 로켓에 실려 지구 바깥으로 나가서 우주에 떠있는 채로 외계 행성을 찾기도 한다. 그래서 1990년대 이후, 불과 30년 정도가 흐르는 동안 족히 수천 단위로 따져야 할 정도로 많은 외계 행성들이 발견되었다. 그러다 보니 각양각색의 독특한 외계 행성들이 발견되어, 요즘은 가끔씩 뉴스에 '어느 나라 연구진이 지구와 상당히 비슷해 보이는 외계 행성을 찾아냈다.'라든가, '생명체가 살 만한 조건을 갖춘 듯한 외계 행성이 발견되었다.'라는 소식까지 나오고 있다.

과학자들은 발견한 외계 행성들은 그냥 분류용 일련번호로 부른다. 예를 들어, WD 0807-661b 같은 번호가 외계 행성을 부르는 말이 된다. 그런데 가끔 국제천문연맹에서는 몇몇 외계 행성들을 부르기 쉬운 이름으로 부르기도 한다. 한국에서 제출한 이름도 선정된 적이 있어서, 2023년에도 외계 행성 하나에 한국인이 지은 이름이 붙었다. 국제천문연맹에서 공모전 형식으로 선정했다고 하는데, 세계 각국에서 제안된 603건의 이름 중 20개를 뽑았고 그중 하나가 된 것이다. 그렇게 보면 꽤 치열한 경쟁을 뚫은 셈이다.

이렇게 선정된 이름이 바로 '아라'라는 이름이다. 선정해놓고 보니 그 이름은 한국의 동덕여고 학생들이 제출한 것이었다. 아라 행성은 지구에서부터 대략 600조 킬로미터 떨어진 먼 곳에 있는 외계 행성이라고 하며, 지구보다 대략 2,000배 정도 무거운 커다란 행성이다. 가끔 탐험가나 정복자들이 산이나 강의 이름을 지어서 붙여놓고 자랑스러워하는데, 이렇게 커다란 행성 전체의 이름을 직접 붙였다고 생각하면 그 학생들도 무척 신날 것 같다.

블랙홀과 초신성,
이상한 별

블랙홀 _ 사건의 지평선 너머로

    우주 먼 곳에 있는 이상한 물체 중 블랙홀만큼 이름이 알려진 것도 없다. 요즘은 노래 제목으로도 친숙한 사건의 지평선이라는 말 역시 원래 블랙홀의 크기를 가늠하는데 쓰는 숫자를 이르는 말이었다. 사건의 지평선이 큰 블랙홀은 그만큼 크고 넓은 영역에 영향을 미치고, 반대로 사건의 지평선이 작은 블랙홀은 작고 좁은 영역에 영향을 미친다. 즉, 사건의 지평선은 블랙홀의 영향력이 특히 강하게 미치는 곳까지의 선을 말한다고 보면 된다.

    블랙홀에 한번 빨려 들면 결코 바깥으로 나올 수 없다는 이야기를 들어보았을 것이다. 블랙홀의 영향력이 특히 강하게 미치는 사건의 지평선이란 바로 그 한번 빨려 들면 그 무엇도 결코 바깥으로 나올 수 없을 정도로 블랙홀에 가까운 위치를 표시한 경계선을 말한다.

만약 어떤 과학자가 전화를 걸어서, "사건의 지평선이 중심에서 300킬로미터 거리에 펼쳐진 곳에 블랙홀이 있다." 라고 알려주었다는 가정을 해보자. 그러면 그 블랙홀 근처 300킬로미터 이내로 들어가면, 지구상에서 가장 힘 좋은 자동차를 타고 힘껏 가속 페달을 밟아도 블랙홀을 벗어날 수는 없다. 그 300킬로미터 안쪽에서는 자동차뿐 아니라 강력한 비행기나 심지어 아무리 강력한 로켓을 가동해도 결국 블랙홀 중심으로 끌려들게 된다.

심지어 우주에서 가장 속력이 빠르고 가장 가벼운 물체인 빛조차도 한번 사건의 지평선을 넘어서면 바깥으로 나갈 수 없다. 전파 역시 사실은 빛의 일종이다. 어떤 블랙홀의 사건의 지평선보다 가까이 가면 그 바깥을 향해서는 전파로 통신을 할 수도 없고 신호를 보낼 수도 없다는 뜻이다. 그러므로 사건의 지평선 안쪽에서 일어나는 사건은 사건의 지평선 바깥쪽에 어떤 식으로도 영향을 미칠 수 없다. 그래서 사건의 지평선이라는 이름이 붙은 것이다. 그리고 보면 노래 제목으로 쓰인 사건의 지평선이라는 말은 한때 가까웠던 두 사람의 사이가 멀어진 뒤 이제는 서로 영향을 미치지

못하고 연락도 닿지 않는 상태가 되었다는 아련한 느낌을
준다.

이렇게 괴상한 블랙홀이 도대체 어떻게 생겨날 수 있
을까?

블랙홀이 가진 힘의 근원은 우주 어디에나 있으며 가

장 흔하게 느낄 수 있는 힘인 중력이다. 중력은 무게를 가진 것이라면 무엇이든 서로 끌어당기는 힘을 말한다. 그래서 만유인력이라고도 한다. 믿기 어려운 이야기지만, 그 때문에 지금 이 글을 읽는 독자와 글을 쓰는 나 사이에도 서로 잡아당기는 힘이 걸리고 있다. 그뿐만 아니라 세상 모든 사람과 그 사람이 가진 모든 물건도 가까이 있든 멀리 있든 어느 정도는 서로 잡아당기는 힘을 받는다. 그저 그 힘이 너무 약해서 별다른 일이 일어나지 않을 뿐이다.

보통 중력이라고 하면 별이나 행성이 끌어당기는 힘을 생각한다. 그런 물체는 워낙 크기 때문에 중력이 강해서 힘이 잘 느껴지기 때문이다. 예를 들어 우리가 일상생활에서 느끼는 무게란, 지구가 거대한 덩치에서 비롯된 중력으로 지구 주변의 물체를 잡아당기는 힘이다. 그래서 돌멩이를 허공에 던지면 바닥에 떨어지도록 당기는 힘도 중력이고, 서 있을 때 다리에 걸리는 내 몸무게의 힘도 결국 중력이다. 달나라에 가면 몸무게가 훨씬 가볍게 느껴져서 지구에 있을 때의 6분의 1 정도 무게밖에는 못 느낀다고 하는데, 이것은 달이 지구보다 훨씬 작아서 당기는 중력도 약하기 때문이다.

반대로 지구보다 더 무거운 곳에 가면 더 센 힘으로 잡아당기는 중력을 느끼게 된다. 예를 들어 지구보다 큰 행성인 목성의 표면에 가면 몸무게 때문에 몸에 걸리는 힘이 지구에 있을 때의 세 배 정도가 된다. 옛날 SF 만화나 소설을 보면, 지구보다 더 큰 행성에서 온 외계인들이 등장한다. 그들은 자신들이 살던 행성의 강한 중력에 적응이 된 터라, 지구에서는 몸이 더 가볍게 느껴져 힘도 세고 붕붕 날아다니는 듯 행동하는데, 이 역시 같은 원리에서 일어나는 일이다.

지구에서 로켓을 발사하면 우주 바깥으로 나갈 수 있다. 마찬가지 이유로 우리가 사는 행성이 지금의 지구보다 크다면 중력이 더 크게 걸려서 로켓으로 우주에 나가기가 더 어려울 것이다. 지구가 아주 큰 행성이라면, 지구에 있는 연료 중에 아무리 폭발하는 힘이 센 것을 사용하더라도 결코 지구 바깥으로 로켓이 날아갈 수 없을 정도로 강한 중력이 걸릴 수도 있다. 이런 행성은 로켓으로 바깥으로 나가는 것이 불가능한 곳이다.

그런 식으로 어떤 별, 행성이 점점 더 무거워지고, 또 그 무게가 좁은 크기에 응축된다면 점점 더 그곳에서 무언가가 빠져나오기가 어려워진다. 그리고 그 정도가 심해져서 빛조차도 빠져나올 수 없게 되었을 때, 관찰하기 위해 그곳에 불빛을 비춰본다고 생각해 보자. 그러면 그 빛도 모두 빨려 들기만 하기 때문에 아무 빛도 없는 새카만 모양만 보일 것이다. 그래서 텅 빈 검은 구멍으로만 보인다고 하여 블랙홀이라는 이름이 붙은 것이다.

블랙홀이라고 하면 생활과 아무 상관 없는 우주 저편에 관한 공상의 상징이라고 생각하기 쉽지만 사실 따져보면 꼭 그렇지도 않다. 은하계의 중심에는 흔히 거대한 블랙홀이 있기 때문이다. 별들 수천억 개가 옹기종기 모여있는 것을 은하계라고 하는데, 우리 지구도 한 은하계의 일부로 포함되어 있다. 밤하늘에 보이는 은하수는 이 은하계의 한쪽 부분의 모습이다. 그 중심부 방향이 별자리로 보면 궁수자리 방향이고, 그래서 그 자리에 있는 블랙홀을 대개 궁수자리A 블랙홀이라고 한다.

학자들은 블랙홀이 그 강력한 힘으로 은하계를 휘젓고 있기 때문에, 블랙홀의 힘이 은하계의 모양을 잡아주는 데 영향을 미친다고 본다. 그 말은 까마득한 옛날부터 긴긴 세월 동안 궁수자리A 블랙홀이 그 자리에 있었기 때문에 지구가 소속된 은하계가 바로 지금 우리가 보는 모양이 될 수 있었다는 뜻이다. 반대로 말하면, 만약 궁수자리A 블랙홀이 없었다면 태양을 이룰 재료가 되는 물질이 수십억 년 전 지금과 같은 위치에 오지도 않았을 것이며 그래서 우리가 보는 모습대로 태양과 지구가 탄생도 못했을 것이라는 뜻이다. 이렇게 지구가 사람이 살 만한 행성이 된 것도, 매일 우리가 보는 해가 뜨는 것도 거슬러 올라가면 블랙홀 덕택이다.

블랙홀은 그 강력한 힘으로 은하의 여러 물체들을 잡아당기고 있다. 그리고 과학자들은 블랙홀이 그렇게 당기는 힘으로 휘젓고 있기 때문에, 은하의 모양을 잡아주는 데 영향을 미친다고 본다.

독일의 과학자 카를 슈바르츠실트는 1916년 제1차 세계대전이 일어났을 때 군에 입대해 전쟁터에서 싸우게 되었다. 슈바르츠실트는 그 와중에도 시간이 나면 틈틈이 과학 연구를 했다. 그는 블랙홀이 아주 단순한 형태라고 가정했을 때, 사건의 지평선의 크기를 계산하는 간단한 방법을 개발했다. 이렇게 해서 계산된 수치를 슈바르츠실트 반지름이라고 한다. 쉽게 생각해서 슈바르츠실트 반지름은 사건의 지평선과 비슷하지만 계산하기 더 편한 것이라고 보면 된다. 이렇게 보면 지구가 사람이 살 수 있는 행성이 되어 지금처럼 해와 달과 별을 보게 된 이유도, 거슬러 올라가 보면 약간은 블랙홀 덕택이라고 말할 수 있다.

궁수자리A 블랙홀의 슈바르츠실트 반지름은 무려 1,200만 킬로미터나 된다고 한다. 즉 우리 은하계 중심부로부터 대략 1,200만 킬로미터 안쪽에 들어가면 그 무엇도 나올 수 없게 된다는 뜻이다. 그래도 너무 걱정할 필요는 없다. 은하계는 너무나 넓기 때문에, 지구에서 이 블랙홀까지는 1,000조 킬로미터의 260배보다도 더 멀리 떨어져 있다. 언젠가 그렇게 먼 곳까지 우주선을 타고 가게 되면 운전을 조심해야 할 날도 오겠지만, 지금으로서는 그저 이런 좋은 행성을 있게 해준 블랙홀에게 느긋한 태도로 감사만 하면 된다.

블랙홀의 구조와 특이점_블랙홀을 뭐하러 연구할까?

　블랙홀에 대해서 연구하려면 좀 이상한 이론에 대해 깊이 이해해야 한다. 만약 어제저녁에 내가 강원도에서 근무하고 있었는데 내 친구는 그 시각 서울 길거리에서 나를 본 것 같다고 했다면? 분명히 무언가를 착각했거나 나를 놀리려고 거짓말을 하고 있다고 봐야 한다. 한 물체가 동시에 두 군데에 있을 수는 없기 때문이다.

　그런데 20세기 초 과학자들은 작은 물체일수록 그 물체가 동시에 여러 군데에 있을 수 있다고 쳐야만, 물체의 속도나 물체가 줄 수 있는 힘을 더 정밀하게 계산할 수 있다는 황당한 사실을 발견했다. 너무나 이상하고 어려운 이론이라서 많은 사람들이 의아해했다. 그러나 지난 100년간, 세상의 온갖 물체가 일으키는 온갖 현상에서 이 이론이 잘 들어맞는다는 사실이 확인되었다. 이 이론을 양자이론이라고 하는데, 상대성이론과 함께 현대 과학의 가장 큰 성과로 평가받으며 널리 활용되고 있다.

양자이론은 작은 물체의 정밀한 움직임을 따질 때 아주 쓸모가 많다. 커다란 물체에 대해 무언가 계산할 때에는 굳이 이 이상한 양자이론을 적용하든 적용하지 않든, 계산 결과에 별 차이가 없기 때문이다. 때문에 반도체, 첨단 소재, 디스플레이, 나노 기술 같은 미세한 물체를 다루는 분야에 많이 활용된다.

휴대전화 화면 같은 곳에 널리 쓰이는 OLED도 좋은 예이다. 20년 전쯤 한국의 화학자들이 OLED를 어떤 물질로 만들어야 하는지 한창 개발 중이던 시절 나는 그런 걸 설명하는 세미나에 들어간 적이 있다. 그 세미나에서도 양자이론을 이용해서 더 성능이 뛰어난 OLED 물질의 조건을 찾기 위한 방법에 대한 긴 계산 방법이 소개되었는데, 그걸 보면서 나는 '도대체 얼마나 공부를 하면 저런 걸 다 이해할 수 있을까?'라면서 한참 공상에 빠져있었던 기억이 난다.

이런 문제가 블랙홀과 다 무슨 상관일까? 블랙홀이라면 아주 작은 물체는커녕 보통은 아주 큰 물체를 생각한다. 지구가 속한 은하계의 중심에 있는 궁수자리A 블랙홀은 지구 전체의 무게보다도 1조 배 이상 무겁다. 이런 물체도 OLED 화면 픽셀에 들어가는 물질이 전자 하나를 얼마나 끌어당기는지, 끌어당기지 못하는지 계산할 때 쓰던 양자이론과 관련이 있을까?

특이점에 대해 이야기해 보면 관련이 생긴다.

현실의 블랙홀은 여러 가지 재미난 특성을 가진다. 예를 들어 블랙홀에 빨려 드는 물체들이 있다면, 그 물체가 블랙홀에 빨려 들기 전까지의 움직임 때문에 소용돌이치는 모양이 생긴다. 마치 욕조에 물을 빼면 물 빠지는 구멍 주위에 소용돌이가 치는 것과 비슷하다. 이런 움직임 때문에 블랙홀 주변에는 거대하게 휘몰아치는 독특한 고리 모양의 소용돌이가 빛을 뿜는 모습이 나타나게 된다. 이것을 보통 강착원반이라고 부른다. 영화 〈인터스텔라〉를 보면 시간과 공간을 초월한다면서 주인공 일행이 블랙홀 근처에 다가갈 때 거대한 둥그런 빛의 고리가 펼쳐진 광경이 보이는데, 바로 그것이 블랙홀의 강착원반을 표현한 것이다.

블랙홀의 더 괴상한 특징으로는 종종 물질들의 부대낌 때문에 빨려 들지 못하고 강하게 튀어나오는 물질이 생긴다는 것도 있다. 그냥 부대끼다가 튕기는 것과는 다르긴 한데, 이것을 블랙홀의 제트라고 한다. 아직까지도 그 세세한 현상에 대해서는 연구할 것이 많이 남아있다고 한다.

블랙홀의 제트는 마치 블랙홀이 거대한 광선포를 발사하는 것처럼 엄청난 속도로 한 줄기 물질 덩어리와 빛을 내뿜는 모습이다. 2021년에는 한국에서도 안테나 지름이 21미터인 국내 최대의 전파 망원경, KVN을 동원해 M87 블랙홀이 뿜어내는 무시무시하게 큰 제트를 관찰하는 연구가 이루어진 적도 있다. 블랙홀 제트가 날려보내는 물질의 속력은 대한민국 육군의 대표 무기인 K-9 자주포가 대포를 날려보내는 속력의 10만 배를 가뿐히 넘기는 경우도 있다. 모르긴해도, 커다란 블랙홀이 지구를 쳐다보는 방향으로 제트를 내뿜는다면 지구는 물론이고 주변의 다른 별들까지 생명체가 살 수 없는 곳이 될 듯하다.

블랙홀의 특이점이란 블랙홀의 그냥 이런 특이한 성질들을 뜻하는 말은 아니다. 여기서 특이점이란 정상적으로 계산할 수 없게 되는 지점을 말한다. 예를 들어, 숫자 24를 12로 나누면 2다. 마찬가지로 24 나누기 8은 3이고, 24 나누기 2는 12라는 것도 쉽게 계산할 수 있다. 그러나 누가 12 나누기 0이 얼마냐고 물으면 답을 짧게 말할 수는 없다. 이 비슷한 일이 일어나는 것이 특이점이다.

블랙홀에는 왜 특이점이 생기는 것일까? 블랙홀이 일으키는 온갖 다양한 현상들은 결국 블랙홀의 강력한 잡아당기는 힘, 중력 때문이다. 중력을 계산하는 우리가 아는 가장 정확한 방법은 상대성이론을 이용하는 것이다. 그런데 상대성이론을 이용해 블랙홀에서 어느 정도의 힘이 생기는지 계산하다 보면 블랙홀 중심에서 힘의 정도를 계산하기가 불가능해지는 특이점이 나타나게 된다. 이것은 단순히 계산이 어려워서 답을 모르겠다는 뜻이 아니다. 아예 숫자를 정할 수 없다는 뜻이다. 분명히 어느 정도의 힘이 주변에 영향을 미치고 있을 텐데, 블랙홀 속에는 힘을 정할 수 없는 곳이 있다고? 그렇다면 힘이 어떻게 된다는 이야기인가? 그냥 사라져버리는 것도 아니지 않겠는가?

20세기 중반까지만 해도 설마 실제로 힘이 어느 정도인지 마땅히 정할 수 없어지는 곳인 특이점이 현실에서 정말로 생길 리가 없을 거라고 생각하는 과학자들도 있었다. 그러나 1960년대 중반, 영국의 과학자 로저 펜로즈는 당시 여러 가지 수학 증명을 통해 과학자들의 생각보다 훨씬 쉽게 특이점이 생길 수도 있다는 사실을 밝혀냈다. 그러므로 블랙홀의 중심에는 극히 작은 크기라서 크기가 없다고 해야 할 만한 극히 작은 한 점의 위치에, 어떤 원리가 어떻게 통하는지 도무지 말하기 어려운 특이점이 있을 가능성이 높다.

그래도 설마 블랙홀이나 특이점같이, 뭐라고 말할 수조

차 없는 괴상한 것이 우주에 실제로 있겠느냐고 의심하면서 펜로즈의 연구 결과는 그냥 재미 삼아 해보는 상상 같은 것으로 여기는 사람들도 있었다. 그래서 펜로즈가 노벨상을 받기까지는 상당한 시간이 걸렸다. 그는 연구 결과를 내놓은 지 50년이 넘은 뒤에야 그 공적으로 2020년 노벨상을 수상했다.

실제로 우주에는 블랙홀이 있고 블랙홀 속에는 특이점이 있을 것으로 보인다. 블랙홀의 특이점 주변이 작은 한 점밖에 되지 않는 공간이라고 칠 때 그 주위에서 일어나는 현상을 따지려면, 작은 물체를 따질 때 꼭 고려해 주어야만 한다는 양자이론을 같이 생각할 수밖에 없다. 따라서 블랙홀이 생기고 활동하며 만들어내는 온갖 현상은 결국 양자이론으로 계산해야 정확할 것으로 보인다. 그런데 그게 바로 치명적인 문제다. 블랙홀의 힘인 중력을 계산할 때 쓰는 일반 상대성이론과 양자이론을 같이 사용하는 옳은 계산 방법을 고안해 내는 것이 대단히 어렵기 때문이다.

과학자들은 중력과 중력을 계산하는 일반 상대성이론만 빼면, 나머지 세상의 모든 힘을 따지고 계산할 때 모두 양자이론을 활용하는 방법을 만들어두었다. 그 방법을 온갖 문제에 너무나 다양하게 활용하고 있다. 과학자들은 OLED 재료의 색깔에서부터 수소폭탄의 파괴력을 따지는 문제에까지 양자이론을 활용하고 있다.

그런데 거기까지가 현대 과학의 한계다. 아직까지 중력은 양자이론을 써서 계산할 수가 없다. 양자이론의 마지막 한계가 바로 중력이라고 말해볼 수도 있겠다. 과학의 세계에서 가장 정밀한 계산 방법이 양자이론이다. 그런데 그 이론으로 마지막까지 풀 수 없는 문제가 하필이면 일상에서 흔하게 느끼는 중력이라니, 좀 극적이라는 느낌이 들 정도다. 체중계에 올라가서 몸무게를 잴 때, 왜 그런 숫자가 나오는지의 원리를 제대로 정밀하게 설명할 방법이 21세기인 지금까지도 없다는 것과 같다.

돌아보면, 일반 상대성이론으로 중력을 계산할 때 양자이론을 같이 활용하기 어렵다는 문제는 일반 상대성이론의 창시자인 아인슈타인이 살아있을 때부터 과학자들의 관심을 받은 오래된 문제다. 그만큼 중력에 대한 계산을 할 때, 누군가 양자이론을 사용하는 깔끔한 방법을 개발한다면 모두를 감동시킬 커다란 과학의 진보가 일어날 것이다. 그래서 수많은 뛰어난 과학자들이 그 목표에 부나방처럼 뛰어들었고, 지난 수십 년간 여러 가지 이론을 개발해 제안했다. 고리양자중력이론, 초끈이론이니 하는 이론들이 그 후보들이다. 그러나 아직까지도 답은 없다.

블랙홀은 이 문제를 풀 단서를 찾기에 아주 좋은 관찰

대상이다. 누가 개발해낸 고리양자중력이론이라는 것이 과연 맞는지는 어떻게 알 수 있을까? 어느 나라에서 유행하는 초끈이론이 과연 실제로 정확한 계산 방법인지, 어떻게 확인할 수 있을까? 이런 문제를 판정하려면 블랙홀을 관찰하면서 실제 블랙홀의 모습과 움직임이 어느 이론과 맞아떨어지는가를 따져보는 것이 유력한 한 가지의 연구 방법이라는 이야기이다.

그래서 천문학자들뿐만 아니라 많은 분야의 과학 자들

이 블랙홀에 관심이 많다. 어느 날 우주 어느 한구석에서 블랙홀의 이상한 모습을 살펴보다가 도대체 왜 저런 일이 일어날까 하고 따지던 누군가가 양자이론과 상대성이론을 결합시킨 새롭고 멋진 이론을 만들어낸다고 상상해 보자. 어쩌면 그래서 알쏭달쏭한 양자이론을 훨씬 더 쉽게 설명할 방법이 나온다거나, 그 새로운 양자이론으로 지금 우리가 사용하는 것보다 훨씬 더 좋은 반도체를 개발하고 주머니 사정이 넉넉지 않은 사람이라도 쉽게 살 수 있는 대단히 값싼 디스플레이를 고안해 낼지도 모를 일이다.

그렇다면 그 또한 블랙홀이 준 좋은 선물이 될 것이다.

블랙홀 관찰_핵무기 찾기와 블랙홀

초창기 블랙홀을 직접 관찰하던 과학자들은, 좀 엉뚱해 보이지만 핵 실험에 대한 연구와 간접적으로 관련이 있는 사람들이었다. 핵 실험을 감지하는 작업과 블랙홀을 감지하는 작업 사이에 통하는 점이 있기 때문이다.

북한에서 핵 실험을 하면 남한에서는 그 사실을 어떻게 감지할 수 있을까? 가장 기본적인 방법은 폭발 때문에 땅이 흔들리는 것을 멀리서 정밀하게 측정하는 지진파 관측이다. 말 그대로 보통 지진을 감지하는 연구소에서 이런 일을 맡아 한다. 그러나 이 방법은 폭발의 규모만을 추정할 뿐이다. 어떤 물질을 이용해서 어떻게 핵폭발을 일으킬 수 있는지 세밀하게 검증할 수는 없다.

가장 명확하고 요긴한 감지 방법은 핵폭발로 인해 생기는 방사능 물질을 분석하는 것이다. 보통은 제논이라는 물질을 분석한다. 제논은 본래 공기 중에는 많지 않은 것으로 예전에는 몇몇 카메라 플래시에 넣어두는 용도로 쓰던 특수한 물질이다. 그런데 핵폭발이 일어나면 그 폭발 속에서 흔히 방사능을 띤 제논이 생겨난다. 북한에서 핵 실험을 하면 아무리 지하에서 핵폭발을 일으킨다고 하더라도 그 먼지나 연기가 조금은 새어 나올 것이다. 그리고 그 연기가 바람을 타고 떠다니다가 남한까지 내려오면 그것을 정밀 분석 장비로 측정할 수 있다. 누가 일부러 방사능 제논을 만들어서 공기 중에 뿌리지 않았다면 그것이 바로 핵 실험을 했다는 증거다.

2017년 9월, 북한이 6차 핵실험을 했을 때 국내 기술진은 강원도 고성의 거진에 있는 측정 실험 장비로 북한의 핵실험장에서 새어 나와 하늘을 떠다니다가 강원도까지 넘어온 아주 적은 양의 제논을 확인하는 데 성공했다. 이때 확인된 방사능을 띤 제논은 어림잡아 1.14밀리베크렐(mBq/m3) 수준으로 볼 수 있다. 이 정도면 극히 적은 방사능 물질을 정밀 관측하는 데 성공했다는 뜻이다. 서울에서 삼겹살 굽는 냄새를 부산에서 맡고 확인하는 수준이라고 해도 심한 과장은 아닐 것이다. 가장 강력한 무기인 핵무기를 추적하기 위해 이렇게 가장 미세한 실험을 해야 한다는 것도 생각할수록 묘한 일이다.

1960년대에는 이 정도로 복잡한 방법을 쓸 필요가 없었다. 왜냐하면 그때까지만 해도 핵실험을 할 때 그냥 지상에서 보란 듯이 핵폭탄을 터뜨리는 무시무시한 방식을 많이 사용했기 때문이다.

그렇기 때문에 당시 미국 과학자들은 더 쉬운 방법을 떠올렸다. 높은 곳에서 방사선이 나오는 곳이 있는지 관찰해 보면 어떤 나라가 핵실험을 하는지 알아낼 수 있다고 생각한 것이다. 그래서 안보 목적으로 먼 곳에서 뿜어 나오는 방사선을 정밀 측정하는 기술을 연구하기 시작했다. 매사추세츠공과대학교(MIT)의 마샤 바투시액 교수의 저서에 따르면, 1960년대 미국 기술진은 바로 이 목적으로 X-선을 관찰하다가 X-선 천문학을 발전시키게 되었다고 한다. 우주에서 지구로 내려오는 X-선도 발견한 것이다.

우주에서 X-선이 내려올까? 혹시 우주의 외계인이 핵실험을 한 것일까? 아니면 외계인 중에는 아주 거대한 외계인이 있어서 그 거대한 몸을 X-선 촬영하다가 새어 나온 X-선이 지구에서도 관찰된 것일까?

그러나 과학자들은 몇 가지 과정을 통해 저절로 우주

저편에서 X-선이 발생할 수 있다고 보았다. 예를 들면 블랙홀도 X-선의 원인이 될 수 있다.

1964년 미국 과학자들은 로켓을 띄워 높은 하늘에서 X-선을 관찰했다. X-선은 공기를 통과하면 점점 약해지기 때문에 우주에서 내려오는 X-선은 지상에서보다는 하늘 높은 곳이나 우주에서 관찰해야 더 선명하게 확인할 수 있다. 그래서 높이 올라갔다가 내려오는 로켓에 X-선 관찰 장비를 장치해둔 것인데, 마침 로켓 하나가 백조자리 별자리가 있는 방향에서 무언가 X-선을 내뿜는 물체가 있다는 사실을 알아냈다. 과학자들은 이후 이것을 백조자리 방향에서 발견된 첫 번째 X-선 내뿜는 물체라고 해서 백조자리 X-1이라는 이름으로 부르고 있다.

이후 과학자들은 정밀 망원경으로 백조자리 X-1 근처를 살펴보기 시작했다. 그랬더니 그곳에 아주 커다란 푸른색 별이 보이는 것 같았다. 그 별은 가만히 있지 않고 이상하게 뒤뚱거리며 움직이는 듯했다. 그렇게 커다란 별을 뒤흔들 무언가가 있다는 뜻이었다. 하지만 그 물체가 망원경에는 잘 보이지 않았다. 강력한 힘을 가졌으나 눈에는 보이지 않는 물체라는 뜻이었다. 곧 학자들은 그것이 바로 블랙홀일 수도 있다고 생각했다.

처음에는 아무리 그래도 세상에 블랙홀과 같은 이상한

물체가 있을 수 있는가 하는 의심 때문에 백조자리 X-1의 정체가 블랙홀이라고 믿지 않는 학자들도 꽤 많았다. 스티븐 호킹은 블랙홀이 있다고 믿으면서도, 동료 과학자 킵 손과 내기를 할 때에는 백조자리 X-1이 블랙홀이 아니라는 쪽에 걸었다고 한다. 그러나 이후 백조자리 X-1에 대한 다양한 관찰 결과가 꾸준히 모였고, 현재는 백조자리 X-1이 블랙홀이라는 것이 정설로 인정받았다. 그러므로 백조자리 X-1은 인류가 발견한 최초의 블랙홀로 취급되고 있다.

백조자리 X-1은 이후 블랙홀의 대표로 오랜 세월 연구

되었다. 아마 요즘 학자들 중에는 40~50년에 걸쳐 거의 한 평생 백조자리 X-1 블랙홀만을 연구한 사람도 있을 것이다. 백조자리라면 은하수 북쪽에 크게 자리 잡고 있는 별자리다. 우리나라에서는 은하수를 미리내라고 부르기도 했는데, 미리내는 용의 강이라는 뜻이다.『성호사설』등의 조선 시대 책을 보면 은하수 북쪽을 머리 쪽, 은하수 남쪽을 꼬리 쪽이라고 부르고 있으므로, 은하수가 만약 용이라고 치면 백조자리가 있는 곳은 용의 머리나 앞발 즈음이 된다. 그러니 조선 시대 사람들에게 백조자리 X-1에 대해 알려주었다면, 은하수의 용이 앞발에 블랙홀을 들고 있는 모양이라고 생각했을 것이라고 상상도 해본다. 용이 들고 있는 신비의 구슬을 여의주라고 하는데, 우주의 용은 여의주 대신 블랙홀을 들고 있는 모습이라고 해야 할까?

블랙홀에 대한 다양한 관찰 기술이 발달한 요즘에는 백조자리 X-1 외에도 다양한 블랙홀들이 발견되었다. 지구에서 가까운 곳에 있는 블랙홀인 가이아 BH1이라는 것은 지구에서 1경 5,000조 킬로미터 정도 떨어져 있다고 한다. 이 정도면 백조자리 X-1까지 떨어진 거리의 5분의 1밖에 되지 않는다.

거대한 블랙홀로는 피닉스A 블랙홀도 있다. 이 블랙홀은 태양 1,000억 개 이상을 모아놓은 정도의 어마어마한 무게를 가진 블랙홀이다. 백조자리 X-1 블랙홀의 무게가 태양의 20배 정도인 것에 비하면 굉장한 차이다. 주로 은하의 중심에 있는 블랙홀들이 이렇게 무게가 대단히 무거운 편이다. 그래서 그런 블랙홀들을 초거대질량 블랙홀이라고 한다. 블랙홀을 관찰하다 보면 이렇게 엄청난 초거대질량 블랙홀과 백조자리 X-1 같은 보통 무게의 블랙홀 말고 그 중간 정도 되는 블랙홀은 잘 발견되지 않는 경향이 있다. 그나마 최근 들어 중간 정도의 블랙홀들도 몇몇 발견되고는 있다. 어떻게 해서 블랙홀이 커지기도 하고 작아지기도 하는지 명확히 밝혀낸다면 또 다른 우주의 수수께끼들이 풀려나갈 것이다.

　나는 블랙홀 같은 우주 저편 공상 세계의 일과, 핵 무기를 찾아내는 국가 안보 혹은 군사 문제가 이런 식으로 연결되어 있다는 사실도 기억해 둘 만하다고 생각한다. 과학의 세계에서는 가장 기초적인 탐구와 당장 우리 곁의 위급한 문제가 이렇게 긴밀히 엮인 사례가 무척 많다. 이 또한 다양한 분야의 기초 과학을 연구하는 중요한 이유이고 보람일 수 있다.

초신성 폭발 _ 공포의 손길, 생명의 손길

블랙홀이 뿜어내는 X-선은 우주에서 지구로 내려오는 방사선 중에서는 대단히 약하고 양도 적은 편에 속한다. 그 외에도 우주에서 내리쬐는 방사선은 따지기 어려울 정도로 다양하다. 이런 것을 우주선(cosmic—ray)이라고 부른다. 우주를 날아다니는 기계 장치라는 뜻의 우주선이라는 말과는 발음만 같은 다른 말이다. 그래서 혼동되지 않도록 우주방사선이라는 말을 쓰기도 한다.

방사선을 많이 쬐면 몸에 해롭다는 말은 언론에 자주 나온다. 그런데 꼭 무슨 위험한 물질을 만지거나 특별한 행동을 하지 않아도, 사람은 일상 중 자연히 아주 약간의 우주방사선을 맞게 된다.

지구는 땅에 우주방사선이 떨어지기 전에 어느 정도 막아줄 공기를 갖고 있다. 지구가 철을 끌어당기는 자석 같은 성질을 조금 가졌다는 점도 우주방사선을 막는 데 도움이 된다. 그렇지만 우주 공간에서 휘몰아치는 우주방사선의 양이 워낙 많기 때문에 땅 위에 사는 사람들도 그 영향을 아예 받지 않을 수는 없다. 한국원자력연구원 첨단방사선연구소에서 인용한 자료에 따르면, 보통 사람이라면 매년 가슴 X-선 촬영을 1~3회 하는 양만큼 우주방사선을 맞으면서 산다고 한다.

도대체 이런 우주방사선은 어디에서 오는 것일까? 두 가지 정도로 구별해 볼 수 있다. 일단 지구에 가장 가까우면서 지구에 가장 많은 영향을 미치는 태양이 뿜어내는 방사선이 지구로 날아온다. 이것을 태양 우주방사선(SCR)이라고 한다. 그리고 그 외에 태양계 바깥의 훨씬 더 머나먼 우주, 은하계 저편에서 날아오는 더욱 정체를 알기 어려운 우주방사선도 상당히 많다. 이런 것들을 은하 우주방사선(GCR)이라고 한다.

초신성은 별이 거대한 폭발을 일으키는 현상이다. 이런 폭발이 일어났을 때 그 충격으로 이곳저곳에 방사선이 퍼져 나가는 것이 현재 은하 우주방사선의 대표적인 원인 중 하나로 꼽힌다. 또한 우리가 블랙홀이 생기는 이유로 가장 잘 파악하는 것이 바로 초신성이다. 초신성이 엄청난 폭발을 일으킬 때, 그 중심부에는 반대로 아주 강한 힘으로 꽉꽉 눌린 대단히 희귀한 물체 덩어리가 생긴다. 만약 그것이 어떤 한도 이상으로 무겁고 강하게 짓눌려 있으면 블랙홀로 변하게 된다.

모든 초신성이 블랙홀을 만들어낼 수 있는 것은 아니지만, 생각해 보면 지구에 내려오는 우주방사선 중 적어도 일부는 블랙홀이 탄생할 때 튀어나온 부작용 같은 것이라고 해도 틀린 말이 아니다.

말을 만들어보자면, 이것을 블랙홀이 탄생할 때 내지르는 울음소리라고 표현해 볼 수도 있겠다. 어디인지도 모를 까마득히 먼 우주 머나먼 곳에서 블랙홀이 탄생할 때 터져 나온 울음소리가 수천만 년, 수억 년 동안 멀리멀리 퍼져서 지구에까지 닿으면 그게 우주방사선인 셈이다. 지금 이 순간에도 우리 머리 위에서는 바로 그 블랙홀 울음소리가 만든 우주방사선이 내려오고 있을지 모른다.

초신성은 우주에서 그 이상 강한 폭발을 찾기가 쉽지 않을 정도로 거대한 폭발이다. 초신성 폭발의 밝기는 보통 별을 수억 개, 수십억 개 합한 것만큼 강하다. 1억 개의 원자폭탄을 동시에 터뜨리는 일을 1초에 한 번씩 반복하면서 밤낮없이 500조 년 동안 계속한다고 생각해 보자. 그 위력을 전부 다 합해도 보통 초신성이 딱 한 번 터지는 것의 위력보다 약하다.

다행히 이런 폭발이 자주 일어나지는 않는다. 그러나 초신성 폭발에 가까이에서 휩쓸리면 모든 것은 잿더미가 된다. 정확하게 말하자면 재도 제대로 남지 않고 전부 녹아내리고 끓어오를 것이다. 게다가 정통으로 휩쓸린 정도가 아니라고 해도 간접 영향만으로도 생명체는 적잖은 피해를 받을 것이다.

강원도 태백에서는 지금으로부터 5억 년 전에서 2억 5,000만 년 전에 걸쳐 살던 삼엽충이라는 옛 생물의 흔적이 화석으로 많이 발견된다. 바닷가재 비슷하게 생긴 생물로 그 시기에는 아주 널리 퍼져 살던 생물이다. 그런데 과학자들은 3억 5,900만 년 전 무렵에 삼엽충 중 상당수가 멸종했다는 사실을 알아냈다. 왕성하게 퍼져있던 삼엽충이 그 정도로 피해를 입을 정도라면, 다른 온갖 동식물들도 아주 많이 몰살당했을 것이다. 모르긴 해도 SF 영화에 나오는 제3차 세계대전 이상의 대재앙이었을 것이다. 이 사건을 데본기 말 대멸종이라고 부르는데, 도대체 이런 일이 왜 일어났는지는 지금까지도 수수께끼다. 그런데 2020년 미국 일리노이대학교 천문학과의 브라이언 필즈 교수 연구팀은 지구에서 비교적 가까운 곳에서 초신성이 폭발했고 그 피해 때문에 지구 생물들이 그렇게 많이 사라졌을 수 있다는 연구 결과를 발표했다.

대멸종 같은 엄청난 사건이 아니라고 하더라도, 항상 우리 머리 위로 떨어지는 우주방사선만 해도 가끔은 큰 피해를 준다. 보통 사람들에게 우주방사선의 영향이 그렇게 큰 것은 아니다. 하지만 우주방사선이 강한 높은 하늘 위 혹은 북극, 남극 근처에 머무는 사람들은 더 많은 우주방사선을 맞게 된다. 예를 들어, 한국에서 미국을 오가는 비행기는 종종 북극 주변을 통과해 지나갈 때가 있는데 이런 비행기를 매일같이 타야 하는 항공사 승무원들에게 우주방사선의 영향은 무시할 수 없을 정도다. 그렇기 때문에 2021년 5월 황정아 박사 등 여러 과학자들의 연구가 반영된 결과, 백혈병에 걸린 국내 항공사 승무원이 우주방사선의 영향을 받았을 가능성을 감안해야 한다고 하여 업무 중에 피해를 입은 산업재해로 인정받기도 했다.

이렇게 보면 초신성은 무시무시한 현상이고 우리를 괴롭히는 것만 같다. 그러나 달리 보면 초신성이라는 자연 현상이 항상 두려움이나 파괴와 연결되어 있는 것만은 아니다. 과학이 밝히는 많은 자연 현상이 그렇듯 한 가지 현상은 동시에 전혀 다른 역할을 하기도 한다. 대표적으로 초신성이나 우주방사선은 애초에 지구 같은 행성 또는 생명체가 생겨나고 번성하는 원인이 되기도 했다.

우주가 처음 생겨난 140억 년 전쯤 먼 옛날에는 우주에 별달리 다양한 물질이 없었다. 우주에 있는 물질이라고 해봐야 대부분 수소와 헬륨뿐이었다. 물질이 수소와 헬륨, 두 가지밖에 없다면 우리 몸을 이루는 성분을 얻을 수 없다. 그뿐만 아니라 지구의 흙과 바위의 성분, 공기 성분도 없다. 그래서야 지구 같은 행성은 생겨나려야 생길 수가 없다. 우주 온갖 물질의 다양한 재료, 즉 원소들은 주로 우주에 별이 생겨난 후에 그 별들 속에서 탄생했다. 수소가 뭉쳐 뜨겁게 빛을 내는 별이 되었을 때, 그 별의 강력한 열과 압력 속에서 수소가 변화를 거듭하며 여러 물질들이 생겨났다. 몇억 년, 몇십억 년씩 빛을 내는 그 많은 별들은 수소를 재료로 온갖 다양한 물질을 만들어내는 우주의 거대한 가마솥이었다.

그리고 가끔 초신성 폭발이 일어나면 그 폭발 때문에 별 속에서 생긴 다양한 물질들은 우주 곳곳에 흩어져 퍼지게 된다. 그러니까 지금 우리 지구의 아름다운 풍경을 이루는 다채로운 여러 물질들은, 사실 아주 먼 옛날 우주에서 폭발한 초신성의 잿더미 부스러기가 이리저리 휩쓸려 다니다가 모여서 이루어진 결과다. 내 몸의 살갗을 이루는 물질에서부터 바람결 속 공기의 성분까지, 그 모든 물질들은 거슬러 올라가 보면 수십억 년 전 어느 이름 모를 별 속에서 탄생한 뒤, 초신성 폭발에 휩쓸려 아주아주 긴 세월 우주를 이리저리 떠돌아다니다 마침 지금 우연히 여기에 모여있는 것이다.

이렇게 보면, 초신성은 공포의 폭발인 동시에 모든 생명체의 재료를 우주에 흩뿌려주는 탄생의 손길이기도 하다.

초신성은 굉장히 눈에 잘 띄는 현상이다. 그러므로 옛 사람들도 초신성을 유심히 보았다는 기록이 이곳저곳에 남아있다. 조선 시대의 기록들 중에도 잘 알려진 것이 있고, 그중에는 훌라온 민족과 관계가 있는 이야기도 있다.

지금의 러시아 땅 동쪽 끄트머리 지역에 사는 민족 중 우데게라는 민족이 있다. 먼 옛날 곰과 호랑이가 사람을 주워 와 키웠는데 그 후손이 우데게 사람들이 되었다는 전설을 가진 민족이다. 곰과 호랑이가 역사의 처음에 등장하기에 한민족의 단군 이야기와 비슷해서 신화를 연구하는 학자들의 관심을 받기도 한다. 그 민족의 한 갈래로 추정되는 훌라온족이라는 사람들이 있었다.

홀라온족은 조선에서 북쪽 국경을 건너 먼 지역에서 살았다. 그런데 가끔 조선 국경 근처까지 나타나 조선 사람들과 충돌을 일으켜 상당한 고민거리가 되기도 했다. 세종 임금 시기에는, 홀라온족 집단 우두머리가 서울까지 찾아와 충성을 맹세하면 선물과 조선 임금이 내리는 임명장을 주는 행사를 열기도 했다. 이는 홀라온족을 달래기 위한 일이었다. 『조선왕조실록』의 기록을 보면, 당시 홀라온족 사람들에게 선물로 종이를 주었다는 내용도 있다. '선물이라면서 무슨 종이 쪼가리를 주나?' 싶겠지만, 사실 종이는 나무 열매나 약초처럼 저절로 생겨나는 것이 아니라서 기술이 없으면 만들기 어려운 물건이다. 과학이 발달하지 않은 민족에게 조선의 뛰어난 기술로 개발한 깨끗하고 품질 좋은 종이는 신기하고 멋진 사치품으로 보였을 것이다.

세종 시대 이후 한동안 잠잠해진 홀라온족은 국제 정세가 바뀐 17세기 초 무렵이 되자 다시 슬슬 조선 안보 불안의 원인이 된다. 결국 1605년 조선의 장군 중에 김종득이라는 인물이 병력을 이끌고 북쪽으로 나아가 홀라온족을 정벌해서 복속시킬 작정을 한다. 김종득은 꽤 큰 규모로 홀라온족 공격 작전을 펼쳤던 것 같다. 그러나 전투가 의외로 흘러가서 김종득은 크게 패배해버리고 말았다.

1605년 음력 5월 29일 실록의 기록을 보면 이 패배 때문에 고민하는 선조 임금과 신하들의 토론이 실려있다. 그런데 토론 중에 선조가 하늘에 갑자기 알 수 없는 별이 나타난 것은 바로 이런 패배를 경고한 징조였고 앞으로도 나쁜 일이 닥칠 것 같다고 걱정하는 이야기를 한다.

아닌 게 아니라, 당시 실록의 기록을 거슬러 올라가면 정말 하늘에 알 수 없는 밝은 별이 나타났다는 내용을 찾을 수 있다. 이 별이 조선 하늘에 나타난 이야기는 1604년부터 꾸준히 실려있는데 기록이 아주 상세한 편이다. 이 별이 현대 과학에서 SN1604라고 이름 붙은 초신성이다. 같은 시대 독일의 과학자 요하네스 케플러가 세밀하게 관찰한 것으로 잘 알려져 있기 때문에 흔히 케플러의 초신성이라고도 부른다.

사실 남아있는 기록을 살펴보면, 케플러가 남긴 기록 못지않게 『조선왕조실록』의 내용 또한 대단히 상세하다. 케플러가 기록한 내용의 부족한 점을 실록을 보고 보완할 수 있고, 그래서 420년 전 초신성의 모습을 연구하는 데 도움이 될 정도다.

1604년은 조선이 대단히 큰 피해를 입은 임진왜란이 끝나고 얼마 되지 않은 무렵이다. 모르긴 해도 조선 조정에서 하늘에 나타난 별을 그렇게 유심히 살펴본 것은 하늘에

저 별이 나의 패배를 예고한 거였구나.

네 잘못이 아니야. 자책하지 마.

나타난 별이 혹시 또 무슨 큰 난리나 전쟁이 일어날 징조가 아닐까 싶었기 때문이었을 것이다. SN1604는 요즘 별자리 용어로 뱀주인자리 방향에 나타났다. 그렇다면 조선 시대 사람들은 지금의 뱀주인자리 별들이 조선 북쪽 지역에서 벌어지는 전쟁을 예언하는 별들이라고 생각했을 것이다. 또한 SN1604가 김종득의 패배를 알려주었다고 한다면, 조선 사람들의 입장에서는 이 초신성을 케플러의 초신성이 아니라 김종득의 초신성이라고 불러도 될 듯하다.

하늘에 보이지 않던 별이 빛을 내면서 보이게 되는 현

상을 유럽에서는 라틴어로 노바(Nova)라고 불렀고 그것을 나중에 한자어로 번역해서 우리는 신성이라고 부른다. 요즘 신인 가수가 인기를 끈다고 할 때 연예 기사에서 '가요계에 신성이 나타났다.'라고 표현하는데, 바로 그 뜻이다. 20세기의 과학자들은 보통 별이 빛나는 것과는 전혀 다른 원리로 엄청난 대폭발을 일으키면서 훨씬 더 어마어마한 빛을 잠깐 내뿜는 현상도 있다는 것을 알게 되었고 이런 별을 일반 신성과 구분하여 슈퍼노바, 즉 초신성이라고 부르기 시작했다. 뉴진스 같은 그룹처럼 등장하자마자 엄청난 화제를 모으며 인기를 끄는 가수들이라면 '가요계에 초신성이 나타났다.'라고 해도 어울릴 듯싶다.

고대 중국에서는 신성, 초신성, 그 밖의 갑자기 안 보이다가 보이고 보이다가도 안 보이는 이상한 별들을 떠돌이 과객처럼 왔다 가는 별이라고 해서 객성이라고 불렀다. 중국 과학 기술을 받아들인 조선에서도 초신성을 객성이라고 표현했다. 그래서 SN1604에 대해『조선왕조실록』에도 아주 밝은 객성이 나타났다고 기록되어 있다. SN1604는 확실히 굉장한 초신성이었기 때문에『조선왕조실록』에 따르면, 밤하늘에 보이는 어지간한 모든 보통 별보다도 그 객성이 더 밝았다. 가장 밝을 때는 밝기가 금성과 비슷할 정도였다고 쓰여있다.

참고로 케플러의 스승뻘 되는 학자인 튀코 브라헤도 초신성을 관찰하여 그것을 튀코의 초신성이라고 부르는데, 이 초신성의 발견 기록은 천 원짜리 지폐의 주인공인 율곡 이이가 남긴 『석담일기』에도 남아있다. 그렇다면 튀코의 초신성을 이이의 초신성이라고 부를 수도 있을 것이다.

한 가지 아쉬운 것은 케플러의 초신성 연구는 후대의 과학 발전에 상당한 영향을 미쳤지만, 조선의 객성 기록은 그냥 조정 사람들끼리 보면서 징조나 예언을 따지는 데 그쳤다는 점이다. 원래 유럽에서는 예로부터 하늘의 별들을 신령과 같은 것이라고 여겼다. 예를 들어 하늘에 헤라클레스자리가 있는 것은 그리스 신화의 신들이 헤라클레스를 별자리로 만들어 천상 세계에 올려두었기 때문이다. 그래서 그들에게 있어 별들은 절대 변화하지 않는 완벽하고도 신비로운 것이다.

그러나 케플러는 갑자기 하늘에 초신성이 나타나고 그 밝기가 점차 변화하며 서서히 사라져가는 것을 똑똑히 보고 기록했다. 그러면서 밤하늘 별들의 세상이 절대 변화하지 않는 완벽한 천상 세계는 아니라고 생각하기 시작했다. 즉 케플러의 초신성은 하늘의 별이나 신령이 아니라 그냥 보통 물체와 다를 바 없을 거라고 생각하게 해주었다. 불을 붙이면 나무가 타고 시간이 흐르면 꺼지는 것 같은 자연 현상의 일종일 뿐이다. 별은 기도를 들어주는 신령님이 아니라, 돌이나 나무처럼 과학 연구의 대상이라는 이야기이다.

실제로 케플러와 그 후배 과학자들은 별의 정체와 행성의 움직임을 계산해 내면서 완전히 새로운 과학과 한층 발전된 수학을 개발해 내는데 성공했다. 만약 조선 사람들도 초신성을 관찰한 결과를 무서운 징조라며 품고 있기만 할 것이 아니라, 널리 공유하고 서로 자유롭게 토론하며 연구했다면 어땠을까? 새로운 생각, 새로운 기술을 불러일으킬 수 있는 기회를 얻을 수 있지 않았을까?

SN1604는 지금까지 우리 지구가 속한 은하계의 역사상, 사람들이 맨눈으로 볼 수 있었던 가장 최근에 폭발한 초신성이다. 그러니까 그 이후 419년이 흐른 지금까지도 그러한 모습의 초신성은 밤하늘에 다시 등장하지 않았다. 하지만 현대의 과학자들은 눈으로 보이지 않는 것을 볼 수 있는 강력한 망원경으로 우주의 먼 곳을 샅샅이 뒤져 이곳저곳에서 폭발하는 초신성들을 꾸준히 살펴보고 있다. 예를 들어, 2022년 2월에는 한국천문연구원에서는 폭발한 지 1시간밖에 지나지 않은 초신성인 SN2018aoz의 빛을 정밀 분석하는데 성공했다고 공개했다. 공개된 내용을 보면 빛의 색이 붉게 변했는데, 이는 철 성분이 초신성 가장 자리에 많기 때문이라고 설명했다. 초신성의 성분에 대한 이러한 발견이 앞

으로 별과 물질의 성질에 대해 어떤 유용한 지식으로 연결
될지 기대해 본다.

밤하늘에 보이는 별 중에 가장 밝은 별은 무엇일까? 모
범적인 대답은 시리우스라는 이름의 별이다. 시리우스보다
금성이 더 밝기는 하다. 그러나 금성은 시리우스와 달리 스
스로 빛을 내뿜는 진짜 별이 아니다. 그냥 하늘을 떠다니는
돌덩어리 행성일 뿐인데 지구에 워낙 가까이 있기 때문에
눈에 잘 띄어서 밝게 보이는 것뿐이다.

만약 과거로 시대를 거슬러 올라간다면 시리우스가 가
장 밝다는 답이 틀릴 수도 있다. 별이 거대한 초신성 폭발을
일으키면, 그 폭발의 위력 때문에 갑자기 아주 밝아 보이는
수도 있기 때문이다. 그렇게 따져보면 인류 역사상 가장 밝

은 별로 꼽을 만한 후보로 SN1006이라는 초신성이 있다. 지금으로부터 대략 1,000년 전인 1006년, 밤하늘에 갑자기 나타난 초신성이라고 하여 현대의 과학자들이 그런 이름을 붙였다. SN1006은 어마어마하게 밝기 때문에 현대의 학자들은 시리우스는 물론 금성보다도 훨씬 더 밝았을 것으로 추측한다. 어지간한 달빛보다도 밝았을 것이다.

1006년이면 한국에서는 고려 천추태후의 위세가 한참 높던 시대다. 천추태후는 고려의 임금 목종의 어머니였다. 1006년 무렵에 그녀는 자신이 믿던 사람들을 신하로 뽑았고 특히 자신이 총애하던 김치양이라는 인물에게 높은 벼슬을 주었다. 고려 사람들 중에는 천추태후와 김치양에게 반발하는 사람도 많았는데, 그들은 두 사람이 정치를 잘못하기 때문에 하늘에서 나쁜 징조를 보여줄 것이라는 생각을 품기도 했을 것이다.

역사책 『고려사절요』의 1006년 기록을 보면 그해 고려에 혜성이 출현했다고 적혀있다. 혜성은 초신성과는 전혀 다른 현상이지만, 신성·초신성·혜성·유성 등등을 현대와 같이 명확한 기준으로 구분하지 않던 과거에는 SN1006 초신성을 혜성이라고 기록했을 수도 있었으리라 짐작해 본다. SN1006은 남쪽으로 치우친 위치에 나타났기 때문에 한반도에서는 주로 남부 지방에서 잘 관찰되었을 것이다. 막연한 상상일 뿐이지만 지방에서 관찰된 이상한 별에 대한 보고가 궁전으로 전달되는 과정에서 혼동이 생겨 혜성으로 기록되었을 수도 있지 않을까?

초신성이든 혜성이든, 옛사람들은 그 별을 두고 정치를 잘 못하는 천추태후에게 경고의 의미로 하늘이 보여준 징조라고 생각했다. 마침 3년 뒤인 1009년에 강조라는 신하가 반란을 일으켜 천추태후를 내쫓고 목종까지 임금 자리에서 끌어내리는데, 엎친 데 덮친 격으로 그 틈에 거란족이 고려를 공격해와서 큰 전쟁까지 발발했다. 조선시대의 책 『천동상위고』는 1006년 이 별이 나타난 것은 바로 그 난리의 징조였다고 설명한다. 그렇다면 SN1006을 천추태후의 초신성이라고 불러볼 수도 있을 것이다.

한 가지 기이한 것은 천추태후의 심복인 김치양이 독특한 사상에 심취해 있었다는 점이다. 『고려사』를 보면, 김치양의 사상에 대해 설명하면서 그가 성수사(星宿寺)라는 건물을 지었다고 되어있다. 성수사에서 무엇을 했는지 자세히 나와있지는 않지만 그 이름을 풀이해 보면 별의 사당이라는 뜻이다. 그러니 김치양은 별을 숭배하는 일에 빠져있던 것 같다. 혹시 갑작스럽게 나타난 초신성을 본 천추태후와 김치양이 더욱 놀라서 여러 가지 이상한 의식을 거행한 것은 아닐까? 아니면 반대로 밝은 별이 나타나 자신들의 미래를 밝게 비춰준다고 상상했을까?

한 가지 확실한 것은 그런 식으로 초신성을 향해 기도해도, 천추태후나 김치양의 운명을 바꾸는 데 아무런 도움이 되지 않았다는 점이다.

SN1006은 지구에서 대략 6경 8,000조 킬로미터라는 아득히 먼 거리에 있는 별이다. 이렇게 먼 곳에 있는 별이 폭발하면 폭발의 밝은 빛이 지구에 닿는 데만 7,000년 이상의 세월이 걸린다. 즉 지금으로부터 대략 8,000년 전에 SN1006이 폭발했고 그 빛이 7,000년 동안 우주를 날아와서 1006년 고려 시대에 세상 사람들 눈에 보였다는 뜻이다. 만약 빛보다 조금 느리게 움직이는 물질이 초신성 폭발 때문에 튀어나와 지구에 떨어진다면 그보다 시간이 조금 더 걸릴 수도 있다. SN1006 때문에 생긴 우주방사선이 1,000년이 지난 지금 지구에 떨어지는 중일 수도 있다.

초신성이 사람의 운에 어떻게 영향을 미칠지 따져보면, 고려 시대보다는 오히려 21세기 사람들의 생활과 더 관련 깊을지도 모른다. 우주방사선이 지구에 떨어지면 공기와 반응하면서 여러 가지 다른 방사선을 만들어낼 수 있다. 흔하게는 중성자라는 물질이 생길 수 있다. 사람들이 사용하는 전자 제품 속에 중성자가 들어가면 아주 약하게, 아주 조금이지만 그 전자 제품을 이루는 성분을 파괴할 수도 있다. 예를 들어, 반도체의 주재료인 규소는 초신성의 영향을 받고 파괴되어 전기를 띤 수소나 헬륨 같은 물질을 뿜어내는 것이다.

이렇게 생겨나는 수소나 헬륨의 양은 대단히 적다. 그래서 그동안은 별문제가 되지 않았다. 그러나 21세기가 되어 반도체 산업이 발달하면서 아주 작은 크기에 굉장히 많은 자료를 다루는 부품들이 자주 사용되기 시작했다. 그러자 전기 띤 수소와 헬륨이 아주 드물게 소량으로 생겨 반도체 속의 전기를 살짝 혼란시키는 것만으로 반도체 자료에 영향을 미치는 일이 종종 발생했다.

보통 이렇게 발생한 오류는 기계를 껐다가 켜면 원상 복구되기 때문에, 이런 문제를 소프트 에러(soft error)라고 부른다. 다시 말해 8,000년 전에 폭발해서 1,000년 전 고려 시대 사람들 눈에 보인 초신성의 영향 때문에 문득 21세기에 내가 쓰는 컴퓨터 소프트웨어가 고장 날 수 있다는 뜻이다.

소프트 에러는 대개 숫자 0이 1로 바뀌거나 1이 0으로 바뀌는 정도의 아주 작은 차이를 일으킬 뿐이다. 그러나 모든 것이 정확하게 맞아떨어져야 하는 컴퓨터의 세계에서는 숫자 하나가 바뀌는 문제가 굉장히 치명적인 결과를 낳기도 한다. 내 전 재산을 월세 보증금으로 집주인에게 송금하려는데, 그때 마침 초신성이 만들어낸 우주방사선 때문

에 계좌번호 숫자 한 자리가 바뀌어서 엉뚱한 사람에게 송금이 된다고 해보자. 아찔한 일이다. 실제로 2008년 호주의 어느 항공사 비행기가 아무 이유 없이 갑자기 빠르게 수십 미터를 내려가서 승객 여러 명이 다친 사건이 있다. 그런데 2022년 10월 BBC 방송국의 보도에서는 이것이 소프트 에러 때문에 비행기 컴퓨터가 고장 나서 생긴 사건일 가능성이 있다고 설명했다.

그렇기 때문에 요즘 반도체 회사에서는 우주방사선이 일으키는 소프트 에러를 극복할 수 있는 기능을 열심히 개발해 설치하고 있다. 또한 안전 문제가 중요한 자율주행차

등에 컴퓨터가 많이 사용되면서, 우주방사선을 잘 견딜 수 있는 제품인지 반도체를 시험하는 기술도 더 주목받는 추세이다. 2022년에는 국내의 한 반도체 시험 평가 회사가 주식 시장에 진입하면서, 그 회사 대표가 갑자기 900억 대 주식 부자가 되었다는 소식이 화제가 된 일도 있었다. 초신성이라면 일상생활과는 아무 상관 없는 우주 저편의 현상인 것 같지만, 가만히 따져보면 요즘 한국의 주력 산업이라는 반도체 산업이야말로 초신성의 영향을 고민하는 산업이 된 셈이다.

옛사람 김치양이 그저 밤하늘 별에 빌기만 하는 것은 아무 보람 없는 일이었겠지만, 과학 기술의 힘으로 그 원리를 알고 활용하는 방법을 찾으면 그 속에는 이렇듯 사람들의 생명을 구하고 큰 산업에 도움을 줄 수 있는 기회가 있다. 나는 이런 것도 초신성으로부터 배울 수 있는 교훈이라고 생각한다.

1476년 음력 3월 27일 성종 임금은 창덕궁 인정전에서 과거 시험을 실시했다. 이날 시험 문제는 북쪽의 여진족과 남쪽의 일본으로부터 조선을 어떻게 지켜야 하는지 물어보는 것이었다. 말하자면 국방에 관한 정책을 묻는 내용이었다.

그런데 시험 중 큰 사건이 터지고 말았다. 응시자 중에 몰래 책을 숨겨서 시험장에 들어간 사람이 발견되었다. 입시 부정이 있었던 것인데, 전부 조사해 보니 부정행위자가 수십 명에 달했다고 한다. 결국 성종은 이날 시험을 무효로 하고 다음 날 다시 시험을 치르기로 했다.

이미 문제를 본 선비들에게 똑같은 문제를 내면 시험이 되지 않을 거라고 생각한 성종은 다른 시험 문제를 냈다. 그렇게 해서 새로 나온 시험 문제에는 밀물과 썰물은 왜 발생하는가, 달이 해를 가리는 일식이 일어나면 예로부터 사람들은 왜 그것을 중요한 사건으로 보았는가 등의 질문이 있었다. 요즘으로 치자면 과학 분야의 문제로, 전날 낸 국방 정책 관련 문제와는 완전히 다른 분야였다. 조선 시대라면 과학과는 별 상관이 없던 시대라고 착각하기 쉬운데, 의외로 조선 시대 양반들이 목숨을 걸고 준비하던 과거 시험의 문제 중에는 가끔 과학 문제가 나오기도 했다.

1476년 음력 3월 28일 성종이 낸 과거 시험 문제 가운데 무척 재미난 질문이 하나 있다. 옛사람들은 물과 불은 서로 반대라고 생각해서, 불은 원래 뜨거운 성질을 갖고 있고 물은 차가운 성질을 가졌다고 보았다. 문제는 다음 내용과 같다.

"세상에는 온천이라는 것이 있어서, 물이지만 자연히 뜨거운 것이 있다. 그런데 왜 차가운 불이라는 것은 없을까?"

여기서 성종은 '한화(寒火)'라는 표현을 썼다. 아마도 부정행위를 한 선비들에게 실망한 나머지 아무도 예상치 못한 어려운 문제를 낸 것 아닌가 싶다.

현대 화학에서는 물과 불을 반대로 보지 않는다. 물은 물질의 이름이고, 불이란 것은 물질의 이름이 아니라 산소와 반응하며 빛과 열을 내뿜는 상황을 나타내는 말이다. 그러나 온도와 열이라는 주제는 그 이상으로 따져볼수록 연구할 거리가 많은 주제다.

열역학이라는 과학 분야는 오직 그것만을 열심히 따지는 학문이다. 현대 과학을 총동원해서 생각해 본다면 차가운 불이라고 부를 만한 이상한 현상도 있을까?

나는 스티븐 호킹이 블랙홀을 연구한 결과로 제안한 내용도 대답이 될 수 있다고 생각한다.

스티븐 호킹은 온몸의 근육을 점점 쓰지 못하게 되는 지병이 있으면서도 끈질기게 훌륭한 과학 연구를 해낸 인물로 유명하다. 베스트셀러로 전 세계에 널리 읽힌 과학책을 써서 과학을 재미있게 소개한 인물로도 유명하다. 하지만 의외로 정작 스티븐 호킹이 도대체 무엇을 연구했길래 그렇게 뛰어난 학자라고 칭찬받는지 생각보다 많이 알려져 있지 않은 것 같다.

하나만 말해보자면 스티븐 호킹은 블랙홀의 온도를 계산하는 방법을 개발했다. 나는 이것을 호킹의 대표 성과로 꼽을 만하다고 생각한다. 호킹은 사후 영국의 위대한 인물들이 묻히는 웨스트민스터 사원에 묻혔는데, 그때 묻힌 자리에 새긴 글도 다른 유언이 아니라 블랙홀의 온도 계산식이었다.

생각해 보면 블랙홀의 온도를 따진다는 것은 쉬운 일이 아니다. 일단 블랙홀은 무엇이든 빨아들이므로 따뜻한 김이나 이글거리는 불꽃 같은 것을 바깥으로 내뿜을 수 없다. 그런 것이 나오려고 하다가도 다시 빨려 들어갈 뿐이다. 블랙홀에 온도계를 갖다 대고 온도를 재어볼 수도 없다. 아무리 튼튼한 온도계라도 한번 들어가면 꺼내서 볼 수 없기 때문이다. 자동 온도계가 무선으로 온도를 전송해 주는 장치를 만든다고 해도 그 통신 전파조차 밖으로 나오지 못하고 빨려 들어간다.

킵 손 박사의 저서에 따르면 호킹의 연구 이전까지만 해도 학자들은 블랙홀에 온도가 없다고 치거나 블랙홀이 모든 열기를 빨아들이니 극도로 차갑다고 생각했다. 그러나 호킹은 블랙홀이 주위의 시공간을 일그러뜨리는 현상이 생기면 주변에서는 열기를 내뿜는 것처럼 보일 수 있다고 생각했다. 주위의 모든 열기를 빨아들이지만 스스로 열기를 내뿜는 듯한 역할을 할 수 있다니, 이게 차가운 불 같은 것 아닐까? 호킹은 그에 따라 블랙홀의 온도를 따져볼 수도 있다고 생각했다. 호킹이 고안한 대로 계산해 보면, 블랙홀은 열기를 내뿜을수록 그만큼 무게가 줄어들고 큰 블랙홀보다는 작은 블랙홀이 더 뜨겁게 열기를 뿜어낸다는 결론이 나온다. 이렇게 블랙홀이 특이하게 내뿜는 열기를 호킹 복사라고 하는데, 블랙홀이 작아질수록 블랙홀은 점점 더 센 호킹 복사를 내뿜으며 더더욱 빠르게 작아질 것이다. 마지막 순간에는 아주아주 작은 별이 아주아주 센 열기를 내뿜게 될 것이므로 마치 폭발하는 것처럼 보일지도 모른다.

더군다나 호킹은 이 계산을 해내는 과정에서 모든 물체가 항상 꼭 물결치는 모양 같아 보인다고 여기고 계산하는 수법을 사용했다. 양자이론을 이용했다는 뜻이다. 동시에 블랙홀의 강력한 당기는 힘을 계산하기 위해 상대성이론도 사용했다. 현대 과학에서 널리 쓰이는 이론 중에 가장 멋진 두 이론인 상대성이론과 양자이론을 하나로 합쳐서 간편하게 계산하는 방법을 개발하는 일. 그것은 지난 100년 가까운 시간 동안 수많은 과학자들이 도전했지만 성공하지 못한 경지다. 그런데 호킹은 블랙홀의 온도를 계산해 내면서 상대성이론과 양자이론을 동시에 사용하는 방법에 상당히 가까이 다가서는 모습을 보여주었다. 그렇게 해서 수많은 과학자들에게 이런 식이라면 지금의 과학 수준을 한 단계 넘어서는 새로운 과학이 등장할 수도 있다는 꿈을 갖게 해주었다.

대학 시절, 호킹은 모두에게 굉장한 실력을 가졌다고

평가받는 뛰어난 학생이자, 학교 조정팀 소속의 스포츠맨이었다. 그런데 그는 20대 초반 대학원 시절에 근위축성 측색경화증에 걸려 2년밖에 못 살지도 모른다는 진단을 받았다. 그러자 그는 오히려 남은 2년을 정말 보람차게 살아야겠다고 다짐하면서 누구보다 열심히 일했다. 그 결과 2년이 아니라 이후 50여 년 동안 많은 성과를 낸 학자로 활약하며 76세까지 살았다.

가장 마음고생이 심했을 20대 시절 그가 완성한 논문 중에는 우주의 시작에 관한 것도 있다. 블랙홀 속에는 특이점, 즉 블랙홀의 중력이 지니는 힘을 계산할 수 없게 되는 지점이 나타난다. 그런데 호킹은 우주가 맨 처음 시작되던 대폭발의 순간에도 비슷한 특이점이 생겨난다는 것을 계산

해냈다. 덕분에 많은 과학자들이 블랙홀을 계산하는 과학으로 우주가 탄생하던 순간에 대해서도 깊이 따져볼 수 있다는 점을 깨달았다. 말하자면 호킹은 삶의 마지막이라고 예감하던 시절에, 우주의 시작을 밝힐 생각을 해낸 것이다.

나는 이만하면 호킹이 학식의 수준뿐만 아니라, 인생을 사는 태도로도 충분히 조선 시대 과거 시험에서 합격점을 맞는 선비가 되었을 거라고 생각해 본다. 아마 성종 임금이라면 장원 급제를 주었을 것이다.

독립운동가 도산 안창호 선생은 광복을 보지 못하고 세상을 떠났다. 그런데 그 무렵 그의 딸 안수산 대위는 미국 해군에 입대해 교관이 되었고, 제2차 세계대전 중에 일본군과 싸우는 미군을 가르치는 임무를 맡았다. 미군 병사들은, 자신들의 교관과 그 아버지의 원수라고 할 일본군을 향해 불벼락을 내렸을 것이다. 이후 안수산 여사는 미국 정부의 암호 해독 조직에 들어가 긴 세월 활약했다.

제2차 세계대전 전후로 다른 세계의 강대국도 미국처럼 암호 다루는 일에 많은 투자를 했다. 그 이유는 전쟁 중 부대들이 서로 지시하고 보고하기 위해 전파를 이용한 무선

통신을 활용하는 기술이 급격히 발전했기 때문이다.

내가 통신으로 보내는 전파를 적군이 감지하면, 내가 세우는 작전이 무엇인지 다 들킬 수도 있다. 그러므로 전파가 감지되어도 적이 무슨 말인지 알아낼 수 없도록 보내야 한다. 그렇기 때문에 항상 암호를 사용해서 정보를 전달하고, 전파를 해독하기 어렵게 만드는 다양한 방법을 사용해야 한다. 그 때문에 1940년대에는 전파를 다루는 다양한 기술이 빠르게 발전했다. 게다가 멀리서 적의 위치를 감지하는 레이더 역시 전파를 이용하는 장비이므로, 세계 곳곳에서 전파를 다루는 여러 가지 장비들이 많이 제작될 수밖에 없었다.

1945년 제2차 세계대전이 끝나자 과학자들은 이렇게 발달한 전파 감지 장비를 이용해서 과학 연구를 해보자고 생각했다. 그중에는 우주에서 지구로 내려오는 전파가 있는지 감지해 보자는 사람들도 있었다. 어떻게 보면 당연한 생각이다. 우주를 관찰할 때 가장 쉽게 떠올릴 수 있는 것이 망원경으로 별빛을 보는 방법인데, 전파 역시 빛의 일종이기 때문이다. 단지 전파는 사람 눈에 보이지 않는 색깔을 띠기에 맨눈으로 볼 수 없을 뿐이다. 그러니 맨눈에 보이는 별빛만 보지 말고, 마침 전쟁 중 개발된 기술로 측정할 수 있는 전파의 빛을 혹시 별이 내뿜지는 않는지 한번 살펴보자고 생각해 볼 만했다.

실제로 하늘에서는 온갖 별과 우주의 다양한 물체가 내뿜는 여러 전파가 내려온다. 라디오를 틀고 정확한 방송 주파수를 맞추지 못하면 들리는 잡음 일부에는, 이렇게 우주에서 내려오는 잡다한 전파 때문에 생긴 소리도 섞여있을 것이다. 라디오가 아니라 잘 만든 전파 감지 장치를 이용해보면, 밤하늘의 어느 방향에서 어떤 전파가 어느 정도로 오고 있는지 정확하게 알아낼 수 있다. 이렇게 만들어둔 장비는 망원경처럼 밤하늘을 관찰하지만 눈에 보이는 빛이 아니라 전파를 관찰한다고 해서 전파 망원경이라고 부른다.

간단하게는 라디오 안테나 같은 부품 몇 개를 연결해두고 이쪽저쪽 하늘을 향해 기울여보며 전파를 측정하는 장비도 전파 망원경이 될 수 있다. 좀 더 좋은 장비라면 하늘을 향해 커다란 접시 모양 안테나를 펼쳐놓고 세밀하게 전파를 감지할 것이다. 한국에서는 한국우주전파관측망, 또는 약자로 KVN이라는 장비가 유명한 편이다. KVN은 지름 21미터의 커다란 안테나가 달린 대형 전파 망원경 총 3대를 만들어서 서울의 연세대학교, 울산의 울산대학교, 제주의 옛 탐라대학교 부지에 각각 한 대씩 설치해두고 동시에 사용할 수 있는 장비다. 말이 21미터지, 그 정도면 테니스 코트보다 넓은 커다란 쇳덩어리다. 그런 커다란 쇳덩어리가 우주를 관찰하겠다고 슬슬 움직이는 모습은 꽤 멋져 보인다.

20세기 중반 과학자들은 밤하늘에서 오는 여러 가지 전파들을 살펴보다가 유독 강한 전파를 내뿜는 이상한 곳을 발견했다. 말하자면 멀리서 방송국을 하나 운영하는 느낌이 날 정도의 전파가 나오고 있었다. 그 자체만으로 아주 이상한 것은 아니다. 별이나 행성을 눈으로 보면 빛이 반짝이는데, 조금 파란빛을 내뿜기도 하고 조금 빨간빛을 내뿜기도 한다. 눈에 보이지 않는 색깔의 빛인 전파에는 특히 빛을 잘 내뿜는 곳도 있겠거니 생각해 볼 수 있다.

진짜 문제는 그렇게 전파를 내뿜는 물체가 아주아주 멀리 떨어진 곳에 있다는 사실이었다. 전파는 우리가 밤하늘에서 맨눈으로 볼 수 있는 대부분의 별보다 훨씬 더 먼 곳에서 오고 있었다. 거리를 생각할 때, 전파가 그 정도로 잘 감지된다는 말은 터무니없을 정도로 전파의 세기가 강력하다는 뜻이다. 도대체 어떤 물체가 그렇게 강한 전파를 뿜어낼 수 있을까? 혹시 머나먼 우주 저편의 외계인들이 뛰어난 기술로 강한 전파를 보낼 수 있는 특수 통신 시설을 만들고 지구를 향해 긴박한 통신을 보내는 것일까? 예를 들면 "당장 대피하라. 앞으로 5년만 지나면 지구가 종말할 것이다." 등의 내용으로? 만약 그렇다면 한국에서 그 통신을 가장 먼저 들을 수 있는 사람들은 KVN이 설치된 연세대학교나 울산대학교의 학생들일 것이다.

이는 SF 영화의 소재로 재미난 내용이다. 하지만 사실과는 거리가 있다. 그 괴상한 물체를 과학자들은 퀘이사라고 불렀다. 좀 더 우주를 관찰해 보니 퀘이사는 한두 개가 아니라 다양한 형태로 여러 개 있었다. 우주 곳곳의 서로 다른 외계인들이 초강력 와이파이 공유기를 잔뜩 틀어놓을 리는 없을 테니, 이것은 무언가 자연스러운 현상으로 보아야 한다.

퀘이사의 정체가 무엇인지는 몇십 년 동안 우주의 수수께끼였다. 하지만 현재 과학자들은 블랙홀이 일으키는 현상일 것이라고 본다. 수백억 내지 수천억 개의 별들이 모이는 집단이라는 은하의 중심부에 거대한 블랙홀이 있다. 즉 은하의 핵처럼 자리 잡은 블랙홀이 강력하게 빨아들이는 힘으로 주변 물질들을 잘 휘저으면 이런 센 전파를 만들어낼 수 있을 것으로 보고 있다. 마침 2011년에 한국의 여성 과학자 정숙 박사 등을 중심으로 한 연구진들은 한국의 KVN으로 마이크로 퀘이사라는 특이한 현상을 관찰했다. 백조자리 X-3라는 조금 작은 블랙홀이, 난데없이 이전보다 훨씬 센 전파를 폭발적으로 뿜어냈던 것이다. 이 관찰 결과는 좋은 성과를 내어 눈길을 모았다. 이때 세밀하게 관찰해 본 전파의 주파수가 22,000메가헤르츠(MHz), 43,000메가헤르츠였다. 역시 우리가 라디오나 통신에 사용하는 전파 주파수와는 한참 다르다.

1960년대 정체가 덜 밝혀진 퀘이사 연구가 한참 활발히 이루어지던 시절, 영국의 여성 과학자 조슬린 벨 버넬은 대학원생 시절 퀘이사를 살펴보다가 훨씬 더 이상한 물체를 발견했다. 역시 강한 전파를 뿜어내는 물체였는데, 그 물체는 그냥 전파를 대충 뿜어내는 것이 아니라 매우 일정하고 무척 빠른 간격으로 전파를 뿜어냈다가 안 뿜어냈다가 하는 성질이 있었다. 마치, 전화가 걸려왔는데 '삐, 삐, 삐, 삐' 하는 일정한 소리가 들리는 것 같은 느낌이었다. 이거야말로 인공적인 전파 아닐까? 무슨 내용을 담은 통신이 아닐까? 이 물체는 보통 퀘이사처럼 엄청나게 멀리 떨어져 있는 것도 아니었다. 비교해 보자면, 지구 근처에 살면서 지구를 잘 알고 있는 외계인이 통신을 보내오는 느낌에 훨씬 더 가깝다고 할 수 있다.

아닌 게 아니라 버넬의 연구팀은 반쯤 장난삼아 이 물체를 LGM-1이라고 부르기도 했다. LGM은 작은 초록색 외계인(little greenman)이라는 뜻이었다. 이렇게 우주에서 일정한 간격으로 전파를 내뿜는 물체를, 맥박이 뛰듯 짧게 반복해서 전파를 내뿜는다고 해서 맥박, 즉 펄스(pulse)라는 단어를 변형해 펄사라고 부른다. 한자어로 번역해서 맥동성이라고 부르기도 한다.

벨 버넬이 펄사라는 괴이한 물체를 발견했다는 사실을 세밀하게 조사해 학계에 발표하자, 당시 영국 천문학계의 대가 프레드 호일은 펄사의 정체가 아마도 중성자별일 것이라고 추측했다. 그리고 지금은 이 사실이 널리 인정받는다.

중성자별이란 물질이 엄청나게 작은 공간에 아주 촘촘히 오그라들어서 작지만 대단히 무거운 물체를 말한다. 중성자별이 얼마나 무겁냐면, 중성자별을 이루는 그 이상한 물질을 티스푼으로 한 숟갈만 뜨면 그 무게는 거대한 산맥을 이루는 흙 전체의 무게와 맞먹을 정도가 된다. 그래서 그런지 영화 〈어벤져스: 인피니티 워〉를 보면, 토르가 아니면 들 수 없는 토르의 망치를 만들 때 중성자별을 사용하는 것이 묘사되었을 정도다.

과학자들은 이런 재질로 된 물체가 생겨나려면 그 주성분은 중성자라는 물질이 아니면 안 된다고 본다. 중성자 외의 다른 물질이 주재료라면 그 정도록 응축되기 전에 자연히 흩어져 버리거나 튀어나올 것이기 때문이다. 그래서 이런 물체에 중성자별이라는 이름이 붙었다. 현대의 과학자들은 초신성 폭발과 같은 엄청난 현상이 일어나면 그 폭발의 결과로 대단히 좁은 공간에 어마어마하게 무거운 물질들이 응축된 중성자별이 생길 수 있다고 본다. 또 만약 폭발이 특히 심할 경우에는 물질이 중성자별 이상으로 더욱더 응축되면서 블랙홀이 생겨난다고 본다.

중성자별은 크기가 작아 어마어마한 속력으로 아주 빠르게 뱅뱅 돌고 있는데, 그러면서도 아주 무거운 무게 때문에 블랙홀 못지않은 강한 중력으로 주변을 끌어당긴다. 과학자들은 그런 특이한 성질 때문에 빙빙 도는 중성자별이 레이더의 부품과 같은 역할을 할 수 있지 않을까 추측하고 있다. 그렇기 때문에 전파를 거세게 내뿜는데, 중성자별이 비틀거리며 빠르게 도는 와중에 전파가 튀어나오니 전파가 나오는 방향도 빙빙 돌면서 계속 바뀌고, 따라서 전파가 지구에 닿는 방향이 될 때에만 지구에서는 잠깐 전파가 감지된다. 그러니 꼭 일정한 간격으로 전파가 감지되다가 말다가 하는 것처럼 보인다는 이야기이다.

세월이 흐른 뒤 1970년대가 되어, 미국의 여성 과학자 베라 루빈은 별들이 떼로 모여있는 은하를 여러 개 관찰하던 중 은하가 스스로 천천히 도는 모양을 살펴보았다. 그런데 그 도는 속도를 추측할 수 있는 자료가 좀 이상하게 보였다. 은하 가장 자리에서 별들이 생각보다 너무 빨리 도는 것 같아 이상할 정도였다. 마치 별 주위에 무언가 무거운 물질이 있어 무게를 더하는 것 같아 보였다. 망원경 관찰 결과를 아무리 열심히 살펴봐도 뭔가가 보이지는 않는데, 도대체 무슨 물질이 있는 걸까?

그 이전부터 우주에 우리가 모르는 이상한 물질이 있을 거라는 의견을 낸 몇몇 학자들은 있었다. 베라 루빈의 발견은 물질이 있을 거라는 의심을 더욱 크게 만들었다. 초창기 학자들은 눈으로 보기 어려우며 운이 좋으면 전파나 뿜어내는 중성자별이나 블랙홀이, 그 알 수 없는 물질의 정체일 수 있다는 생각도 했다. 눈에 잘 보이는 별 사이에 눈에 잘 안 띄는 중성자별, 블랙홀들이 여럿 섞여있으면 중성자별, 블랙홀의 무게 때문에 도는 힘이 더해져 베라 루빈이 발견한 것처럼 은하 가장자리가 보기보다 빨리 돌아가는 현상이 일어나리라고 본 것이다.

그러나 중성자별, 블랙홀에 대한 연구가 진전될수록 그 정도로는 부족하다는 쪽으로 결론이 모아졌다. 결국, 지금도 베라 루빈이 지적한 그 정체불명의 무거운 물질은 무엇인지 모른다. 그래서 그 물질을 과학자들은 뭔지 모르는 물질이라는 뜻의 암흑물질이라고 부른다.

현재 과학자들 다수는 암흑물질의 정체가 지금 우리가 사용하는 방법으로는 거의 관찰할 수 없는, 보통의 상상을 초월하는 물질이라고 본다. 착각하기 쉬우나, 이름과는 다르게 암흑물질의 색깔이 검은 것은 아니다. 만약 암흑물질이 검은색이라면 검은 모습이 눈에 띄기는 할 것이다. 하다

못해 다른 빛을 가리기는 할 것이므로 그럭저럭 관찰할 수 있다. 그러나 암흑물질은 검은색인지 아닌지를 알아보기조차 어려운 물질이다. 어찌 보면 암흑물질보다는 투명 물질이라고 불러야 더 잘 어울릴 만한 이상한 물질이다. 지금 이 순간에도 어마어마한 양의 암흑물질이 바로 우리 주변을 콸콸콸 흘러 다니고, 우리 몸을 통과하고 있을 수도 있다. 보이지도 않고 만질 수도 없는 정체불명의 물질이기 때문에 아무도 못 느낄 뿐이다.

암흑물질이 과연 무엇인지는 지난 50년간 풀리지 않는 과학의 커다란 수수께끼다. 많은 과학자들이 암흑물질이 어떻게 탄생했고 어떤 다른 성질을 갖고 있을 거라는 여러 가지 추측을 발표하기는 했지만 아직까지도 해답으로 확인된 것은 없다.

해답이 나오기는커녕 과학이 발전하면서 우주의 물질 중 70퍼센트 이상이 암흑물질인 것 같다는 놀라운 결과가 발표되었다. 그 말은 우리가 뭔지 알고 있어서 지금까지 보고 느끼고 연구하고 실험하는 그 많은 물질들은 사실 우주의 작은 부분에 불과하다는 뜻이다. 참고로 1990년대가 되자 암흑에너지라고 하는 더욱더 이상한 것이 있다는 학설도 힘을 얻게 되었다. 암흑에너지는 우주 공간의 크기를 점점 더 빠른 속도로 부풀어 오르게 만드는 특이한 힘의 원천을 말한다. 마찬가지로 암흑에너지의 정체에 대해서 우리가 아는 것은 별로 없다. 다시 말해, 과학 발전의 결과 우리는 우주의 대부분에 대해 그게 뭔지 모르며, 어떻게 알아내야 하는지조차 잘 알 수 없을 정도로 모른다는 대단히 겸손한 결론을 얻게 되었다.

나는 이런 결론도 마음에 든다. 한 가지 깨달음을 얻었다고 우주의 모든 것을 통달했다는 식으로 행동한 몇몇 고대 철학자들의 태도와는 뿌리부터 달라 보인다.

2022년 한국의 기초과학연구원에서는 강원도 정선군 예미산에 있는 광산을 개조해서 지하 1,000미터의 대단히 깊숙한 동굴 속에 예미랩이라는 연구 시설을 만들었다. 너무나 땅속 깊은 곳이라 바깥에서 아무 영향도 끼칠 수 없는, 세상에서 가장 조용한 장소이며 주변의 모든 잡음과 전파 방해가 차단되는 곳이다. 과학자들은 이곳에서 극히 정밀한 첨단 기기를 동원해 암흑물질을 감지하여 정체를 알아내려고 도전하고 있다. 이런 첨단 기기들은 작은 방해에도 너무 민감해서 예미랩 바깥에서는 쓸 수 없기에 이렇게까지 지하 깊은 곳에 시설을 만든 것이다.

예미랩의 실험에서 우리는 무엇을 알아낼 수 있을까? 과연 언제쯤 암흑물질의 정체가 밝혀질까? 퀘이사, 펄사와 같은 이상한 물체의 정체를 기술의 발전과 꾸준한 연구를 통해 결국 알아냈듯이, 암흑물질의 수수께끼도 언젠가는 풀릴 것으로 기대해 본다.

우주와 세상의 끝

은하수를 순우리말로 미리내라고 부른다는 이야기는 요즘 꽤 널리 퍼져있다. 그런데 그렇게 널리 퍼져있는 말인 것치고 조선 시대 한글 기록에 자주 나오지는 않는다. 그러므로 예로부터 아주 널리 쓰던 말은 아니지 싶다. 고려대 한국어 사전을 찾아보면, 미리내가 은하수를 뜻하는 제주 방언이라고 되어있다. 그렇다면 미리내는 원래 제주도나 남해안 지역에서 쓰던 말인데 국어학자나 작가들이 그 말이 아름답고 듣기 좋은 느낌이라고 생각하여 널리 퍼뜨리면서 오히려 현대에 더 널리 알려지게 된 말인 듯싶다.

조선 시대 한자 사전이라고 할 수 있는 『훈몽자회』라는 책을 보면, 상상 속 동물인 용을 한글로 '미르'라고 풀이한다. 그래서 요즘 학자들은 미리내라는 말의 뜻이 미르의 냇물을 뜻할 것으로 생각한다. 아마도 밤하늘에 뿌옇게 물이 흐르는 듯한 모습으로 빛나는 은하수를 보고 그것을 용이 사는 강물이라고 생각하거나, 그 자체가 용이 되는 강물이라고 생각한 옛 한국 사람들이 그런 말을 만들었을 것이다. 중국에서 유래된 한자어 '은하수'는 그냥 은빛으로 빛나는 강물이라는 뜻이고, 영어로 은하수를 뜻하는 밀키웨이(Milky Way)는 고대 그리스·로마 신화의 헤라 여신이 밤하늘에 젖을 흘린 자국이라는 뜻을 가진 말이다. 이런 말들과 비교해 보면 한국에서 쓰는 미리내, 용의 강물이라는 말은 나름대로 독특한 운치가 있는 단어다.

은하수는 희미하게 빛나는 빛 덩어리기에 요즘 한국 도시에서 맨눈으로 그 모습을 보기란 쉽지 않다. 그렇지만 옛사람들 눈에는 매일 밤하늘에 나타나는 은하수가 분명 신비하게 보였을 것이다. 별도 아니고 구름도 아닌 것이 하늘 전체에 걸쳐 강물 비슷한 모습으로 펼쳐져 빛을 내뿜는 모습이 대체 왜 생긴 것인지 알아내기란 쉽지 않았을 것이다. 그러다가 망원경이 개발된 이후 과학자들은 은하수가 어마어마한 숫자의 매우 많은 별들이 모인 형체인데 그것을 멀리서 보니까 뿌연 빛 덩어리로 보인다는 사실을 알게 되었다. 우리가 보는 은하수는 대략 천억 개 넘는 별들이 옹기종기 모인 덩어리로 확인되었다. 물론 말이 옹기종기 모인 것이지 은하수 전체의 크기가 워낙 크기 때문에 모인 모습을 보면 한 별과 바로 옆 별까지의 거리도 대개 몇십조 킬로미터는 될 때가 많다.

우리가 사는 지구와 지구 곁에서 빛나는 태양도 은하수에 속한 그 많은 별 중 하나다. 별들이 모인 은하수라는 덩어리에서 태양의 위치는 중심 지역도 아니고, 그렇다고 맨 바깥쪽 끄트머리도 아니다. 그냥 어정쩡하게 한쪽 구석에 있다. 은하수 바깥의 먼 곳에서 은하수에 속한 별들을 누가 훑어본다면 대수롭지 않게 보고 지나칠 위치에, 그냥 천억 개 별들 중 하나로 자리 잡은 것이 우리의 태양이다. 현재 은하수 한쪽 끝에서 다른 쪽까지의 거리는 대략 100경 킬로미터 이상인 것으로 본다. 만약 미리내라는 말 뜻대로 은하수가 우주의 강물로 만들어진 용이라면 그 용은 100경 킬로미터 크기의 엄청나게 큰 용으로, 우주를 날아다니며 몸에 천억 개의 별들을 품었을 것이다.

불과 100년 전인 20세기 초까지만 해도 적지 않은 과학자들이 우주에는 은하수 같은 것이 단 하나밖에 없다고 생각했다. 100경 킬로미터 정도 되는 크기의 덩어리 속에 별이 천억 개 정도 모여있는 것이 우주 전체일 거라 생각한 것이다. 그런데 미국의 여성 과학자 헨리에타 레비트가 멀리 떨어진 별까지 거리가 얼마나 되는지 상당히 정확하게 추정할 수 있는 절묘한 방법을 개발했고, 에드윈 허블의 연구팀이 그 방법을 활용해서 살펴본 결과, 밤하늘에 보이는 안드로메다성운은 100경 킬로미터보다도 훨씬 더 먼 거리에 있을 가능성이 높다는 사실을 알아냈다. 그렇다면 은하수 바깥 먼 곳에도 무언가가 있다는 뜻이다. 그렇다면 우주는 은하수 하나보다는 훨씬 더 넓은 공간이라는 뜻이 된다.

곧 과학자들은 안드로메다성운이라는 물체도 사실 은하수처럼 몇천억 개 별들이 모여있는 덩어리라는 사실을 알게 되었다. 그래서 지금은 별들이 수십억, 수천억 개씩 모여있는 덩어리를 은하 또는 영어로는 갤럭시라고 부른다. 그에 따라 안드로메다성운도 안드로메다은하라는 이름으로 고쳐 부르게 되었다. 즉 세상에는 은하수은하, 안드로메다은하같이 여러 개의 은하가 띄엄띄엄 떨어져 있다. 은하가 여러 개 있다는 사실을 알게 된 후, 은하수는 우리의 지구와 태양이 소속된 은하라는 뜻에서 우리 은하라고 부르기도 한다.

현재 안드로메다은하는 2,000경 킬로미터 이상 떨어져 있다고 본다. 이 정도면 사람이 밤하늘에서 맨눈으로 볼 수 있는 것 중 가장 멀리 있는 물체라고 할 수 있다. 높이 나는 새가 멀리 본다는 말이 있는데, 밤하늘에서 안드로메다은하를 본다면 그 이상 멀리 볼 수는 없을 정도로 가장 멀리 본 것이다. 도저히 이해할 수 없는 상황을 두고 속어로 '안드로메다로 갔다.'라는 말을 쓸 때가 있다. 안드로메다가 그만큼 멀리 있기 때문에 그런 말을 쓰는 것이다.

그러나 우주 전체에서 보면 안드로메다은하가 그렇게까지 먼 곳도 아니다.

일단 안드로메다은하와 우리 지구가 있는 은하수를 비롯해 그 근처에 몇십 개 정도의 은하들이 옹기종기 모인 구역이 있다. 이렇게 은하가 몇십 개 정도 모여있는 것을 은하군이라고 한다. 우리의 은하수가 소속된 은하군을 보통 국부은하군이라는 이름으로 부른다. 그런가 하면 우주의 다른 곳에는 은하 수천 개가 모여있는 훨씬 더 거대한 덩어리도 있다. 이런 것을 은하단이라고 부른다.

은하가 여러 개 모여있는 은하군, 은하단도 우주에 한두 개만 있는 것이 아니다. 우리의 은하수가 소속된 국부은하군을 더 먼 곳에 떨어져서 보면 또 여러 다른 은하군, 은하단들과 함께 모여있다. 이렇게 은하군이나 은하단이 모여있는 거대한 덩어리를 초은하단이라고 한다. 그중에서도 지구와 태양이 소속된 은하수에서부터 시작해, 국부은하군이 모여 이룬 초은하단을 라니아케아 초은하단이라고 부른다.

라니아케아 초은하단은 쉽게 상상하기 어려울 정도로 거대한 덩어리다. 그래도 과학자들은 그 구체적인 모양을 대략 파악하고 있다. 따져보면, 라니아케아 초은하단은 수만 개 정도의 은하로 이루어졌다고 볼 수 있다. 그 말은 라니아케아 초은하단 속에 태양과 비슷한 별들이 족히 수천경 개 있다는 뜻이다. 다시 말해, 라니아케아 초은하단 속에 포함된 별의 개수는 지구에 사는 모든 사람의 머리카락 개수를 다 합하고, 몸에 난 다른 솜털의 개수를 다 합한 것보다도 더 많다.

그런데 그 거대한 라니아케아 초은하단조차도 우리가 관찰할 수 있는 우주의 일부에 지나지 않는다. 대충 어림잡아 계산해도 라니아케아 초은하단 같은 것이 수천, 수만 개 정도는 더 있는 듯하다.

그러면 라니아케아 초은하단과 비슷한 것이 수만 개 정도 모여있는 덩어리가 우주의 전부일까? 그렇게 생각할 수도 있다. 그 정도 거리가 되면, 우주가 탄생한 순간부터 지금까지 우주에서 가장 빠른 빛의 속도로 달려온다고 해도 닿지 못하는 엄청나게 크고 먼 영역이다. 우주에서 빛보다 빠른 것은 없으므로 그렇게까지 거리가 멀어지면 그 이상은 뭐가 있는지 볼 수도 없고, 직접 알아낼 방법도 없으며, 거기에 있는 것이 우리에게 영향을 미칠 수도 없어진다. 그래서 그 정도 규모의 덩어리를 흔히 '관측 가능한 우주'라고 부른다. 말하자면 관측 가능한 우주를 넘어설 정도로 너무 먼 곳은 우리와는 분리된 다른 세상이라고 볼 수 있다는 뜻이다.

그러나 그 너머에 아무것도 없다는 뜻은 아니다. 그 너머에 무엇이 있는지 알 수 없다. 그러나 지금까지 우리의 우주가 어떻게 탄생했고 어떻게 변화해왔는지, 그 원리를 과학적으로 이해하여 아마도 이럴 것이라고 추측하는 방법으로 상상해 볼 수는 있다. 지금까지의 연구로 봐서는 아마 관측 가능한 우주 너머에도 은하가 있고 은하군이 있고 초은하단이 있는 우주가 펼쳐져 있을 듯하다. 그리고 우주는 그렇게 더욱더 넓은 공간으로 한참 더 멀리 펼쳐져 있을 것이다. 그렇게 어마어마한 공간에 엄청나게 많은 것이 있는 우주라면, 어느 한쪽에는 지구와 같은 또 다른 행성, 나와 같이 생긴 또 다른 사람이 사는 곳도 있지 않을까?

나는 종종 골치 아픈 세상살이, 답답한 일 많은 인생에, 거대한 우주 이야기에 잠깐 빠져보는 것도 좋을 듯하다. 이런 이야기는 묘하게 사람의 마음을 가라앉히며 가끔은 위로를 주기도 한다고 생각해 본다.

이 우주는 어떻게 나타나서 어디로 가고 있는가? 고대 인도인들은 기나긴 세월이 흐른 뒤에 엄청난 깨달음을 지닌 '미륵'이라는 자가 세상에 나타나리라 생각했다. 신라의 원효는 이러한 생각을 남긴 고대 인도인들의 여러 기록을 분석하고 그중 가장 정확한 내용이 무엇인지 연구했다.

그 결과를 정리한 책이 『미륵상생경종요』다. 원효는 그 분석에서 우주의 시간에 대한 고대 인도인들의 생각 중 5억 6,700만 년이라는 세월이 흐르면 세상에 중요한 일이 생긴다는 계산이 가장 믿을 만하다고 했다.

나는 미국 항공우주국(NASA)가 발표한 자료를 정리해 보고 싶다. 그렇게 해서 현대의 과학 지식은 우주가 언제 생겼고 긴 세월 동안 어떻게 변화해왔다고 추측하는지 설명해보려고 한다.

우리가 알고 있고 관찰할 수 있는 우주는 약 138억 년 전 대단히 작은 크기의 공간이 점점 커지면서 생겨났다. 그것을 빅뱅 또는 번역해서 대폭발이라고 부른다.

현재 학자들 사이에서는 그 무렵 아주 짧은 시간 동안 우주의 크기가 특히 빠른 속력으로 어느 때보다 급격히 커졌다는 생각이 큰 인기를 끌고 있다. 이것을 인플레이션 또는 번역해서 급팽창 이론이라고 한다. 급팽창은 1조 분의 1초를 다시 1조 분의 1로 쪼갠 것의 1억 분의 1밖에 안 되는 기간에 벌어졌다. 굉장히 짧은 시간을 흔히 찰나라고 하는데, 이 단어도 사실 고대 인도 사람들이 개발한 말이 건너 건너 한국에 전해진 것이다. 고대 인도인들에게 찰나는 대략 0.01초 정도의 시간이었다. 그렇게 따져보면 우주가 탄생한 후 급팽창이 일어난 것은 찰나보다도 훨씬 더 짧은 시간이다. 그러나 짧은 시간이라고 해도 급팽창은 워낙 급했기 때문에 이 시기 동안 우주는 크게 부풀었다.

급팽창 시기가 끝난 후에도 우주는 급팽창처럼은 아니지만 꾸준히 커졌다.

대략 0.001초 지난 시점에 우리가 지금 볼 수 있는 물질

중 가장 단순한 것들이 생겨났다. 전자 제품의 회로 속을 돌아다니는 전자 같은 물질이 만들어졌다는 뜻이다. 그런 뒤 몇 분 정도 지난 시점에 수소와 헬륨 같은 물질이 양(+)전기를 띤 채로 만들어졌다. 원소라고 부르는 물질 중 현재 우주에서 가장 많은 성분인 수소와 그다음으로 많은 성분인 헬륨은 대부분 이때 생겼다. 우주 전체의 물질 대부분은 대략 컵라면 한 개가 조리되는 시간 동안 생겨난 것이다.

그때까지도 그 물질 대부분이 전기를 띤 상태, 즉 플라스마 상태였다. 그래서 빛이 퍼져나갈 때는 전기의 힘에 방해를 받았다. 때문에 이 시대에는 빛이 우주에 퍼져나갈 수 없었다.

그러나 대폭발 후 38만 년이 지난 시점에는 마침내 우주를 이루는 물질 중 상당수가 전기를 잃었다. 음(−)전기를 띤 전자와 양(+)전기를 띤 수소와 헬륨이 전기의 이끌리는 힘으로 서로 붙었기 때문이다. 덕택에 빛이 퍼져나가는 것을 방해하는 전기가 없어졌다. 대폭발 이후 그 뜨거운 온도 속에서 생긴 빛이 이때 처음으로 사방에 널리 퍼졌다. 이 빛은 지금도 우주 전체에 퍼져있어 우주배경복사라고 불린다. 지구에서 측정해 보면 16만 메가헤르츠(MHz) 정도의 전파로 측정된다.

1989년에 미국은 코비(COBE)라는 고성능 전파 측정기를 갖춘 인공위성을 우주에 보내, 이 전파가 우주 여러 방향에서 어떻게 오고 있는지 세밀히 관찰했다. 그리고 그 결과를 지도처럼 생긴 그림으로 표현했다. 극적인 말하기를 좋아하던 연구 책임자 조지 스무트는 그 그림을 공개하면서 "신앙이 있는 사람에게 이것은 신의 얼굴을 보는 것과 같다."라고 했다.

정확하게 말하자면, 이 그림은 누구의 얼굴이 나타났다기보다 빛이 처음으로 퍼져 우주 최초로 뭔가가 보이기 시작했을 때 드러난 형상을 표현한 것이다. 얼굴은 아니지만 최초로 보인 어떠한 모습이라는 면에서, 의미심장한 모습이라고 할 수는 있을 것이다.

이후 수백만 년 동안 강한 빛을 내뿜을 만한 것이 우주에 별로 없는 시기가 이어졌다. 이 시기를 우주의 암흑 시대(Dark Ages)라고 부른다.

그러다 우주에 퍼져있던 수소들이 군데군데에서 서로 끌어당기는 중력으로 뭉쳐 덩어리가 되고 그 덩어리가 서로를 더욱 잡아당겨서 더 강하게, 크게 뭉쳐졌다. 그러다가 너무나 거대한 물질 덩어리가 별로 변했고 빛을 내는 반응을 보이기 시작했다. 그렇게 탄생한 별과 별을 탄생시킬 수 있는 재료가 될 물질이 다수 모여있는 은하도 등장했다. 우주에 처음으로 은하가 등장한 것은 대략 대폭발 400만 년 뒤의 시점으로 보고 있다.

그리고 우주 곳곳에 이런 은하들이 많이 나타났다. 아마 지금으로부터 137억 6,000만 년 전에는 지금 우리가 밤하늘에서 볼 수 있는 것과 비슷한 풍경을 보이는 지역이 우주에 서서히 생기기 시작했을 것이다. 이후 우주 각지에서 별과 은하가 더 생겨났다. 별이 빛을 잃거나 초신성으로 폭발하거나 블랙홀로 변하는 일도 벌어졌다. 그러면서 긴 시간이 흘렀다. 그 긴 시간 동안에도 우주는 계속 팽창해서 더 커졌다.

우주의 모든 물질은 서로 끌어당기는 중력의 힘을 가진다. 그래서 우주는 전체적으로 보면 끌어당기며 오그라드는 힘을 받을 것이다. 그러니 한동안은, 그 오그라드는 힘 때문에 차차 우주가 커지는 속도가 줄 것이라고 상상하는 학자들이 꽤 많았다. 그리고 이를 확인하기 위해 우주가 팽창하는 정도가 어떻게 변화하고 있는지 정밀하게 관찰해 보았다.

그러나 1990년대에 정리된 결과는 대단히 이상했다. 무슨 이유인지는 모르지만 도리어 우주가 점점 빨리 커지는 것 같다는 결과가 나왔기 때문이다. 대폭발 이후 100억 년 정도가 지나면서 이런 현상이 시작된 것으로 보인다. 지금으로부터 40억 년 전 정도의 시기다. 지구가 생겨난 것이

46억 년 전이니 그때와 별로 멀지 않다. 무언가가 우주가 커지는 속력을 점점 더 가속시키고 있다. 현재 학자들은 이렇게 우주의 가속 팽창을 일으키는 원인을 가리켜, 정체를 알 수 없는 에너지라는 뜻으로 '암흑에너지'라고 부른다. 뭔지 잘 알 수 없지만 그래도 굉장히 양이 많은 어떤 에너지가 우주에 널리 퍼져있고, 점점 더 빠른 속도로 우주를 커지게 만든다는 이야기이다.

돌아보면, 마침 우리가 사는 시대는 우주에 대해 관찰하기 딱 좋은 시대다. 같은 시절이 아니라 한참 나중에 지구에 사람이라는 종족이 등장했다면, 우주 공간은 더욱 많이

마침 우리가 이 시대 이곳에 있어 얼마나 좋은지 몰라.

우리가 한참 뒤에 지구에 등장했다면 너무 멀어 별을 볼 수 없었을 테고.

반대로 일찍 등장했다면 우린 우주의 비밀을 전혀 알 수 없었을 거야.

팽창하여 훨씬 커져있을 것이다. 그러면 그 넓은 우주에 은하들이 너무 띄엄띄엄 떨어져 있을 수밖에 없다. 그러면 거리가 너무 멀어서 지구 사람들이 다른 은하나 먼 곳의 물체를 관찰하고 분석하는 일이 매우 어려워진다. 자연히 우주의 전체 상황을 알아내기란 매우 어려울 것이다. 반대로 지구인들이 우주가 생긴지 얼마 안 되어 등장했다면, 우주가 가속 팽창되는 모습을 보지 못했을 것이다. 그러면 우주에 엄청난 영향을 미치는 암흑에너지가 우주에 많다는 사실을 이렇게 쉽게 깨달을 수 없었을 것이다.

그러고 보면, 만약 마침 이런 시대에 나타난 사람이라는 종족이 우주의 비밀을 알아내는 데 도전하지 않았다면 이 기회가 참 아까웠을 거라는 생각도 든다. 혹시 그렇기에 사람은 밤하늘의 별을 올려다볼 때마다 신비감에 빠지고, 가끔 먼 미래와 과거의 긴 시간에 대한 생각에 빠지게 되는 것일까?

우주의 시작_서경덕의 도술과 빅뱅

도대체 이 세상은 어떻게, 왜 생겨났을까? 우주에 가득한 별과 땅과 하늘은 언제 처음 만들어졌을까?

고대 인도인들은 먼 옛날 우주에는 거대한 우유의 바다와 비슷한 것이 있었는데 '아수라'라는 괴물들과 신들이 그것을 휘저으며 서로 다투는 가운데 여러 가지 일들이 벌어져 지금과 같은 세상이 생겨났다고 믿었다. 고대 그리스인들은 맨 처음 우주에는 온통 알 수 없는 '카오스'라는 것뿐이었는데 거기에서부터 처음 대지의 여신 가이아가 저절로 생겨났고 그 가이아가 다양한 신들을 낳으면서 세상 모든 것이 생겨났다고 했다. 북유럽 사람들은 '이미르'라는 엄청나게 큰 거인이 있었는데 그 거인이 죽은 뒤에 그 몸이 재료가 돼 온 세상이 생겨났다고 생각했다. 거인의 몸은 산과 땅이, 머리카락은 나무가 되었다는 식이다.

그렇다면 옛 한국인들은 세상이 어떻게 처음 생겨났다고 믿었을까? 알려진 몇 가지 이야기가 있기는 하다. 예를 들어 무속인을 통해 전해진 〈창세가〉라는 노래 가사에 남아 있는 이야기에 따르면, 먼 옛날에 미륵이라는 거인 모습의 신령 같은 것이 있었는데 그 거인이 세상 모습을 지금처럼 꾸몄다고 한다. 그 와중에 신령은 하늘에서 떨어진 벌레를 받았고 그것이 사람으로 변했다고 한다.

사실 〈창세가〉는 1920년대 함경도 지역의 김쌍돌이라는 무속인이 남긴 이야기이다. 1920년대면 이미 한국에 기독교가 자리 잡고 다양한 신흥 종교도 등장한 시기다. 그렇다면 이 이야기는 그 시절 함경도 지역의 무속 문화를 살펴볼 수 있는 좋은 민속자료기는 하지만, 예로부터 많은 한국인이 믿어온 대표적인 신화라고 볼 수는 없을 듯하다.

그러고 보면 한국에는 세상이 처음 생긴 과정에 대한 이야기 중 딱히 널리 퍼진 것이 거의 없는 것 같다. 긴 세월 오랫동안 내려온 이야기를 찾기도 쉽지 않다. 중국 고전 등의 영향으로 세상을 처음 만든 조물주가 있었다는 생각이 한국에도 널리 퍼져있기는 했다. 그러나 그 조물주가 왜, 어떻게 우주를 만들게 되었는지에 대한 오래되고 유명한 이야기는 드물다.

오히려 그 반대 방향이라고 할 만한 이야기는 있다. 내가 재미있다고 생각하는 것으로는 고려 시대를 대표하는 작가 이규보가 쓴 〈문조물〉이라는 글이 있다. 문조물은 조물주에게 묻는다는 뜻인데, 세상을 처음 만들 때 사람을 괴롭히기만 하는 모기 같은 성가신 생물을 대체 왜 만들었냐고 조물주에게 물어보며 따지는 것이 글의 시작이다. 모기가 많은 편인 한국에서는 여름철이면 누구나 한 번쯤 그 때문에 짜증을 낼 법한데 1,000년 전 이규보는 짜증에 그친 것이 아니라 그때 떠올린 생각을 멋진 글로 써냈다. 문조물은 고려 시대뿐만 아니라 이후에도 상당히 알려졌던 것 같다. 본받을 만한 글을 모아놓은 조선시대 책인 『동문선』에도 문조물이 실려있기 때문이다.

〈문조물〉에서 조물주는 뭐라고 대답할까? 조물주는 세상이 만들어진 것은 그냥 하다 보니까 저절로 그렇게 만들어진 것이지 거기에 무슨 의도나 이유가 있는 것은 아니라고 대답한다. 우리는 무심코 무언가를 만든 사람은 그것에 대해서 잘 알 것이라고 생각한다. 그래서 세상을 만든 조물주라면 세상이 왜 생겨났는지, 우주의 의미는 무엇인지, 무엇이 옳고 무엇이 그른지, 세상을 어떻게 살아야 하는지, 모든 것을 다 알 것이라고 짐작한다. 그러나 고려 시대의 글 〈문조물〉에 나오는 조물주는 자기도 사실 딱히 아는 것은 없다고 말할 뿐이다. 심지어 결말에 이르면 조물주는 내가 세상을 만들었는지 아닌지, 심지어 왜 자신이 조물주가 되었는지도 모르겠다고 고백한다.

이렇듯 한국에서는 우주가 왜, 어떻게 생겼는지는 우주를 만든 조물주조차도 알 수 없고, 그런 질문의 답은 없는 것 같다고 보는 편이 꽤 인기 있었던 것 같다. 한발 더 나아가서 조선 전기의 유명한 학자 서경덕은 〈이기설〉이라는 글에서 세상이 생긴다거나 사라지는 것은 없으며 그냥 원래부터 우주의 원리는 지금 같았고 앞으로도 영원히 이럴 것이라는 주장을 폈다. 그는 세상에는 오직 기라는 것이 있을 뿐인데, 기가 모이고 흩어지고 변하며 이런저런 물체가 생겨나고 사라질 뿐이라고 했다. 누가 우주를 어떤 목적 때문에 만들었다거나, 어느 날 갑자기 우주의 원리가 생긴 것이 아니라는 뜻이다.

서경덕의 학문은 이후 많은 조선 선비들에게 큰 영향을 끼쳤다. 그뿐만 아니라, 후대 전설 속에서 서경덕은 도술이 아주 뛰어나 전우치를 꺾은 인물로 등장한다. 아마도 우주 만물의 근원에 대해 연구한 그의 학문을 두고 많은 사람이 신비하고 놀랍다고 느낀 것 같다. 서경덕은 황진이와의 로맨스에 관한 소문으로도 대단히 유명한데, 아마 한국사에서 우주를 연구한 학자 중 연애 이야기로 이렇게 유명한 인물도 없지 않나 싶다.

서경덕의 생각과 비슷해 보이는 발상에 심취한 인물이 현대 과학계에도 있다. 대표적으로는 영국의 과학자 프레드 호일을 꼽을 수 있다. 그는 우주가 이런저런 현상을 일으키며 바뀌고 있지만 그렇다고 해서 어느 시점에 없던 우주가 생긴다거나 우주의 전체 모습이 완전히 변하지는 않을 것으로 생각했다. 넓게 보면 우주는 큰 차이 없이 그냥 정지한 상태와 다를 바 없어 보인다는 뜻이다. 그래서 프레드 호일의 우주에 대한 생각을 정지한 상태 우주론, 즉 정상우주론이라고 부른다.

그러나 그가 한참 활동하던 20세기 중반에 다른 몇몇 과학자들은 반대로 우주가 먼 옛날 아주 작은 크기에서 시작됐고 그것이 점점 커져서 지금 우리 우주가 됐다고 생각하고는 그 과학적 증거를 찾아내기 시작했다. 프레드 호일은 그런 생각이 이상하다고 여겼다. 그래서 그는 "아무것도 없었는데 어느 날 우주가 크게 뻥 터지듯 갑자기 커졌다는 것은 믿을 수 없다."라고 말하고 다녔다. 특히 라디오 프로그램에서 이 이야기를 한 것이 널리 퍼졌다고 하는데, '크게 뻥!'이라는 말이 인상적이었는지 나중에는 프레드 호일의 반대파 학자들조차도 우주가 어느 순간 생겨나서 커졌다는 이론을 '크게 뻥!' 이론이라고 부르게 되었다. 영어로는 빅뱅 이론인데, 이것을 한국어로 번역해서 대폭발 이론이라고도 부른다. 농담처럼 만든 말이 역으로 우주의 탄생이라는 심오한 현상에 대한 정식 용어가 되다니, 세상 돌아가는 일은 참 알기 어려운 것 같다.

돌아보면, 우주가 탄생한 정확한 시기도 없고 우주에 큰 변화도 없다는 프레드 호일의 정상우주론은 무척 매력적인 이론이다. 만약 정상우주론이 틀렸고 대폭발 이론이 맞는다면 문제는 깔끔하지 못하다. 도대체 우주가 맨 처음 시작된 대폭발은 무엇 때문에 일어났는지, 대폭발로 우주가 생기기 전에는 무엇이 있었는지, 혹시 그러면 반대로 우주가 사라질 수도 있는지 등 어려운 고민이 더 많이 생긴다. 사기꾼 같은 사람이 자기가 대폭발을 일으킨 외계인과 통한다고 주장하거나, 대폭발의 반대인 우주가 사라지는 종말의 순간을 안다고 떠들고 다니는 따위의 빌미가 될지도 모른다. 이 때문에 프레드 호일은 온갖 방법으로 자신의 정상우주론이 맞고 대폭발 이론이 틀렸다는 증거를 찾기 위해 노력했다.

그러나 세월이 흐르고 과학이 발달하면서 지금은 대폭발 이론이 맞는다는 증거가 충분히 쌓인 상태이다. 21세기 과학자들은 지금으로부터 약 138억 년 전에 지금 우리가 사는 형태의 우주가 바로 대폭발과 함께 탄생했다고 본다. 결국 우주에 시작도 끝도 없다는 호일의 정상우주론은 틀렸다는 결론이다. 서경덕과 황진이가 듣는다면 좀 아쉬워할 만한 이야기이다.

서울중앙우체국 앞에는 홍영식의 동상이 있다. 19세기 조선에서 처음으로 우편 업무를 시작하는 데 공을 세운 인물이기 때문이다. 홍영식은 다른 이유로도 유명하다. 세상을 바꾸겠다며 급진 개화파 정치인들이 조선 조정을 뒤집어 엎은 갑신정변 사건의 주인공 중 한 명이기 때문이다. 갑신정변이 삼일천하로 끝나고 실패하자 정변의 주역들 대부분은 일본 등 해외로 도망쳤다. 홍영식은 그때 마지막까지 꿋꿋이 자기 자리를 지키다가 처형당한 인물이다.

조선의 갑신정변 소식을 미국에 알린 사람으로는 퍼시벌 로웰이 유명하다. 탐험가였던 그는 조선 사정에 밝았고 홍영식과도 친분이 있었다. 그전에 조선 조정 사람들이 처음 미국 정부를 공식 방문했을 때 로웰이 길 안내를 맡았기 때문이다. 그때 조선 사람들이 미국의 대통령을 만나서 예의를 갖춘다면서 큰절을 해서 미국 언론의 화제가 되기도 했다. 조선 사람들은 길 안내를 잘 해준 로웰에게 나중에 조선에도 와보라는 말을 건넸고, 호기심이 생긴 로웰은 실제로 조선에 가서 한동안 머물렀다.

당시 미국인들에게 조선은 대단히 낯선 나라였다. 로웰은 자신이 체험하고 구경한 조선의 풍물을 책으로 써서 출판했다. 그 책의 제목이 『조선: 조용한 아침의 나라(Choson: the Land of the Morning Calm)』이다. 이 책의 인기 덕분인지 지금도 종종 한국은 '조용한 아침의 나라'라는 별명으로 불리고, '모닝캄'이라는 말이 한국 항공사의 서비스 명칭으로 사용되기도 한다. 이 책에는 조선의 역사, 지리, 정치에 대한 이야기가 꽤 상세하게 실려있다. 길에 장승을 세워놓는 풍습이 있다거나, 마을마다 서낭당을 마련해두고 그 앞에서 기도한다는 등의 세세한 목격담도 나와있다. 그 덕택에 지금은 오히려 한국의 옛 민속을 연구할 때 한국 학자들에게 요긴한 자료가 되는 책이기도 하다. 그는 조선의 궁궐에 들어가 사진을 찍기도 했고 고종을 촬영해 책에 싣기도 했는데 이 역시 좋은 역사 자료로 취급된다.

조선과 같은 먼 나라를 여행한 경험이 각별했기 때문일까? 퍼시벌 로웰은 나중에 미국에 다시 정착한 후 더욱더 먼 곳을 조사하기로 계획한다. 그는 재산을 털어 하늘의 별들을 관찰하는 천문대를 건설하고 천문학 전문가들을 직원으로 고용했다. 당시로서는 고성능인 망원경을 설치한 그 천문대에서, 로웰은 지구 바깥 우주 곳곳을 살펴봤다.

로웰이 깊이 빠져있던 주제는 화성에 외계인이 살 것이라는 생각이었다. 당시 유럽과 미국에는 화성의 땅에 이상한 물길이 있는 것 같다는 생각이 돌았다. 로웰은 성능 좋은 망원경으로 열심히 화성을 관찰한 결과 실제로 화성에 물길이 있고, 그것은 아마도 화성의 외계인들이 파놓은 수로나 운하일 것으로 추측했다. 로웰은 화성을 환경이 파괴되어 망해가는 행성이라고 상상했다. 그곳에서 살아남기 위해 기술이 뛰어난 화성인들이 그나마 남아있는 쓸만한 물을 끌어 화성 곳곳에 보내 사용하는 중이며, 그것을 위해 어마어마한 규모의 공사를 벌였다는 것이다.

이러한 그의 주장은 우주 저편에 외계인이 산다는 생각, 그 외계인이 우리보다 발달된 기술을 가졌을 수도 있다는 생각, 그리고 우주가 신비하고 탐험할 만한 곳이라는 생각에 큰 영향을 미쳤다. 당연히 SF에도 큰 영향을 끼쳤다. 초기 SF의 걸작으로 칭송받는 영화 〈우주전쟁〉이 화성인과 지구인이 싸우는 내용인 것도 어떻게 보면 로웰의 간접 영향이라고 할 수 있을 것이다.

그러나 실제로 화성에 정말로 화성인이 있거나 화성인이 만든 운하가 있던 것은 아니다. 화성에 화성인이 살기는 커녕 지금까지도 화성에서는 풀 한 포기 발견되지 않았다. 현대 학자들은 로웰이 너무 화성을 관찰하는 데 매달리며 밤새 망원경을 들여다본 나머지 엉뚱한 착각을 해서 화성에 물길이 보이는 것 같다고 실수한 것으로 추측하고 있다. 하지만 로웰의 작업이 무의미한 것은 아니었다. 그가 우주를 관찰하기 위해 갖춘 장비와 인력은 다른 여러 발견의 공적을 남겼다. 그의 천문대는 기술적으로 상당히 훌륭한 곳이었다. 그래서 로웰이 세상을 떠난 직후인 20세기 초가 되자 천문대 직원들은 중요한 연구 결과를 얻을 수 있었다.

특히 베스토 슬라이퍼라는 학자는 직원들과 함께 밤하늘에 빛나는 여러 은하를 관찰했다. 그는 은하들의 색깔을 정밀 분석했는데, 은하들의 색깔이 미세하게 달리 관찰되었다. 당시 빛을 연구하는 학자들은 어떤 물체의 거리에 따라, 아주 조금씩이지만 색이 다르게 보이는 현상이 일어난다는 것을 알고 있었다. 무언가 거리가 가까워지면 아주 조금이지만 원래보다 약간 파란색으로 보이고, 반대로 멀어지고 있다면 미세한 정도로 원래보다 약간 붉게 보이는 현상이다. 그런데 슬라이퍼가 관측할 때, 은하들이 아주 약간 붉은색으로 변하는 것 같았다. 바로 '은하의 적색편'이라고 불리는 현상이다.

이는 우주 먼 곳의 은하들이 지구로부터 멀어지고 있다는 뜻이다. 지구가 무슨 호랑이 같은 맹수라도 되는 듯, 우주 저편의 별들 덩어리인 은하가 열심히 지구로부터 도망치는 것처럼 보였다. 나중에 학자들은 더욱 먼 곳의 은하일수록 더 빠른 속도로 지구에서 도망치는 것으로 보인다는 더욱더 이상한 사실까지 알아냈다.

지구가 정말로 우주의 맹수라서 모두가 지구로부터 도망치는 것일까? 그럴 리는 없다. 은하에 눈이 달린 것도 아니니 더욱 그렇다. 과학자들은, 이 현상을 설명하려면 우리가 모르는 사이에 은하와 은하 사이의 빈 공간이 부풀어 오르는 것으로 봐야 한다고 생각했다. 우주 전체에서 은하와 은하 사이의 빈 공간이 부풀어 오르니 지구에서 은하를 보면 거리는 자연히 멀어진다. 잘 따져보면 이 경우 멀리 있는 은하는 더욱 빠르게 멀어지는 듯 보일 것이다. 이것은 우주 전체의 공간이 여기저기 부풀어 오르며 점점 커지고 있다는 이야기이다. 이러한 현상을 우주의 팽창이라고 하며, 이후 이 현상은 다양한 증거를 통해 검증되고 있다.

우주의 팽창은 반대로 보면 더욱 신기한 이야기이다.

우주가 점점 커진다는 말은 반대로 생각하면 과거에는 우주가 지금보다 작았다는 뜻이다. 아주 오랜 과거에는 우주가 더욱더 작았을 것이다. 정말 정말 먼 옛날에는 우주 전체가 주먹만 하던 시절도 있었을 것이고 그보다 더 옛날에는 우주 전체가 작은 점만 한 크기였던 적도 있었을 것이다. 이렇게 보면 슬라이퍼 이후 과학자들이 발견한 우주의 팽창이라는 현상은 우주의 탄생과도 연결되어 있다. 우주는 원래 극히 작은 크기로 출발해 크게 부풀어 오르며 대폭발처럼 탄생했다는 이야기이다.

우주의 팽창 현상을 보다 잘 확인해 알린 인물로는 흔히 후대의 미국 과학자인 에드윈 허블을 지목한다. 그러나 허블의 주장이 그렇게 널리 인정받을 수 있던 것은 로웰 천문대의 슬라이퍼 같은 학자들이 많은 연구 자료를 미리 갖추어놓았기 때문이다. 그렇다면 한발 더 나아가 우주의 시작에 대한 그 많은 연구 성과는 젊어서 조선과 같은 낯선 나라를 넘나들고 노인이 돼서는 화성인을 찾으려 시도하는 등 한평생 꿈을 좇은 로웰의 모험이, 나중에 굉장한 과학 연구로 이어졌다는 이야기이다.

우주의 시작이나 우주가 탄생해서 변화해온 모습, 또는
우주가 점점 부풀어 오르며 팽창하고 있다는 사실 등을 연
구하는 과정에서는 마이크로파라는 전파에 대한 연구가 매
우 중요하다. 마이크로파를 이용하는 일상생활용품 중 가장
친숙한 것은 아마 전자레인지일 것이다. 우주의 시작을 연
구할 때 관찰하는 마이크로파와 전자레인지가 라면을 데울
때 내뿜는 마이크로파는 큰 차이가 없는 비슷한 전파다.

나는 전자레인지가 한국을 대표하는 조리 기구라고 생
각한다. 한때는 한국 회사들이 전자레인지를 정말 많이 만
들었다. 1990년대 말에서 2000년대 초에 전 세계에 팔리는

전자레인지의 절반 정도는 한국 회사가 만든 제품이었다.

중국 전자회사들이 발전한 현재에는 한국이 특별히 전자레인지를 많이 만든다고는 할 수 없다. 그렇지만 멕시코를 비롯한 몇몇 나라에서는 여전히 한국 회사 브랜드의 전자레인지가 압도적인 인기를 누린다. 요즘 한국에서 즉석밥부터 컵밥까지 전자레인지를 이용해서 먹을 수 있는 다양한 간편식품들이 크게 유행하는데, 이 역시 전자레인지와 한국의 끈끈한 관계를 나타내는 것만 같다.

전자레인지는 대략 주파수 2,400메가헤르츠(MHz)정도의 전파를 발생시켜 그 전파의 힘으로 음식을 데우는 장치다. 전자레인지 전파가 아주 강하지는 않다. 그러나 음식 성분, 특히 수분이 이 전파를 받으면 하필 온도가 잘 올라가는 현상이 일어난다. 그래서 이 주파수의 전파를 음식에 계속 골고루 쪼여줘 음식을 뜨겁게 만드는 것이 전자레인지의 원리다.

주파수라는 용어가 신기한 전자 제품에 자주 사용되니 주파수라는 말이 무슨 신비의 힘을 나타내는 말처럼 느껴지기도 한다. 그러나 주파수란 말은 별 대단한 용어가 아니다. 그냥 1초에 어떤 일이 몇 번이나 일어나는지를 숫자로 표현한 것이다.

예를 들어 선풍기의 날개 주파수가 3헤르츠(Hz)라면 선풍기 날개가 1초에 세 바퀴씩 돌아간다는 뜻일 뿐이다. 선풍기에서 3헤르츠의 신비한 마법 같은 힘이 나온다는 뜻이 아니다. '평균 34.7마이크로헤르츠(μHz) 주파수로 밥을 먹는다.'라고 하면, 신비한 마법 에너지를 사용해 밥을 먹는다는 것처럼 들릴 수 있다. 그러나 단지 1초에 0.0000347번 밥을 먹는다는 말이고 이를 계산해 보면 하루에 세 번꼴로 밥을 먹는다는 뜻이다.

전파란 원래 전기의 힘과 자기의 힘이 서로 엮여 계속 반복해서 변화하면서 날아다니는 현상이다. 그것이 1초에 몇 번 변화하는가 하는 것이 전파를 구분해 볼 만한 특징이 된다. 때문에 전파에 대해 따질 때 주파수라는 말을 많이 쓰게 되었다. 예를 들어 5Hz의 전파라는 말은 1초에 전기의 힘과 자기의 힘이 다섯 번 커졌다 작아졌다 하면서 날아다니는 현상이라는 뜻이다. 마찬가지로 1메가헤르츠의 전파라는 말은 1초에 전기의 힘과 자기의 힘이 100만 번 커졌다 작아졌다 하면서 날아다니는 현상을 말한다.

사실 눈에 보이는 빛도 그 성질은 전파와 별반 다르지 않다. 보통 전파에 비해 주파수 숫자가 아주 높아 몇억 메가헤르츠쯤 되면, 그런 현상이 사람의 눈에 밝은 느낌을 줄 수가 있다. 그래서 빛으로 느껴지는 것이다. 사람의 눈은 주파수의 차이를 색깔로 감지한다. 주파수가 높은 빛, 즉 전기의 힘과 자기의 힘이 촘촘히 여러 번 커졌다가 작아졌다가 하는 빛은 보라색으로, 반대로 전기의 힘과 자기의 힘이 드문드문 적은 횟수로 커졌다 작아졌다 하는 빛은 빨간색으로 느낀다. 이렇게 볼 때 빛의 경우, 그 주파수는 색깔을 숫자로 표현한 것이라고도 할 수 있다. 5억 메가헤르츠 정도면 주황색, 5억 5,000만 메가헤르츠 정도면 초록색, 6억 5,000만 메가헤르츠 정도면 파란색이다. 사람의 눈은 4억 메가헤르츠 이하 색깔은 느끼지 못하므로 4억 메가헤르츠에 조금 못 미치는 빛을 특별히 적외선이라고 부른다. 또 사람은 8억 메가헤르츠를 넘는 색깔도 잘 느끼지 못하는데 그런 빛을 특별히 자외선이라고 부른다. 물론 사람마다 개인차는 있다. 또 사람 외의 다른 동물은 다른 주파수의 빛을 볼 수도 있다. 예를 들어, 뱀은 4억 메가헤르츠 이하의 빛을 느끼고, 매의 눈은 8억 메가헤르츠 넘는 빛을 볼 수도 있다.

그러고 보면 전파는 사람 눈으로 볼 수 없는 색깔을 띤 빛의 일종이다. 즉, 빛 중에서 눈에 안 보이지만 통신용으로 쓰기 좋은 주파수를 가진 빛을 따로 전파라고 부르는 것뿐이다. 그리고 그중에서도 전자레인지에 사용되는 몇천 메가헤르츠에서 몇십만 메가헤르츠 정도의 빛을 마이크로파라고 부른다.

한국 전자 제품 회사들은 마이크로파를 이용하는 전자

레인지를 만들어 돈을 많이 벌었다. 그런데 1960년대 미국 통신회사 직원 중에는 마이크로파 때문에 큰 낭패를 볼 뻔한 사람도 있다. 미국의 펜지어스와 윌슨이다.

이들이 원래 통신회사에서 맡은 일은 커다란 안테나를 만들어 전파를 아주 정밀하게 측정해 보려는 실험이다. 그런데 이상하게도 아무리 애를 써도 주파수가 16만 메가헤르츠 정도 되는 알 수 없는 전파가 어디선가 자꾸 감지되었다. 전자레인지에서 쓰는 것과 닮아 보이는 마이크로파였다. 잡음 같긴 했으나 무엇 때문에 이런 이상한 전파가 안테나에 잡히는지 알 수가 없던 두 직원은 모든 장비를 점검하며 별별 문제를 다 신경 썼다고 한다. 미국 매사추세츠공과대학교(MIT) 물리학과 교수 맥스 테그마크의 저서에 따르면, 두 사람은 혹시 안테나 주변에 비둘기가 날아오는 게 문제인가 싶어 엽총을 들고 비둘기를 처리하러 가기도 했다.

그러나 그러고 나서도 16만 메가헤르츠의 마이크로파가 안테나에 계속 잡혔다. 더 신기한 것은 사방 어느 쪽을 봐도 거의 일정하게 이 전파가 측정되었다는 점이다. 마치 온 세상에 이 정체불명의 마이크로파가 퍼져있는 것 같았다. 지구가 거대한 외계인의 전자레인지에 들어가 있는 것일까? 우주를 통째로 전자레인지 속에 집어넣고 돌리는 외계의 악당이 있단 말인가?

그런데 그들이 이런 이상한 현상 때문에 답답해한다는 소식이, 공교롭게도 인근에서 전혀 다른 이유로 전파 연구를 하던 학자들에게 전해졌다. 그리고 그 바람에 처음에는 상상도 못 하던 결론을 맺게 된다.

아직 우주의 시작이 빅뱅, 그러니까 대폭발이라고 확신하지 못하던 과거 시절에 대폭발 이론을 연구하던 학자들은, 만약 먼지보다도 훨씬 작은 크기에서부터 우주가 커지면서 대폭발을 이루듯 생겨났다는 이론이 맞는다면 대폭발 이후 한동안은 우주가 대단히 뜨거운 상태였을 것이라고 생각했다. 이때는 물질이 모두 전기를 띤 상태다. 이를 플라스마 상태라고도 하는데 형광등 속과 비슷한 상황이라고 보면 된다. 이럴 때 전기는, 빛이 멀리 퍼져나가는 것을 방해한다.

그러다 시간이 흘러 우주가 조금 식고 물질이 전기를 띠지 않고 잠잠해지면, 마침내 빛이 잘 퍼질 수 있게 된다. 현대의 학자들은 이때가 우주가 생긴 지 대략 38만 년 정도 지난 시점이라고 보고 있다. 우주가 생긴 뒤 지금까지 흐른 시간은 대략 138억 년 정도이므로, 38만 년 정도면 우주가 생긴 지 정말 얼마 안 된 시기인 셈이다.

학자들은 이때 처음 퍼지기 시작한 빛이 있다면 지금 어떤 빛으로 보일지 계산해 보았다. 계산 결과는 마이크로파 정도의 빛이었다. 즉, 우주가 대폭발로 시작돼 학자들의

예상대로 커져온 것이 맞는다면, 지금쯤 마이크로파 정도의 전파가 우주의 배경처럼 우주 전체에 온통 퍼져있어야 했다. 이 현상을 흔히 '우주 배경 복사'라고 부른다.

디키라는 학자는 전파 측정 장치를 만들어 이 마이크로파를 실제로 확인해 보려고 했다. 만약 마이크로파가 발견된다면 그것은 우주가 어떻게 시작됐느냐는 심오한 질문에 대해, 대폭발로 시작됐다고 대답할 증거가 된다. 그런데 디키는 어느 날 걸려온 전화로, 펜지어스와 윌슨이 벌써 이상한 전파를 발견했다는 소식을 전해 들었다. 소문에 의하면 디키는 전화를 끊으며 "여러분, 우리가 한발 늦었습니다."라고 말했다고 한다.

아닌 게 아니라 이 발견으로 펜지어스와 윌슨은 노벨상을 받았다. 안테나의 비둘기를 쫓으러 가던 때에는 그것이 노벨상을 받으러 가는 길인지는 상상도 못 했을 것이다. 덕택에 빅뱅, 즉 대폭발은 신빙성 높은 이론으로 인정받기 시작했다.

그러고 보면 현재 한국에도 거대한 통신회사와 전자회사가 몇 개나 있다. 자기 회사의 통신 기술과 전파 기술이 뛰어나다고 선전하는 곳들도 많다. 그렇다면 이제는 이런 한국 회사들이 나서서 우주의 시작이나 과학의 기본 원리에 대한 연구에 어느 정도 투자하는 것도 꽤 멋진 도전이 아닐까?

미래를 볼 수 있는 설비에 전자회사 상표를 붙여 과학자들을 지원하는 사업은 큰 가치가 있어 보인다. 광고를 위해서라도 기술을 위해서라도. 당장 큰돈은 안될 것 같아도 말이다. 특히 전자레인지의 나라, 한국에서는 더욱 해 볼만한 일이라고 생각한다.

지금으로부터 약 1,400년 전 지금의 파키스탄 스와트 계곡 지역 출신인 44세의 남자, 비마라진제라는 사람이 있었다. 그는 동쪽으로 길을 떠나 중국에 갔다가 신라의 안홍이라는 사람을 만나 신라까지 따라오게 된다.『해동고승전』에 인용된 최치원의 글에서는 이때가 서기 625년이었다고 한다.

파키스탄 출신인 비마라진제는 신라에『능가경』이라는 책을 가져왔다. 이기영 선생의 글에 따르면 이때 들어온『능가경』은 신라에서도 상당히 인기를 끌었다고 한다. 한국 사람들에게 잘 알려진 원효 역시『능가경』을 연구한 글을 여러 편 썼다.

『능가경』에는 세상의 질문 중에는 심오한 말로 들리나 사실은 무의미한 것이 있으니 그런 질문에는 멈추고 답하지 말아야 한다는 대목이 있다. 책의 마지막 부분에는 그런 질문으로, '변(邊)과 무변(舞邊)', 즉 '끝이 있느냐 없느냐' 하는 문제가 예로 나와있다. 고대 인도의 사상가 중에는 '우주에 끝이 있을까?' '우주는 무한할까?' 등의 질문에 매달려 평생 고민하던 사람들이 있었다는데, 『능가경』은 바로 그런 질문이 부질없고 무의미하다고 지적한 것이다.

어린 시절 나는 그런 지적을 전혀 알지 못했다. 아마 초등학교 4학년 때인가 5학년 때쯤, 나는 어느 SF 영화인지 책인지 에서 '우주의 끝에 간다.'라는 말을 접한 적이 있다. 그 순간 너무 신비롭다는 생각이 들었다. 정말 우주에 끝이 있을까? 만약 우주의 맨 끝까지 가면 그 너머에는 뭐가 보일까? 우주 끝 벽 같은 게 있을까? 아니면 우주는 끝없이 무한할까? 그건 더 황당하지 않은가?

나는 흥분한 나머지 다음 날 학교에 가서 반에서 똑똑하다는 아이들을 붙잡고 물어봤다. "우주에 끝이 있을까? 우주는 무한할까?" 아이들은 나름대로 성실히 이 문제에 답을 해줬다. "뭐든 끝이 없는 것은 없잖아." "우주에도 끝은 있겠지." "우주는 무한한 거야."

나는 열 명 정도 아이들에게 물어보고 나름대로 다수결로 결과도 정리해 보았다. 지금도 그 결과를 기억한다. '우주에 끝이 있다.'라는 의견이 더 많았다. 그렇다고 해서 시원한 결론을 얻었다는 느낌은 전혀 들지 않았다. 우주의 끝에 대한 질문에 초등학생 다수결로 답을 할 수는 없으니까. 궁금증은 해소되지 않았다. 그래서 나는 한동안 우주의 끝에 대해 궁금하게 여겼다. 그러다가 어떤 만화에서 엄청나게 멋진 이야기를 만나게 됐다.

우선 지구부터 한번 살펴보자. 지구 크기는 정해져 있다. 지구 넓이는 무한하지 않다. 그런데 지구는 둥글기 때문에 시작되는 곳도 끝도 없다. 지구의 크기에는 한계가 있다. 하지만 한 곳에서 출발해 계속 걸어가도 끝에 도달하며 지구가 끝나지는 않는다. 한 바퀴 돌아 되돌아올 뿐이다. 그래서 윤석중 선생이 만든 노래도 있다.

"지구는 둥그니까 자꾸 걸어나가면 온 세상 어린이를 다 만나고 오겠네."

혹시 우주도 그 비슷한 구조인 것은 아닐까? 정확히 이해하기 어렵더라도 우주 공간도 그 비슷하게 둥글게 굽은 느낌이라고 상상해 보자. 아주 좋은 우주선을 타고 한 방향으로 끝없이 계속 직진만 해도 언젠가는 빙 돌아서 다시 원래의 자리로 돌아오는 것 아닐까? 이런 식이라면 어딘가에서 우주가 딱 잘려 끝나는 곳이 없어도 우주의 크기에는 한계가 있는 것이다. 무한하지 않다. 나는 이게 굉장히 그럴듯하다고 느꼈다. 그래서 막연히 우주가 그런 모양이면 좋겠다고 생각했다.

세월이 흘러 대학 시절에 우연히 책에서 좀 더 상세한 이야기를 읽게 됐다. 실제로 상대성이론에 따라 우주 공간을 계산해 보면 우주의 공간이 굽은 형태인지 아닌지를 따져볼 수 있다.

만일 우주가 굽은 형태일지도 모른다고 생각해 보면 완벽하게 평평하기보다는 어느 쪽으로든 조금은 굽은 형태이기가 쉽지 않을까? 평평해 보이는 나무판자 같은 것이라고 하더라도 현미경으로 살펴보면 아주 미세하게 조금은 굽어있지 않겠는가? 과학자들은 이것을 우주의 편평도라고 부른다. 만약 편평도가 부족해 우주가 약간 굽어있다면 어릴 때 만화에서 본 이야기가 현실일 수 있다. 우주선을 타고 한쪽으로만 쭉 나아가도 그 방향의 모든 외계인을 다 만나고 원래 자리로 돌아오게 된다.

그러나 과거의 과학자들이 세밀히 우주를 관찰한 결과는 예상 밖이었다. 우주는 굽지 않아 보였다. 누가 다리미로 일부러 꾹꾹 눌러 펼치기라도 한 것처럼, 우주의 편평도는 거의 완벽해 보였다. 우주선을 타고 한 방향으로 아무리 나가도 원래 자리로 돌아올 수는 없다. 이래서야 우주에 끝이 있느냐 하는 문제에 쉬운 대답을 하기는 어려워졌다.

더 큰 문제는 도대체 어떻게 우주가 이렇게까지 완벽한 편평도를 달성했느냐는 점이다. 우주의 공간이 굽은 형태라는 것을 상상하기는 좀 힘들지 모르지만 분명히 그런 일은 일어날 수 있다. 그런데 도대체 무엇이 펼쳐주기에 우주가 이토록 깨끗하게 편평하단 말인가? 이 질문을 과학자들은 편평도 문제라고 부른다. 과학자들 중에는 우주가 너무 지나치게 편평한 것이 이상하다고 생각하는 사람들도 많았다. 어떤 원리 때문에 우주가 조금도 굽을 수 없게 되는가? 누가 일부러 우주를 보기 좋게 펴주었나?

이 문제에 대해 현재 가장 인기 있는 대답은 앨런 구스 선생을 중심으로 한 과학자들이 제시한 급팽창 이론이다. 영어로는 인플레이션 이론이라고 부르는데, 그렇다고 해서 경제에서 말하는 인플레이션에 대한 이론은 아니다. 급팽창은 우주가 도대체 어떤 과정을 거치며 탄생했나에 관한 이론이다.

급팽창 이론이 나오기 전에도 과학자들은 대충 우주가 아주 작은 크기에서 출발해 대폭발을 통해 점점 커지기 시작했고 지금도 점점 더 팽창한다는 것을 짐작하고 있었다. 그런데 급팽창 이론에서는 그 대폭발의 전후 과정을 좀 더 세밀히 설명한다. 급팽창 이론의 핵심은 우주가 생겨난 후 초기의 아주 짧은 기간에는 지금보다도 훨씬 더 빠른 엄청난 속력으로 우주 전체가 부풀어 올랐다는 것이다. 0.0000 00000000000000000000000000001초도 안 되는 시간 동안 무시무시할 정도로 우주가 뻥튀기되었다는 것이 현재 학자들의 계산이다. 미국 컬럼비아대학교 물리학과 교수인 브라이언 그린은 저서에서, 적게 잡아도 그 짧은 기간 동안 우주가 100억 배로 커진 뒤 거기서 다시 100억 배로 커지고 거기서 다시 또 100억 배로 더 커졌을 거라고 했다.

　이것이 편평도 문제를 어떻게 해결할 수 있을까? 학교 운동장이 가득 찰 정도로 아주 굉장히 큰 동그라미를 그려놓고, 그 일부만 가까이에서 확대해서 본다고 생각해 보자. 그러면 그 부분은 동그라미가 아니라 거의 직선처럼 보일 것이다. 지구가 둥글지만 너무 크기 때문에 우리가 일상생활에서 보는 땅은 그냥 편평하게 느껴지는 것과도 비슷하다. 바로 그렇게, 설령 한때 우주가 약간 굽어있었더라도 그 이후 너무 빠르게 아주 크게 확대되었기 때문에 지금은 굽은 것이 거의 관찰되지 않는다는 이야기이다.

　많은 학자들은 급팽창 이론이 편평성 문제 외에도 지평선 문제, 비균질성 문제 등등 과학의 다른 몇 가지 골치 아픈 수수께끼에 대한 답이 될 수도 있다고 본다. 그래서 우주가 탄생하는 모습에 대한 이론으로 급팽창 이론은 학자들 사이에 무척 많은 인기를 얻었다.

한 가지 재미난 것은, 급팽창 이론이 지금처럼 자리 잡는 과정에서 한국인 과학자인 피서영 교수가 굵직굵직한 공을 세웠다는 점이다. 그는 앨런 구스가 논문을 쓰며 계산을 하는 데 실제로 같이 작업하며 도움을 주었다. 그 결과 앨런 구스의 중요한 논문에 같이 글 쓴 사람으로 이름을 올리기도 했다. 그 업적 덕택에 피서영 교수는 우주의 탄생에 대해 연구한 학자들 중에서 세계 최고 수준의 학자로 꼽힌다. 마침 피서영 교수는 피천득 작가의 딸이자, 바이올린 연주자

스테판 재키브의 어머니로도 알려져 있다.

돌아보니, 우주가 엄청난 속력으로 급하게 커지던 시절이 있었다는 주장인 급팽창 이론에 대해 피서영 교수가 활발히 연구 결과를 내놓던 시절이 1980년대 초반이다. 그러니 굽은 우주를 상상하며 우주의 끝에 대해 그럴듯한 답인 것 같다고 여기던 어린 시절 내 생각은, 뒷북도 한참 뒷북이라고 할 수 있겠다.

함께 읽은 문헌

단행본

가와하라 히데키, 안대옥(번역), 《조선수학사》 예문서원 (2017).

곽재식, 《곽재식과 힘의 용사들》 다른 (2023).

곽재식, 《곽재식의 세균 박람회》 김영사 (2020).

곽재식, 《곽재식의 역설 사전》 북트리거 (2023).

곽재식, 《그래서 우리는 달에 간다》 동아시아 (2022).

곽재식, 《우리가 과학을 사랑하는 법》 위즈덤하우스 (2019).

구만옥, 《세종시대의 과학기술》 들녘 (2016).

그레이엄 스위너드, 서지형(번역), 《우주선은 어떻게 비행하는가》 푸른길 (2019).

김부식, 이병도(번역), 《삼국사기》 을유문화사 (1996).

김상헌, 홍기표(번역), 《역주 남사록》 제주문화원 (2009).

김용운, 김용국, 《한국 수학사》 살림Math (2009).

김종서 등, 경인문화사 등(번역), 《고려사》 경인문화사.

리사 랜들, 김명남(번역), 《암흑 물질과 공룡》 사이언스북스 (2016).

리처드 파넥, 김혜원(번역), 《4퍼센트 우주》 시공사 (2013).

마샤 바투시액, 이충호(번역), 《블랙홀의 사생활》 지상의책(갈매나무) (2017).

마크 미오도닉, 윤신영 (번역), 《사소한 것들의 과학》 Mid(엠아이디) (2016).

미치오 카쿠, 박병철(번역), 《인류의 미래》 김영사 (2019).

박성동, 이강환, 《쎄트렉아이 러시》 위즈덤하우스 (2022).

브라이언 그린, 박병철(번역), 《엔드 오브 타임》 와이즈베리 (2021).

브라이언 그린, 박병철(번역), 《우주의 구조》 승산 (2005).

스티븐 웹, 강윤재(번역), 《우주에 외계인이 가득하다면…모두 어디 있지?》 한승 (2005).

아이작 아시모프, 이강환(번역), 《아시모프의 코스모스》 문학수첩 (2021).

안상현, 《우리 혜성 이야기》 사이언스북스 (2013).

앤드루 H. 놀, 김명주(번역), 《생명 최초의 30억 년》 뿌리와이파리 (2007).

앤드루 H. 놀, 이한음(번역), 《지구의 짧은 역사》 다산사이언스(다산북스) (2021).

우스다 잔운, 이시준(번역), 《완역 암흑의 조선》 박문사 (2016).

유득공 등, 정승모(번역). 《『조선대세시기Ⅲ: 경도잡지, 열양세시기, 동국세시기』》 국립민속박물관 (2007).

이강영. 《불멸의 원자》 사이언스북스 (2016).

이강환. 《빅뱅의 메아리》 마음산책 (2017).

이강환. 《우주의 끝을 찾아서》 현암사 (2014).

이승배. 《우리 땅 돌 이야기》 나무나무 (2020).

전용훈. 《한국 천문학사》 들녘 (2017).

제임스 기치, 홍경탁(번역). 《우주의 지도를 그리다》 글항아리사이언스 (2018).

찰스 리우, 김도형(번역). 《누구나 천문학》 Gbrain(지브레인) (2022).

킵 손, 박일호(번역). 《블랙홀과 시간여행(보급판)》 반니 (2019).

킵 손, 전대호(번역). 《인터스텔라의 과학》 까치 (2015).

퍼시벌 로웰, 조경철(번역). 《조선: 고요한 아침의 나라》 하얀책 (2022).

플로리안 프라이슈테터, 유영미(번역). 《100개의 별, 우주를 말하다》 갈매나무 (2021).

한영우. 《서경덕과 화담학파》 지식산업사 (2022).

홍사석. 《그리스의 신과 영웅들》 혜안 (2002).

황정아. 《우주미션 이야기》 플루토 (2022).

학술지 및 연구논문

곽재식. "조선왕조실록 1701년 음력 11월 3일 기록과 오로라." 〈동아인문학〉 63 (2023): 199~222.

강지훈. "소프트에러를 방지하기 위한 저전력 고효율 신뢰성 향상 기법." 〈한국신뢰성학회 학술대회논문집〉 (2018): 51~51.

김동수. "'전주·익산·군산' 역사와 문화-백제문화의 원류를 찾아서." 〈Korean Architects〉 9 (1998): 60~63.

김성환. "김석문의 학문 배경과 [역학도해]의 전승 과정." 〈국학연구〉 22 (2013): 407~437.

김승현. "우주방사선으로 인한 항공기 승무원 산재승인."〈노동법률〉vol. 361 (2021).

김영심. "백제문화의 도교적 요소."〈한국고대사연구〉64 (2011): 363~403.

김영심. "웅진 사비시기 백제 지배층의 사상적 지향-六朝 士大夫와의 비교를 통하여."〈백제문화〉1, no. 46 (2012): 205~239.

김영준. "동예 세시풍속의 양상과 특징."〈민속학연구〉49 (2021): 33~54.

김창현. "고려의 운수관과 도읍경영."〈한국사학보〉15 (2003): 9~44.

김태오, 임병학. "천문 (天文) 사상과 풍수 (風水) 의 상관성 고찰."〈용봉인문논총〉59 (2021): 87~113.

김현탁, 권세진, 박철. "KSLV-2 를 이용한 금성 내 핵 폐기물 처리 개념 설계(Conceptual Design for Space Disposal of Nuclear Waste into Venus Using KSLV-2)." In 2014 한국항공우주학회추계학술대회.〈한국항공우주학회〉, 2014.

민병삼. "도선국사의 풍수사상과 풍수담론."〈국학연구〉27 (2015): 383~423.

박기영, 신영준. "북두칠성 별자리와 지구에서 떨어진 별의 거리."〈한국초등과학교육학회〉73 (2017): 149~149.

박기현, 민병일, 김소라, 김지윤, 서경석. "북한 6 차 핵실험으로 생성된 방사성 제논의 대기 중 방출 시나리오에 대한 모의실험 연구."〈Journal of nuclear fuel cycle and waste technology〉18, no. 2 (2020): 261~273.

박진영. "역사적 상상력의 번안과 복수 (複數) 의 비등가성-하몽 이상협의 [해왕성]."〈민족문학사연구〉31 (2006): 259~289.

서영대, 조우연. "고구려의 靈星과 社稷."〈고구려발해연구〉23 (2006): 251~254.

손흥철. "栗谷의 太極論 硏究."〈율곡학연구〉36 (2018): 37~76.

송봉호. "전통신앙과 불교의 대립에 관한 연구: 구룡관련 창사설화를 중심으로."〈한국무속학〉7 (2003): 69~92.

신연우. "함흥〈창세가〉에 보이는 성속 (聖俗) 의 넘나듦."〈한국무속학〉44 (2022): 127~148.

양홍진, 최고은, 안영석, 민병휘. "태조본 석각 천상열차분야지도 정밀 측정 분석." 〈The Bulletin of The Korean Astronomical Society〉 35, no. 2 (2010): 85~85.

유육례. "[연오랑 세오녀] 설화의 구조와 상징성 연구." 〈인문사회21〉 11, no. 6 (2020): 1797~1806.

유형동. "연오랑 세오녀의 신화적 성격에 대한 재검토." 〈어문론집〉 96 (2023): 199~223.

이병훈 외. "우주핵심기술개발사업 (Space Core Technology Development Program) FM급 고속/고정밀 별 추적기 기술개발 (Development of a High Speed and High Accuracy FM Grade Star Tracker)." (주)쎄트렉아이 미래창조과학부 제출 보고서, (2015).

이보름. "한국과 중국의 영성제 (靈星祭) 춤에 관한 사료 고찰." 〈국제문화예술〉 2, no. 2 (2021): 69~77.

이승아, 노상래. "번안소설의 텍스트 변화 과정 연구." 〈민족문화논총〉 56 (2014): 297~328.

이은희, 한영호, and 강민정. "아랍에서 조선까지 이슬람 역법의 전래와 수용." 〈한국과학사학회지〉 40, no. 1 (2018): 29~58.

이향만. "동양의 시간관-고대 중국문헌에 나타난 시간개념을 중심으로." 〈Catholic Theology and Thought〉 88 (2023): 161~193.

임재수, 김영은, 이상헌, 김소정, 김성원. "합천운석충돌구 호수퇴적층의 퇴적환경 연구." 〈대한지질학회〉 (2022): 242~242.

전은경. "1910 년대 이상협 소설과 식민 지배 담론: [매일신보] 독자와의 상관성을 중심으로." 〈현대소설연구〉 25 (2005): 381~405.

전은경. "근대 계몽기 한·일 번역문학과 근대 독자층 비교 연구: [장한몽] 과 [해왕성]을 중심으로." 〈어문학〉 117 (2012): 231~266.

정빈. "율곡 (栗谷) 의 천인관계론에서 나타난 인간의 위상에 관한 고찰." 〈유교사상연구〉 66 (2016): 93~116.

정연식. "천상열차분야지도 동방 7 수의 복원." 〈인문논총〉 29 (2015): 209~257.

정연식. "첨성대의 기능과 형태에 관한 여러 학설 비판." 〈역사학보〉 204 (2009): 357~403.

정웅주. "18세기 동아시아 주변 문화권의 문화적 자각과 중화사상의 쇠퇴:[강관필담] 과 [혹정필담] 을 중심으로." 〈일본문화학보〉 3 (1996): 355-380.

정홍문, 정재은. "비행기 이용승객의 갑상선 차폐를 위한 간편한 손수건 고안." 〈한국방사선학회논문지〉 13, no. 1 (2019): 87~94.

조우연. "고구려의 社稷祭祀." 〈동아시아고대학〉 29 (2012): 197~232.

추제협. "이이의 책문을 통해 본 경세론의 변화와 리통기국의 논리." 〈율곡학연구〉 42 (2020): 39~67.

편소리. "조선후기 '동국분야 (東國分野)'의 출현." 〈한국사상사학〉 66 (2020): 91~128.

황정아, 이재진, 조경석. "북극 항로 우주방사선 안전기준 및 관리정책." 〈항공진흥〉 1 (2010): 73~90.

황형식. "서화담 사상의 문학적 변용." 〈우리말글〉 (1997): 369~388.

Bains, William, Janusz J. Petkowski, Sara Seager, Sukrit Ranjan, Clara Sousa-Silva, Paul B. Rimmer, Zhuchang Zhan, Jane S. Greaves, and Anita MS Richards. "Phosphine on Venus cannot be explained by conventional processes." *Astrobiology* 21, no. 10 (2021): 1277~1304.

Barreto, Ricardo, José Cornejo, Ricardo Palomares, Jorge A. Cornejo, Juan Carlos Suárez-Quispe, Mariela Vargas, Cristián Valenzuela, Juan C. Chavez, and Julio Valdivia. "Space Agriculture and Mechatronic Technologies: Micro-Review and Multi-Collaborative Study." In 2023 2nd International Conference for *Innovation in Technology* (INOCON), pp. 1~8. IEEE, 2023.

Bennett, J. A. "Herschel's Scientific Apprenticeship and the Discovery of Uranus." In *International Astronomical Union Colloquium*, vol. 60, pp. 35-53. Cambridge University Press, 1982.

Blunck, Jürgen. "The Satellites of Uranus." *Solar System Moons: Discovery and Mythology* (2010): 91~110.

Borlik, Todd A. "Stellifying Shakespeare: celestial imperialism and the advent of universal genius." *Shakespeare in Southern Africa* 26, no. 1 (2014): 1~12.

Brown, Peter. "The Leonid meteor shower: historical visual observations." *Icarus* 138, no. 2 (1999): 287~308.

Charles, Frédérique, Annamaria Massimini, and Francesco Salvarani. "Mathematical and numerical study of a kinetic model describing the evolution of planetary rings." *Computers & Mathematics with Applications* 143 (2023): 48~56.

Clements, David L. "Venus, phosphine and the possibility of life." *Contemporary Physics* 63, no. 3 (2022): 180~199.

Crawford, W. E. "Digital canopus tracker digital electronics." No. JPL-TR-32-1559. 1972.

Crossley, Robert. "Percival Lowell and the history of Mars." *The Massachusetts Review* 41, no. 3 (2000): 297~318.

Delitsky, M. L. ; Paige, D. A. ; Siegler, M. A. ; Harju, E. R. ; Schriver, D. ; Johnson, R. E. ; Travnicek, P. Travnicek. "Ices on Mercury: Chemistry of volatiles in permanently cold areas of Mercury's north polar region." *Icarus* 281 (2017): 19~31.

Farnsworth, Kendra K., Alejandro Soto, Vincent F. Chevrier, Jordan K. Steckloff, and Jason M. Soderblom. "Floating Liquid Droplets on the Surface of Cryogenic Liquids: Implications for Titan Rain." *ACS Earth and Space Chemistry* 7, no. 2 (2023): 439~448.

Fields, Brian D., Adrian L. Melott, John Ellis, Adrienne F. Ertel, Brian J. Fry, Bruce S. Lieberman, Zhenghai Liu, Jesse A. Miller, and Brian C. Thomas. "Supernova triggers for end-Devonian extinctions." *Proceedings of the National Academy of Sciences* 117, no. 35 (2020): 21008~21010.

Galli, P. A. B., E. Moraux, H. Bouy, J. Bouvier, J. Olivares, and Ramachrisna Teixeira. "A revised moving cluster distance to the Pleiades open cluster." *Astronomy & Astrophysics* 598 (2017): A48.

Gregori, Giovanni Pietro, Forese Carlo Wezel, Lucia Giuseppina Gregori, Bruce Allen, Willie Soon, and Valentino Straser. "Archæology of the concept of "time" in the ancient Western, Eastern, and Far Eastern cultures The foundations of physics." *New Concepts in Global Tectonics Journal* 11, no. 1 (2023).

Guth, Alan H., and So-Young Pi. "Fluctuations in the new inflationary universe." *Physical Review Letters* 49, no. 15 (1982): 1110.

Hadraoui, K., H. Cottin, S. L. Ivanovski, P. Zapf, Kathrin Altwegg, Y. Benilan, N. Biver et al. "Distributed glycine in comet 67P/Churyumov-Gerasimenko." *Astronomy & Astrophysics* 630 (2019): A32.

Hathaway, David H., Robert M. Wilson, and Edwin J. Reichmann. "Group sunspot numbers: Sunspot cycle characteristics." *Solar Physics* 211 (2002): 357~370.

Herwartz, Daniel, Andreas Pack, Bjarne Friedrichs, and Addi Bischoff. "Identification of the giant impactor Theia in lunar rocks." *Science* 344, no. 6188 (2014): 1146~1150.

Hughes, David W. "The history of meteors and meteor showers." *Vistas in Astronomy* 26 (1982): 325~345.

Lawrence, David J., William C. Feldman, John O. Goldsten, Sylvestre Maurice, Patrick N. Peplowski, Brian J. Anderson, David Bazell et al. "Evidence for water ice near Mercury's north pole from MESSENGER Neutron Spectrometer measurements." *Science* 339, no. 6117 (2013): 292~296.

Lawrence, Justin D., Andrew D. Mullen, Frances E. Bryson, Chase J. Chivers, Ashley M. Hanna, Taylor Plattner, Elizabeth M. Spiers et al. "Subsurface science and search for life in ocean worlds." *The Planetary Science Journal* 4, no. 2 (2023): 22.

Lee, Charles E. "ATM star tracker vehicle structure occultation study." No. NASA-TM-X-53836. 1969.

Lemaire, J. F., and Koen Stegen. "Improved determination of the location of the temperature maximum in the corona." *Solar Physics* 291 (2016): 3659-3683.

Li, Liming, Larry Guan, Sherry Li, Cindy Luu, Kevin Heng, Patrick M. Fry,

Ellen C. Creecy et al. "The Bolometric Bond Albedo of Enceladus." *Icarus* 394 (2023): 115429.

Li, Xin, Xiao Zhang, and Hai-Nan Lin. "Probing a Finslerian Schwarzschild black hole with the orbital precession of Sagittarius A." *Physical Review* D 106, no. 6 (2022): 064043.

Lo, K. Y., Zhi-Qiang Shen, Jun-Hui Zhao, and Paul TP Ho. "Intrinsic size of Sagittarius A*: 72 Schwarzschild radii." *The Astrophysical Journal* 508, no. 1 (1998): L61.

León Mendoza, Luis and González Cabeza, José Rhizobacteria. "Plant growth promoting rhizobacteria for the develop of the agriculture on Mars." *Arnaldoa* 29, no. 2 (2022): 277~290.

Morse, Andrew D., and Queenie HS Chan. "Observations of cometary organics: A post Rosetta review." *ACS Earth and Space Chemistry* 3, no. 9 (2019): 1773-1791.

Olsson-Francis, Karen, Peter T. Doran, Vyacheslav Ilyin, Francois Raulin, Petra Rettberg, Gerhard Kminek, María-Paz Zorzano Mier et al. "The COSPAR Planetary Protection Policy for robotic missions to Mars: A review of current scientific knowledge and future perspectives." *Life Sciences in Space Research* 36 (2023): 27~35.

Park, R. S., N. Mastrodemos, R. A. Jacobson, A. Berne, A. T. Vaughan, D. J. Hemingway, E. J. Leonard et al. "The global shape, gravity field, and libration of Enceladus." *Journal of Geophysical Research: Planets* 129, no. 1 (2024): e2023JE008054.

Rao, Joe. "The Leonids: the Lion King of Meteor showers." *WGN, Journal of the International Meteor Organization*, vol. 23, no. 4 (1995): 120~135.

Sinclair, James A., Carey M. Lisse, Glenn S. Orton, Meera Krishnamoorthy, Leigh N. Fletcher, Joseph Hora, Csaba Palotai, and Thomas Hayward. "A retrospective analysis of mid-infrared observations of the Comet D/Shoemaker-

Levy 9 and Wesley impacts on Jupiter." *Icarus* 394 (2023): 115404.

Smith, Robert W. "Edwin P. Hubble and the transformation of cosmology." *Physics today* 43, no. 4 (1990): 52~58.

Smith, Robert W. "The Cambridge network in action: The discovery of Neptune." *Isis* 80, no. 3 (1989): 395~422.

Stephenson, F. Richard. "SN 1006: the brightest supernova." *Astronomy & Geophysics* 51, no. 5 (2010): 5~27.

Svalgaard, Leif, Edward W. Cliver, and Yohsuke Kamide. "Sunspot cycle 24: Smallest cycle in 100 years?" *Geophysical Research Letters* 32, no. 1 (2005).

Tattersall, Jill. "Sphere or Disc? Allusions to the Shape of the Earth in some Twelfth-century and Thirteenth-century Vernacular French Works." *The Modern Language Review* (1981): 31~46.

Vaubaillon, Jeremie, Florent Colas, and Laurent Jorda. "A new method to predict meteor showers-II. Application to the Leonids." *Astronomy & Astrophysics* 439, no. 2 (2005): 761~770.

Way, Michael J., and Deidre Hunter. "Origins of the Expanding Universe: 1912-1932." In Astronomical Society of the Pacific Conference Series, vol. 471, no. GSFC-E-DAA-TN27505. *Astronomical Society of the Pacific*, 2013.

Weber, Jessica M., Theresa C. Marlin, Medha Prakash, Bronwyn L. Teece, Katherine Dzurilla, and Laura M. Barge. "A review on hypothesized metabolic pathways on Europa and Enceladus: space-flight detection considerations." *Life* 13, no. 8 (2023): 1726.

Withbroe, George L. "The temperature structure, mass, and energy flow in the corona and inner solar wind." *Astrophysical Journal*, Part 1 (ISSN 0004–637X), vol. 325, Feb. 1, 1988, p. 442~467. 325 (1988): 442~467.

Wunderlich, Fabian, John Lee Grenfell, and Heike Rauer. "Uncertainty in phosphine photochemistry in the Venus atmosphere prevents a firm biosignature attribution." *Astronomy & Astrophysics* 676 (2023): A135.

기사 및 저널

경향신문 편집부. "日蝕(일식)으로 選擧十日(선거십일)로 延期(연기)." 〈경향신문〉 1948-04-07.

고광본. "다누리 'BLT 궤적'은 도전·모험의 상징…NASA와 '같은 팀' 느낌." 〈서울경제〉 2022-08-07.

고명섭. "율곡 저술 집대성한 '21세기판 율곡전서' 출간." 〈한겨레신문〉 2020-06-05.

곽노필. "제임스웹이 본 고리성운… '태양의 먼 미래' 예고편." 〈한겨레신문〉 2023-08-07.

김광희. "[week+]세계도 놀란 이 남자, '스타'다." 〈강원일보〉 2021-10-19.

김민호. "[단독] 한국인 최초 新혜성 발견…국내 과학계 쾌거 평가." 〈국민일보〉 2009-04-08.

김승준. "늘어나는 인공위성 추락 피해 위험…과기정통부, 대응 매뉴얼 개선한다." 〈NEWS1〉 2023-01-18.

김연희. "밤하늘에 보이는 달, 그곳에 다누리가 있다." 〈시사IN〉 2023-01-19.

김진원. "인간이 100년간 꿈꿔온 '핵융합' 현실로…AI가 인공태양 띄운다." 〈한국경제〉 2024-01-02.

뉴시스 편집부. "원안위 제논검출, 北핵실험으로 유입 결론." 〈뉴시스〉 2017-09-13

문병도. "화성 토양, 식물 재배에 적합." 〈서울경제〉 2008-06-27.

박은희. "쎄트렉아이, 우주용 별 추적기 아르헨티나에 수출 성공." 〈헬로디디〉 2016-11-01.

박주영. "은하보다 더 큰 제트 분출하는 M87 블랙홀 여러 파장으로 관측." 〈연합뉴스〉 2021-04-15.

변지민. "국내 연구진, 걸어다니는 심해탐사 로봇 세계 첫 개발." 〈동아일보〉 2016-11-01

서희원. "전체가 금·철·니켈…'노다지' 소행성 탐사 나선다." 〈전자신문〉 2021-09-10.

송현수. "강원도 예미산 1000m 지하에 세계 6위급 지하실험실 조성." 〈부산일보〉 2022-10-05.

심재관. "3. 구요." 〈법보신문〉 2016-01-25.

안대훈. "히로시마 원폭 수만 배 위력 운석 떨어진 합천에 우주인훈련소?" 〈중앙일보〉 2024-01-27.

안윤해. "국내 유일 반도체 분석 전문가…900억원대 주식 부자 등극." 〈뉴스웨이〉 2022-12-21.

오병훈. "한국 천문연, 태양계 끝자락 천체 26개 최초 발견." 〈디지털데일리〉 2022-06-09.

오장연. "KAIST, 올해 첫 해외 동문상에 UAE '화성탐사선' 주역들 선정." 〈대전일보〉 2023-01-12.

오지혜. "소행성 '베누' 흙은 지구에 도착했는데…한국 아포피스 탐사 계획은 좌초." 〈한국일보〉 2023-09-26.

윤복음. "[르포]한국 현대 천문학의 시초, 소백산 천문대를 가다." 〈아시아투데이〉 2013-03-30.

이광식. "[우주를 보다] 오리온의 세 별은 '삼태성'이 아니다." 〈서울신문〉 2015-10-10.

이광식. "[이광식의 천문학+] 냉-온탕 겸비한 수성의 놀라운 비밀." 〈서울신문〉 2023-07 20.

이기환. "(65)천상열차분야지도는 천상행 열차 노선도?" 〈주간경향〉 2023-01-09.

이기환. "이기환의 흔적의 역사 다뉴세문경의 0.3㎜ '나노 예술', 원조는 덧띠·빗살무늬토기다." 〈경향신문〉 2020-08-11.

이기환. "이기환의 흔적의 역사. 케플러보다 4일 빨랐던 초신성 관측" 〈경향신문〉 2017-09-13.

이영완. "[이영완의 사이언스카페] 개밥바라기 또는 샛별, 그리고 금성의 한가위." 〈조선일보〉 2023-12-29.

이유진. "'펑'하고 빨갛게 물들었다…'최단기록' 포착, 초신성 폭발 직후?" 〈헬로

디디〉 2022-02-21

이인희. "세계 최대 전파망원경용 분광기 한·일 공동 개발…오리온성운 심장부 첫 관측." 〈전자신문〉 2022-03-23.

이종현. "[용의 해 밝히는 한국과학]① 섭씨 1억도 불 밝힐 K인공태양 '에너지 자립의 꿈 성큼'." 〈조선BIZ〉 2024-01-30.

이지영. "63광년 너머 '마루' '아라' 있다…韓여고생 '외계행성' 이름 지었다." 〈중앙일보〉 2023-06-09.

이희경. "[세계는 지금] 지구 밖에도 생명체 있을까…우주 향해 끊임없는 도전." 〈세계일보〉 2016-11-09.

임기상. "500여 년 만에 부활한 '별'에 드리는 제사 '영성제'." 〈CBS노컷뉴스〉 2015-08-13.

정재도. "직성." 〈한겨레신문〉 2004-09-12.

차준호. ""제천행사 무천은 고조선 풍속"…기존 '동예' 이론과 배치." 〈동아일보〉 2005-06-11.

Baraniuk, Chris. "The computer errors from outer space." BBC, 12-OCT-2022.

Mitchell, Gareth. "Why do clocks go clockwise?" BBC Science Focus.

디지털아카이브

각훈, 김상현(번역). 《해동고승전》 2009년 지식정보자원관리사업 한국고대사료 집성 DB구축사업.

구나발타라(한역), 최윤옥(번역). 《능가경(능가아발다라보경), 통합대장경》 불교기록문화유산아카이브 웹사이트판.

국사편찬위원회. 《조선왕조실록》 국사편찬위원회 조선왕조실록 정보화사업 웹사이트.

김종서 등, 이재호 등(번역). 《고려사절요》 한국고전종합DB판.

남구만, 성백효(번역). 《함흥십경도기, 약천집 제28권》 한국고전종합DB판.

박지원, 이가원(번역). 《열하일기》 한국고전종합DB판.

승정원, 한국고전번역원 등(번역). 《승정원일기》 한국고전종합DB판.

안정복, 정순복 등(번역). 《동사강목》 한국고전종합DB판.

원효. 《미륵상생경종요, 한국불교전서》 불교기록문화유산아카이브 웹사이트판.

이규보, 장기근 등(번역). 《노무편, 동국이상국집/동국이상국후집》 한국고전종합DB판.

이규보, 장기근 등(번역). 《문조물, 동국이상국집/동국이상국후집》 한국고전종합DB판.

이긍익, 이병도 등(번역). 《연려실기술》 한국고전종합DB판.

이산(정조), 임정기 등(번역). 《성단향의, 홍재전서 제62권》 한국고전종합DB판.

이이, 권오돈 등(번역). 《천도책》 율곡선생전서 제14권, 한국고전종합DB판.

이이, 조규철 등(번역). 《석담일기, 대동야승》 한국고전종합DB판.

이익, 임창순 등(번역). 《성호사설》 한국고전종합DB판.

이행 등, 성낙훈 등(번역). 《신증동국여지승람》 한국고전종합DB판.

일연, 김희만 등(번역). 《삼국유사》 국사편찬위원회 한국사데이터베이스.

진수, 국사편찬위원회(번역). 《삼국지》 국사편찬위원회 中國正史朝鮮傳 譯註 국사편찬위원회 한국사데이터베이스 판.

진수, 국사편찬위원회(번역). 《주서》 국사편찬위원회 中國正史朝鮮傳 譯註 국사편찬위원회 한국사데이터베이스 판.

천축삼장 불공(한역), 김상환(번역). 《문수사리보살급제선소설길흉시일선악수요경, 통합대장경》 불교기록문화유산아카이브 웹사이트판.

조선. "목판본 천상열차분야지도." 국립고궁박물관 소장 Goolge Arts & Culture 판.

웹사이트

한국천문연구원. 우주환경감시기관(nssao.or.kr)

한국민족문화대백과사전. 임동권. "직성보기 (直星보기), 한국민족문화대백과사전 항목."